ARTHUR SCHNITZLER

GESAMMELTE WERKE IN EINZELAUSGABEN

DAS DRAMATISCHE WERK
Band 1-8

DAS ERZÄHLERISCHE WERK
Band 1-7

FISCHER TASCHENBUCH VERLAG

ARTHUR SCHNITZLER

DER GRÜNE KAKADU
UND ANDERE DRAMEN

Das dramatische Werk
Band 3

FISCHER TASCHENBUCH VERLAG

Fischer Taschenbuch Verlag
1.–10. Tausend   Juni 1978
11.–15. Tausend   Januar 1982
Ungekürzte Ausgabe

Umschlagentwurf: Jan Buchholz / Reni Hinsch
Foto: Ullstein Bilderdienst

Fischer Taschenbuch Verlag GmbH, Frankfurt am Main
Lizenzausgabe mit freundlicher Genehmigung
des S. Fischer Verlags GmbH, Frankfurt am Main
© S. Fischer Verlag GmbH, Frankfurt am Main 1962
Gesamtherstellung: Hanseatische Druckanstalt GmbH, Hamburg
Printed in Germany
880-ISBN-3-596-21969-8

INHALT

Der grüne Kakadu 7
Der Schleier der Beatrice 45
Sylvesternacht 173
Lebendige Stunden 181
   Lebendige Stunden 182
   Die Frau mit dem Dolche 194
   Die letzten Masken 211
   Literatur 227

Nachwort und bibliographisches Verzeichnis 251

DER GRÜNE KAKADU

Groteske in einem Akt

Personen

EMILE HERZOG VON CADIGNAN
FRANÇOIS VICOMTE VON NOGEANT
ALBIN CHEVALIER DE LA TREMOUILLE
DER MARQUIS VON LANSAC
SEVERINE, *seine Frau*
ROLLIN, *Dichter*
PROSPERE, *Wirt, vormals Theaterdirektor*
HENRI ⎫
BALTHASAR ⎥
GUILLAUME ⎥
SCAEVOLA ⎥
JULES ⎬ *seine Truppe*
ETIENNE ⎥
MAURICE ⎥
GEORGETTE ⎥
MICHETTE ⎥
FLIPOTTE ⎭
LEOCADIE, *Schauspielerin, Henris Frau*
GRASSET, *Philosoph*
LEBRET, *Schneider*
GRAIN, *ein Strolch*
DER KOMMISSÄR
ADELIGE, SCHAUSPIELER, SCHAUSPIELERINNEN,
    BÜRGER *und* BÜRGERFRAUEN

Spielt in Paris am Abend des 14. Juli 1789 in der Spelunke Prospères.

Wirtsstube »Zum grünen Kakadu«.
Ein nicht großer Kellerraum, zu welchem rechts – ziemlich weit hinten – sieben Stufen führen, die nach oben durch eine Tür abgeschlossen sind. Eine zweite Tür, welche kaum sichtbar ist, befindet sich im Hintergrunde links. Eine Anzahl von einfachen hölzernen Tischen, um diese Sessel, füllen beinahe den ganzen Raum aus. Links in der Mitte der Schanktisch; hinter demselben eine Anzahl Fässer mit Pipen. Das Zimmer ist durch Öllämpchen beleuchtet, die von der Decke herabhängen.

Der WIRT PROSPERE; *es treten ein die Bürger* LEBRET *und* GRASSET.

GRASSET *noch auf den Stufen* Hier herein, Lebrêt; die Quelle kenn' ich. Mein alter Freund und Direktor hat immer noch irgendwo ein Faß Wein versteckt, auch wenn ganz Paris verdurstet.
WIRT Guten Abend, Grasset. Läßt du dich wieder einmal blicken? Aus mit der Philosophie? Hast du Lust, wieder bei mir Engagement zu nehmen?
GRASSET Ja freilich! Wein sollst du bringen. Ich bin der Gast – du der Wirt.
WIRT Wein? Woher soll ich Wein nehmen, Grasset? Heut nacht haben sie ja alle Weinläden von Paris ausgeplündert. Und ich möchte wetten, daß du mit dabei gewesen bist.
GRASSET Her mit dem Wein. Für das Pack, das in einer Stunde nach uns kommen wird... *lauschend* Hörst du was, Lebrêt?
LEBRET Es ist wie ein leiser Donner.
GRASSET Brav – Bürger von Paris... *zu Prospère* Für das Pack hast du sicher noch einen in Vorrat. Also her damit. Mein Freund und Bewunderer, der Bürger Lebrêt, Schneider aus der Rue St. Honoré, zahlt alles.
LEBRET Gewiß, gewiß, ich zahle.
PROSPERE *zögert.*
GRASSET Na, zeig' ihm, daß du Geld hast, Lebrêt.
LEBRET *zieht seinen Geldbeutel heraus.*
WIRT Nun, ich will sehen, ob ich... *er öffnet den Hahn zu einem Faß und füllt zwei Gläser* Woher kommst du, Grasset? Aus dem Palais Royal?
GRASSET Jawohl... ich habe dort eine Rede gehalten. Ja, mein Lieber, jetzt bin ich an der Reihe. Weißt du, nach wem ich gesprochen habe?
WIRT Nun?
GRASSET Nach Camille Desmoulins! Jawohl, ich hab' es gewagt.

Und sage mir, Lebrêt, wer hat größeren Beifall gehabt, Desmoulins oder ich?
LEBRET Du ... zweifellos.
GRASSET Und wie hab' ich mich ausgenommen?
LEBRET Prächtig.
GRASSET Hörst du's, Prospère? Ich habe mich auf den Tisch gestellt ... ich habe ausgesehen wie ein Monument ... jawohl – und alle die Tausend, Fünftausend, Zehntausend haben sich um mich versammelt – gerade so wie früher um Camille Desmoulins ... und haben mir zugejubelt.
LEBRET Es war ein stärkerer Jubel.
GRASSET Jawohl ... nicht um vieles, aber er war stärker. Und nun ziehen sie alle hin zur Bastille ... und ich darf sagen: sie sind meinem Ruf gefolgt. Ich schwöre dir, vor abends haben wir sie.
WIRT Ja, freilich, wenn die Mauern von euern Reden zusammenstürzten!
GRASSET Wieso ... Reden! – Bist du taub? ... Jetzt wird geschossen. Unsere braven Soldaten sind dabei. Sie haben dieselbe höllische Wut auf das verfluchte Gefängnis wie wir. Sie wissen, daß hinter diesen Mauern ihre Brüder und Väter gefangen sitzen ... Aber sie würden nicht schießen, wenn wir nicht geredet hätten. Mein lieber Prospère, die Macht der Geister ist groß. Da – *zu Lebrêt* Wo hast du die Schriften?
LEBRET Hier ... *zieht Broschüren aus der Tasche.*
GRASSET Hier sind die neuesten Broschüren, die eben im Palais Royal verteilt wurden. Hier eine von meinem Freunde Cerutti, Denkschrift für das französische Volk, hier eine von Desmoulins, der allerdings besser spricht, als er schreibt ... »Das freie Frankreich«.
WIRT Wann wird denn endlich die deine erscheinen, von der du immer erzählst?
GRASSET Wir brauchen keine mehr. Die Zeit zu Taten ist gekommen. Ein Schuft, der heute in seinen vier Wänden sitzt. Wer ein Mann ist, muß auf die Straße!
LEBRET Bravo, bravo!
GRASSET In Toulon haben sie den Bürgermeister umgebracht, in Brignolles haben sie ein Dutzend Häuser geplündert ... nur wir in Paris sind noch immer die Langweiligen und lassen uns alles gefallen.
PROSPERE Das kann man doch nicht mehr sagen.

LEBRET *der immer getrunken hat* Auf, ihr Bürger, auf!
GRASSET Auf!... Sperre deine Bude und komm jetzt mit uns!
WIRT Ich komme schon, wenn's Zeit ist.
GRASSET Ja freilich, wenn's keine Gefahr mehr gibt.
WIRT Mein Lieber, ich liebe die Freiheit wie du – aber vor allem hab' ich meinen Beruf.
GRASSET Jetzt gibt es für die Bürger von Paris nur einen Beruf: Ihre Brüder befreien.
WIRT Ja für die, die nichts anderes zu tun haben!
LEBRET Was sagt er da!... Er verhöhnt uns!
WIRT Fällt mir gar nicht ein. – Schaut jetzt lieber, daß ihr hinauskommt... meine Vorstellung fängt bald an. Da kann ich euch nicht brauchen.
LEBRET Was für eine Vorstellung?... Ist hier ein Theater?
WIRT Gewiß ist das ein Theater. Ihr Freund hat noch vor vierzehn Tagen hier mitgespielt.
LEBRET Hier hast du gespielt, Grasset?... Warum läßt du dich von dem Kerl da ungestraft verhöhnen!
GRASSET Beruhige dich... es ist wahr; ich habe hier gespielt, denn es ist kein gewöhnliches Wirtshaus... es ist eine Verbrecherherberge... komm...
WIRT Zuerst wird gezahlt.
LEBRET Wenn das hier eine Verbrecherherberge ist, so zahle ich keinen Sou.
WIRT So erkläre doch deinem Freunde, wo er ist.
GRASSET Es ist ein seltsamer Ort! Es kommen Leute her, die Verbrecher spielen – und andere, die es sind, ohne es zu ahnen.
LEBRET So –?
GRASSET Ich mache dich aufmerksam, daß das, was ich eben sagte, sehr geistreich war; es könnte das Glück einer ganzen Rede machen.
LEBRET Ich verstehe nichts von allem, was du sagst.
GRASSET Ich sagte dir ja, daß Prospère mein Direktor war. Und er spielt mit seinen Leuten noch immer Komödie; nur in einer anderen Art als früher. Meine einstigen Kollegen und Kolleginnen sitzen hier herum und tun, als wenn sie Verbrecher wären. Verstehst du? Sie erzählen haarsträubende Geschichten, die sie nie erlebt – sprechen von Untaten, die sie nie begangen haben... und das Publikum, das hierher kommt, hat den angenehmen Kitzel, unter dem gefährlichsten Gesin-

del von Paris zu sitzen – unter Gaunern, Einbrechern, Mördern – und –
LEBRÊT Was für ein Publikum?
WIRT Die elegantesten Leute von Paris.
GRASSET Adelige ...
WIRT Herren vom Hofe –
LEBRÊT Nieder mit ihnen!
GRASSET Das ist was für sie. Das rüttelt ihnen die erschlafften Sinne auf. Hier hab' ich angefangen, Lebrêt, hier hab' ich meine erste Rede gehalten, als wenn es zum Spaß wäre ... und hier hab' ich die Hunde zu hassen begonnen, die mit ihren schönen Kleidern, parfümiert, angefressen, unter uns saßen ... und es ist mir ganz recht, mein guter Lebrêt, daß du auch einmal die Stätte siehst, von wo dein großer Freund ausgegangen ist. *In anderem Ton* Sag', Prospère, wenn die Sache schief ginge ...
WIRT Welche Sache?
GRASSET Nun, die Sache mit meiner politischen Karriere ... würdest du mich wieder engagieren?
WIRT Nicht um die Welt!
GRASSET *leicht* Warum? – Es könnte vielleicht noch einer neben deinem Henri aufkommen.
WIRT Abgesehen davon ... ich hätte Angst, daß du dich einmal vergessen könntest – und über einen meiner zahlenden Gäste im Ernst herfielst.
GRASSET *geschmeichelt* Das wäre allerdings möglich.
WIRT Ich ... ich hab' mich doch in der Gewalt –
GRASSET Wahrhaftig, Prospère, ich muß sagen, daß ich dich wegen deiner Selbstbeherrschung bewundern würde, wenn ich nicht zufällig wüßte, daß du ein Feigling bist.
WIRT Ach, mein Lieber, mir genügt das, was ich in meinem Fach leisten kann. Es macht mir Vergnügen genug, den Kerlen meine Meinung ins Gesicht sagen zu können und sie zu beschimpfen nach Herzenslust – während sie es für Scherz halten. Es ist auch eine Art, seine Wut los zu werden. – *Zieht einen Dolch und läßt ihn funkeln.*
LEBRÊT Bürger Prospère, was soll das bedeuten?
GRASSET Habe keine Angst. Ich wette, daß der Dolch nicht einmal geschliffen ist.
WIRT Da könntest du doch irren, mein Freund; irgend einmal kommt ja noch der Tag, wo aus dem Spaß Ernst wird – und darauf bin ich für alle Fälle vorbereitet.

GRASSET Der Tag ist nah. Wir leben in einer großen Zeit! Komm, Bürger Lebrêt, wir wollen zu den Unsern. Prospère, leb' wohl, du siehst mich als großen Mann wieder oder nie.
LEBRET *torkelig* Als großen Mann ... oder ... nie –
Sie gehen ab.
WIRT *bleibt zurück, setzt sich auf einen Tisch, schlägt eine Broschüre auf und liest vor sich hin* »Jetzt steckt das Vieh in der Schlinge, erdrosselt es!« – Er schreibt nicht übel, dieser kleine Desmoulins. »Noch nie hat sich Siegern eine reichere Beute dargeboten. Vierzigtausend Paläste und Schlösser, zwei Fünftel aller Güter in Frankreich werden der Lohn der Tapferkeit sein, – die sich für Eroberer halten, werden unterjocht, die Nation wird gereinigt werden.«

DER KOMMISSÄR *tritt ein.*

WIRT *mißt ihn* Na, das Gesindel rückt ja heute früh ein?
KOMMISSÄR Mein lieber Prospère, mit mir machen Sie keine Witze; ich bin der Kommissär Ihres Bezirks.
WIRT Und womit kann ich dienen?
KOMMISSÄR Ich bin beauftragt, dem heutigen Abend in Ihrem Lokal beizuwohnen.
WIRT Es wird mir eine besondere Ehre sein.
KOMMISSÄR Es ist nicht darum, mein bester Prospère. Die Behörde will Klarheit haben, was bei Ihnen eigentlich vorgeht. Seit einigen Wochen –
WIRT Es ist ein Vergnügungslokal, Herr Kommissär, nichts weiter.
KOMMISSÄR Lassen Sie mich ausreden. Seit einigen Wochen soll dieses Lokal der Schauplatz wüster Orgien sein.
WIRT Sie sind falsch berichtet, Herr Kommissär. Man treibt hier Späße, nichts weiter.
KOMMISSÄR Damit fängt es an. Ich weiß. Aber es hört anders auf, sagt mein Bericht. Sie waren Schauspieler?
WIRT Direktor, Herr Kommissär, Direktor einer vorzüglichen Truppe, die zuletzt in Denis spielte.
KOMMISSÄR Das ist gleichgültig. Dann haben Sie eine kleine Erbschaft gemacht?
WIRT Nicht der Rede wert, Herr Kommissär.
KOMMISSÄR Ihre Truppe hat sich aufgelöst?
WIRT Meine Erbschaft nicht minder.

KOMMISSÄR *lächelnd* Ganz gut. *Beide lächeln. – Plötzlich ernst* Sie haben sich ein Wirtsgeschäft eingerichtet?
WIRT Das miserabel gegangen ist.
KOMMISSÄR – Worauf Sie eine Idee gefaßt haben, der man eine gewisse Originalität nicht absprechen kann.
WIRT Sie machen mich stolz, Herr Kommissär.
KOMMISSÄR Sie haben Ihre Truppe wieder gesammelt und lassen sie hier eine sonderbare und nicht unbedenkliche Komödie spielen.
WIRT Wäre sie bedenklich, Herr Kommissär, so hätte ich nicht mein Publikum – ich kann sagen, das vornehmste Publikum von Paris. Der Vicomte von Nogeant ist mein täglicher Gast. Der Marquis von Lansac kommt öfters; und der Herzog von Cadignan, Herr Kommissär, ist der eifrigste Bewunderer meines ersten Schauspielers, des berühmten Henri Baston.
KOMMISSÄR Wohl auch der Kunst oder der Künste Ihrer Künstlerinnen.
WIRT Wenn Sie meine kleinen Künstlerinnen kennen würden, Herr Kommissär, würden Sie das niemandem auf der Welt übelnehmen.
KOMMISSÄR Genug. Es ist der Behörde berichtet worden, daß die Belustigungen, welche Ihre – wie soll ich sagen –
WIRT Das Wort »Künstler« dürfte genügen.
KOMMISSÄR Ich werde mich zu dem Wort »Subjekte« entschließen – daß die Belustigungen, welche Ihre Subjekte bieten, in jedem Sinne über das Erlaubte hinausgehen. Es sollen hier von Ihren – wie soll ich sagen – von Ihren künstlichen Verbrechern Reden geführt werden, die – wie sagt nur mein Bericht? *Er liest wie schon früher in einem Notizbuch nach* – nicht nur unsittlich, was uns wenig genieren würde, sondern auch höchst aufrührerisch zu wirken geeignet sind – was in einer so erregten Epoche, wie die ist, in der wir leben, der Behörde durchaus nicht gleichgültig sein kann.
WIRT Herr Kommissär, ich kann auf diese Anschuldigung nur mit der höflichen Einladung erwidern, sich die Sache selbst einmal anzusehen. Sie werden bemerken, daß hier gar nichts Aufrührerisches vorgeht, schon aus dem Grunde, weil mein Publikum sich nicht aufrühren läßt. Es wird hier einfach Theater gespielt – das ist alles.
KOMMISSÄR Ihre Einladung nehme ich natürlich nicht an, doch werde ich kraft meines Amtes hierbleiben.

WIRT Ich glaube, Ihnen die beste Unterhaltung versprechen zu können, Herr Kommissär, doch würde ich mir den Rat erlauben, daß Sie Ihre Amtstracht ablegen und in Zivilkleidern hier erscheinen. Wenn man nämlich einen Kommissär in Uniform hier sähe, würde sowohl die Naivetät meiner Künstler als die Stimmung meines Publikums darunter leiden.

KOMMISSÄR Sie haben recht, Herr Prospère, ich werde mich entfernen und als junger eleganter Mann wiederkehren.

WIRT Das wird Ihnen leicht sein, Herr Kommissär, auch als Halunke sind Sie mir willkommen – das würde nicht auffallen – nur nicht als Kommissär.

KOMMISSÄR Adieu. *Geht.*

WIRT *verbeugt sich* Wann wird der gesegnete Tag kommen, wo ich dich und deinesgleichen ...

KOMMISSÄR *trifft in der Tür mit Grain zusammen, der äußerst zerlumpt ist und erschrickt, wie er den Kommissär sieht. Dieser mißt ihn zuerst, lächelt dann, wendet sich verbindlich zu Prospère* Schon einer Ihrer Künstler? ... *Ab.*

GRAIN *spricht weinerlich, pathetisch* Guten Abend.

WIRT *nachdem er ihn lang angesehen* Wenn du einer von meiner Truppe bist, so will ich dir meine Anerkennung nicht versagen, denn ich erkenne dich nicht.

GRAIN Wie meinen Sie?

WIRT Also keinen Scherz, nimm die Perücke ab, ich möchte doch wissen, wer du bist. *Er reißt ihn an den Haaren.*

GRAIN O weh!

WIRT Das ist ja echt – Donnerwetter ... wer sind Sie? ... Sie scheinen ja ein wirklicher Strolch zu sein?

GRAIN Jawohl.

WIRT Was wollen Sie denn von mir?

GRAIN Ich habe die Ehre mit dem Bürger Prospère? ... Wirt vom grünen Kakadu?

WIRT Der bin ich.

GRAIN Ich nenne mich Grain ... zuweilen Carniche ... in manchen Fällen der schreiende Bimsstein – aber unter dem Namen Grain war ich eingesperrt, Bürger Prospère – und das ist das Wesentliche.

WIRT Ah – ich verstehe. Sie wollen sich bei mir engagieren lassen und spielen mir gleich was vor. Auch gut. Weiter.

GRAIN Bürger Prospère, halten Sie mich für keinen Schwindler. Ich bin ein Ehrenmann. Wenn ich sage, daß ich eingesperrt war, so ist es die volle Wahrheit.

Wirt sieht ihn mißtrauisch an.

GRAIN *zieht aus dem Rock ein Papier* Hier, Bürger Prospère. Sie ersehen daraus, daß ich gestern nachmittags vier Uhr entlassen wurde.

WIRT Nach einer zweijährigen Haft – Donnerwetter, das ist ja echt –!

GRAIN Haben Sie noch immer gezweifelt, Bürger Prospère?

WIRT Was haben Sie denn angestellt, daß man Sie auf zwei Jahre –

GRAIN Man hätte mich gehängt; aber zu meinem Glück war ich noch ein halbes Kind, als ich meine arme Tante umbrachte.

WIRT Ja, Mensch, wie kann man denn seine Tante umbringen?

GRAIN Bürger Prospère, ich hätte es nicht getan, wenn die Tante mich nicht mit meinem besten Freunde hintergangen hätte.

WIRT Ihre Tante?

GRAIN Jawohl – sie stand mir näher, als sonst Tanten ihren Neffen zu stehen pflegen. Es waren sonderbare Familienverhältnisse ... ich war verbittert, höchst verbittert. Darf ich Ihnen davon erzählen?

WIRT Erzählen Sie immerhin, wir werden vielleicht ein Geschäft miteinander machen können.

GRAIN Meine Schwester war noch ein halbes Kind, als sie aus dem Hause lief – und was glauben Sie – mit wem? –

WIRT Es ist schwer zu erraten.

GRAIN Mit ihrem Onkel. Und der hat sie sitzen lassen – mit einem Kinde.

WIRT Mit einem ganzen – will ich hoffen.

GRAIN Es ist unzart von Ihnen, Bürger Prospère, über solche Dinge zu scherzen.

WIRT Ich will Ihnen was sagen, Sie schreiender Bimsstein. Ihre Familiengeschichten langweilen mich. Glauben Sie, ich bin dazu da, mir von einem jeden hergelaufenen Lumpen erzählen zu lassen, wen er umgebracht hat? Was geht mich das alles an? Ich nehme an, Sie wollen irgend was von mir –

GRAIN Jawohl, Bürger Prospère, ich komme, Sie um Arbeit bitten.

WIRT *höhnisch* Ich mache Sie aufmerksam, daß es bei mir keine Tanten zu ermorden gibt; es ist ein Vergnügungslokal.

GRAIN Oh, ich hab' an dem einen Mal genug gehabt. Ich will ein anständiger Mensch werden – man hat mich an Sie gewiesen.

WIRT Wer, wenn ich fragen darf?
GRAIN Ein liebenswürdiger junger Mann, den sie vor drei Tagen zu mir in die Zelle gesperrt haben. Jetzt ist er allein. Er heißt Gaston ... und Sie kennen ihn. –
WIRT Gaston! Jetzt weiß ich, warum ich ihn drei Abende lang vermißt habe. Einer meiner besten Darsteller für Taschendiebe. – Er hat Geschichten erzählt; – ah, man hat sich geschüttelt.
GRAIN Jawohl. Und jetzt haben sie ihn erwischt!
WIRT Wieso erwischt? Er hat ja nicht wirklich gestohlen.
GRAIN Doch. Es muß aber das erste Mal gewesen sein, denn er scheint mit einer unglaublichen Ungeschicklichkeit vorgegangen zu sein. Denken Sie – *vertraulich* – auf dem Boulevard des Capucines einfach einer Dame in die Tasche gegriffen – und die Börse herausgezogen – ein rechter Dilettant. – Sie flößen mir Vertrauen ein, Bürger Prospère – und so will ich Ihnen gestehn – es war eine Zeit, wo ich auch dergleichen kleine Stückchen aufführte, aber nie ohne meinen lieben Vater. Als ich noch ein Kind war, als wir noch alle zusammen wohnten, als meine arme Tante noch lebte –
WIRT Was jammern Sie denn? Ich finde das geschmacklos! Hätten Sie sie nicht umgebracht!
GRAIN Zu spät. Aber worauf ich hinaus wollte – nehmen Sie mich bei sich auf. Ich will den umgekehrten Weg machen wie Gaston. Er hat den Verbrecher gespielt und ist einer geworden – ich ...
WIRT Ich will's mit Ihnen probieren. Sie werden schon durch Ihre Maske wirken. Und in einem gegebenen Moment werden Sie einfach die Sache mit der Tante erzählen. Wie's war. Irgend wer wird Sie schon fragen.
GRAIN Ich danke Ihnen, Bürger Prospère. Und was meine Gage anbelangt –
WIRT Heute gastieren Sie auf Engagement, da kann ich Ihnen noch keine Gage zahlen. – Sie werden gut zu essen und zu trinken bekommen ... und auf ein paar Francs für ein Nachtlager soll's mir auch nicht ankommen.
GRAIN Ich danke Ihnen. Und bei Ihren anderen Mitgliedern stellen Sie mich einfach als einen Gast aus der Provinz vor.
WIRT Ah nein ... denen sagen wir gleich, daß Sie ein wirklicher Mörder sind. Das wird ihnen viel lieber sein.
GRAIN Entschuldigen Sie, ich will ja gewiß nichts gegen mich vorbringen – aber das versteh' ich nicht.

WIRT Wenn Sie länger beim Theater sind, werden Sie das schon verstehen.

SCAEVOLA *und* JULES *treten ein.*

SCAEVOLA Guten Abend, Direktor!
WIRT Wirt... Wie oft soll ich dir noch sagen, der ganze Spaß geht flöten, wenn du mich »Direktor« nennst.
SCAEVOLA Was immer du seist, ich glaube, wir werden heute nicht spielen.
WIRT Warum denn?
SCAEVOLA Die Leute werden nicht in der Laune sein – –. Es ist ein Höllenlärm in den Straßen, und insbesondere vor der Bastille schreien sie wie die Besessenen.
WIRT Was geht das uns an? Seit Monaten ist das Geschrei, und unser Publikum ist uns nicht ausgeblieben. Es amüsiert sich wie früher.
SCAEVOLA Ja, es hat die Lustigkeit von Leuten, die nächstens gehenkt werden.
WIRT Wenn ich's nur erlebe!
SCAEVOLA Vorläufig gib uns was zu trinken, damit ich in Stimmung komme. Ich bin heut durchaus nicht in Stimmung.
WIRT Das passiert dir öfter, mein Lieber. Ich muß dir sagen, daß ich gestern durchaus unzufrieden mit dir war.
SCAEVOLA Wieso, wenn ich fragen darf?
WIRT Die Geschichte von dem Einbruch, die du zum Besten gegeben hast, war einfach läppisch.
SCAEVOLA Läppisch?
WIRT Jawohl. Vollkommen unglaubwürdig. Das Brüllen allein tut's nicht.
SCAEVOLA Ich habe nicht gebrüllt.
WIRT Du brüllst ja immer. Es wird wahrhaftig notwendig werden, daß ich die Sachen mit euch einstudiere. Auf euere Einfälle kann man sich nicht verlassen. Henri ist der einzige.
SCAEVOLA Henri und immer Henri. Henri ist ein Kulissenreißer. Der Einbruch von gestern war ein Meisterstück. So was bringt Henri sein Lebtag nicht zusammen. – Wenn ich dir nicht genüge, mein Lieber, so geh' ich einfach zu einem ordentlichen Theater. Hier ist ja doch nur eine Schmiere... Ah... *bemerkt Grain* Wer ist denn das?... Der gehört ja nicht zu uns? Hast du vielleicht einen neu

engagiert? Was hat der Kerl für Maske?

WIRT Beruhige dich, es ist kein Schauspieler von Beruf. Es ist ein wirklicher Mörder.

SCAEVOLA Ach so... *geht auf ihn zu* Sehr erfreut, Sie kennen zu lernen. Scaevola ist mein Name.

GRAIN Ich heiße Grain.

Jules ist die ganze Zeit in der Schenke herumgegangen, manchmal auch stehen geblieben, wie ein innerlich Gequälter.

WIRT Was ist denn mit dir, Jules?

JULES Ich memoriere.

WIRT Was denn?

JULES Gewissensbisse. Ich mache heute einen, der Gewissensbisse hat. Sieh mich an. Was sagst du zu der Falte hier auf der Stirn? Seh' ich nicht aus, als wenn alle Furien der Hölle... *geht auf und ab.*

SCAEVOLA *brüllt* Wein – Wein her!

WIRT Beruhige dich... es ist ja noch kein Publikum da.

HENRIE *und* LEOCADIE *kommen.*

HENRI Guten Abend! *Er begrüßt die Hintensitzenden mit einer leichten Handbewegung* Guten Abend, meine Herren!

WIRT Guten Abend, Henri! Was seh' ich! Mit Léocadie!

GRAIN *hat Léocadie aufmerksam betrachtet; zu Scaevola* Die kenn' ich ja... *Spricht leise mit den anderen.*

LEOCADIE Ja, mein lieber Prospère, ich bin's!

WIRT Ein Jahr lang hab' ich dich nicht gesehen. Laß dich begrüßen. *Er will sie küssen.*

HENRI Laß das! – *Sein Blick ruht öfters auf Léocadie mit Stolz, Leidenschaft, aber auch mit einer gewissen Angst.*

WIRT Aber Henri... Alte Kollegen!... Dein einstiger Direktor, Léocadie!

LEOCADIE Wo ist die Zeit, Prospère!...

WIRT Was seufzest du! Wenn eine ihren Weg gemacht hat, so bist du's! Freilich ein schönes junges Weib hat's immer leichter als wir.

HENRI *wütend* Laß das.

WIRT Was schreist du denn immer so mit mir? Weil du wieder einmal mit ihr beisammen bist?

HENRI Schweig! – Sie ist seit gestern meine Frau.

WIRT Deine...? *Zu Léocadie* Macht er einen Spaß?

LEOCADIE Er hat mich wirklich geheiratet. Ja. –
WIRT So gratulier' ich. Na ... Scaevola, Jules – Henri hat geheiratet.
SCAEVOLA *kommt nach vorn* Meinen Glückwunsch! *Zwinkert Léocadie zu.*
JULES *drückt gleichfalls beiden die Hand.*
GRAIN *zum Wirt* Ah, wie sonderbar – diese Frau hab' ich gesehn ... ein paar Minuten, nachdem ich wieder frei war.
WIRT Wieso?
GRAIN Es war die erste schöne Frau, die ich nach zwei Jahren gesehen habe. Ich war sehr bewegt. Aber es war ein anderer Herr, mit dem – *spricht weiter mit dem Wirt.*
HENRI *in einem hochgestimmten Ton, wie begeistert, aber nicht deklamatorisch* Léocadie, meine Geliebte, mein Weib!... Nun ist alles vorbei, was einmal war. In einem solchen Augenblick löscht vieles aus.
Scaevola und Jules sind nach hinten gegangen, Wirt wieder vorn.
WIRT Was für ein Augenblick?
HENRI Nun sind wir durch ein heiliges Sakrament vereinigt. Das ist mehr als menschliche Schwüre sind. Jetzt ist Gott über uns, man darf alles vergessen, was vorher geschehen ist. Léocadie, eine neue Zeit bricht an. Léocadie, alles wird heilig, unsere Küsse, so wild sie sein mögen, sind von nun an heilig. Léocadie, meine Geliebte, mein Weib!... *Er betrachtet sie mit einem glühenden Blick* Hat sie nicht einen anderen Blick, Prospère, als du ihn früher an ihr kanntest? Ist ihre Stirn nicht rein? Was war, ist ausgelöscht. Nicht wahr, Léocadie?
LEOCADIE Gewiß, Henri.
HENRI Und alles ist gut. Morgen verlassen wir Paris, Léocadie tritt heute zum letzten Male in der Porte St. Martin auf, und ich spiele heute das letzte Mal bei dir.
WIRT *betroffen* Bist du bei Trost, Henri? – Du willst mich verlassen? Und dem Direktor der Porte St. Martin wird's doch nicht einfallen, Léocadie ziehen zu lassen? Sie macht ja das Glück seines Hauses. Die jungen Herren strömen ja hin, wie man sagt.
HENRI Schweig. Léocadie wird mit mir gehen. Sie wird mich nie verlassen. Sag' mir, daß du mich nie verlassen wirst, Léocadie. *Brutal* Sag's mir!
LEOCADIE Ich werde dich nie verlassen!
HENRI Tätest du's, ich würde dich ... *Pause* Ich habe dieses

Leben satt. Ich will Ruhe, Ruhe will ich haben.
WIRT Aber was willst du denn tun, Henri? Es ist ja lächerlich. Ich will dir einen Vorschlag machen. Nimm Léocadie meinethalben von der Porte St. Martin fort – aber sie soll hier, bei mir bleiben. Ich engagiere sie. Es fehlt mir sowieso an talentierten Frauenspersonen.
HENRI Mein Entschluß ist gefaßt, Prospère. Wir verlassen die Stadt. Wir gehen aufs Land hinaus.
WIRT Aufs Land? Wohin denn?
HENRI Zu meinem alten Vater, der allein in unserem armen Dorf lebt, – den ich seit sieben Jahren nicht gesehen habe. Er hat kaum mehr gehofft, seinen verlorenen Sohn wiederzusehen. Er wird mich mit Freuden aufnehmen.
WIRT Was willst du auf dem Lande tun? Auf dem Lande verhungert man. Da geht's den Leuten noch tausendmal schlechter als in der Stadt. Was willst du denn dort machen? Du bist nicht der Mann dazu, die Felder zu bebauen. Bilde dir das nicht ein.
HENRI Es wird sich zeigen, daß ich auch dazu der Mann bin.
WIRT Es wächst bald kein Korn mehr in ganz Frankreich. Du gehst ins sichere Elend.
HENRI Ins Glück, Prospère. Nicht wahr, Lèocadie? Wir haben oft davon geträumt. Ich sehne mich nach dem Frieden der weiten Ebene. Ja, Prospère, in meinen Träumen seh' ich mich mit ihr abends über die Felder gehn, in einer unendlichen Stille, den wunderbaren tröstlichen Himmel über uns. Ja, wir fliehen diese schreckliche und gefährliche Stadt, der große Friede wird über uns kommen. Nicht wahr, Léocadie, wir haben es oft geträumt.
LEOCADIE Ja, wir haben es oft geträumt.
WIRT Höre, Henri, du solltest es dir überlegen. Ich will dir deine Gage gerne erhöhen, und Léocadie will ich ebensoviel geben als dir.
LEOCADIE Hörst du, Henri?
WIRT Ich weiß wahrhaftig nicht, wer dich hier ersetzen soll. Keiner von meinen Leuten hat so köstliche Einfälle als du, keiner ist bei meinem Publikum so beliebt als du... Geh nicht fort!
HENRI Das glaub' ich wohl, daß mich niemand ersetzen wird.
WIRT Bleib bei mir, Henri! *Wirft Léocadie einen Blick zu, sie deutet an, daß sie's schon machen wird.*

HENRI Und ich verspreche dir, der Abschied wird ihnen schwer werden – i h n e n, nicht mir. Für heute – für mein letztes Auftreten hab' ich mir was zurechtgelegt, daß es sie alle schaudern wird ... eine Ahnung von dem Ende ihrer Welt wird sie anwehen ... denn das Ende ihrer Welt ist nahe. Ich aber werd' es nur mehr von fern erleben ... man wird es uns draußen erzählen, Léocadie, viele Tage später, als es geschehen ... Aber sie werden schaudern, sag' ich dir. Und du selbst wirst sagen: So gut hat Henri nie gespielt.

WIRT Was wirst du spielen? Was? Weißt du's, Léocadie?

LÉOCADIE Ich weiß ja nie etwas.

HENRI Ahnt denn irgend einer, was für ein Künstler in mir steckt?

WIRT Gewiß ahnt man es, drum sag' ich ja, daß man sich mit einem solchen Talent nicht aufs Land vergräbt. Was für ein Unrecht an dir! An der Kunst!

HENRI Ich pfeife auf die Kunst. Ich will Ruhe. Du begreifst das nicht, Prospère, Du hast nie geliebt.

WIRT Oh! –

HENRI Wie i c h liebe. – Ich will mit ihr allein sein – das ist es ... Léocadie, nur so können wir alles vergessen. Aber dann werden wir so glücklich sein, wie nie Menschen gewesen sind. Wir werden Kinder haben, du wirst eine gute Mutter werden, Léocadie, und ein braves Weib. Alles, alles wird ausgelöscht sein. *Große Pause.*

LÉOCADIE Es wird spät, Henri, ich muß ins Theater. Leb' wohl, Prospère, ich freue mich, endlich einmal deine berühmte Bude gesehen zu haben, wo Henri solche Triumphe feiert.

WIRT Warum bist du denn nie hergekommen?

LÉOCADIE Henri hat's nicht haben wollen – na, weißt du, wegen der jungen Leute, mit denen ich da sitzen müßte.

HENRI *ist nach rückwärts gegangen* Gib mir einen Schluck, Scaevola. *Er trinkt.*

WIRT *zu Léocadie, da ihn Henri nicht hört* Ein rechter Narr, der Henri – wenn du nur immer mit ihnen gesessen wärst.

LÉOCADIE Du, solche Bemerkungen verbitt' ich mir.

WIRT Ich rate dir, gib acht, du blöde Kanaille. Er wird dich einmal umbringen.

LÉOCADIE Was gibt's denn?

WIRT Schon gestern hat man dich wieder mit einem deiner Kerle gesehen.

LEOCADIE Das war kein Kerl, du Dummkopf, das war ...
HENRI *wendet sich rasch* Was habt ihr? Keine Späße, wenn's beliebt. Aus mit dem Flüstern. Es gibt keine Geheimnisse mehr. Sie ist meine Frau.
WIRT Was hast du ihr denn zum Hochzeitsgeschenk gemacht?
LEOCADIE Ach Gott, an solche Dinge denkt er nicht.
HENRI Nun, du sollst es noch heute bekommen.
LEOCADIE Was denn?
SCAEVOLA, JULES Was gibst du ihr?
HENRI *ganz ernst* Wenn du mit deiner Szene zu Ende bist, darfst du hierherkommen und mich spielen sehen. *Man lacht.*
HENRI Nie hat eine Frau ein prächtigeres Hochzeitsgeschenk bekommen. Komm, Léocadie; auf Wiedersehen, Prospère, ich bin bald wieder zurück.
Henri und Léocadie ab. – Es treten zugleich ein:

FRANÇOIS VISCOMTE VON NOGEANT, ALBIN CHEVALIER DE LA TREMOUILLE.

SCAEVOLA Was für ein erbärmlicher Aufschneider.
WIRT Guten Abend, ihr Schweine.
Albin schreckt zurück.
FRANÇOIS *ohne darauf zu achten* War das nicht die kleine Léocadie von der Porte St. Martin, die da mit Henri wegging?
WIRT Freilich war sie's. Was? – Die könnte am Ende sogar dich erinnern, daß du noch so was wie ein Mann bist, wenn sie sich große Mühe gäbe.
FRANÇOIS *lachend* Es wäre nicht unmöglich. Wir kommen heute etwas früh, wie mir scheint?
WIRT Du kannst dir ja unterdes mit deinem Lustknaben die Zeit vertreiben.
Albin will auffahren.
FRANÇOIS So laß doch. Ich hab' dir ja gesagt, wie's hier zugeht. Bring uns Wein.
WIRT Ja, das will ich. Es wird schon die Zeit kommen, wo ihr mit Seinewasser sehr zufrieden sein werdet.
FRANÇOIS Gewiß, gewiß ... aber für heute möchte ich um Wein gebeten haben, und zwar um den besten.
Wirt zum Schanktisch.
ALBIN Das ist ja ein schauerlicher Kerl.
FRANÇOIS Denk' doch, daß alles Spaß ist. Und dabei gibt es

Orte, wo du ganz ähnliche Dinge im Ernst hören kannst.

ALBIN Ist denn es nicht verboten?

FRANÇOIS *lacht* Man merkt, daß du aus der Provinz kommst.

ALBIN Ah, bei uns geht's auch recht nett zu in der letzten Zeit. Die Bauern werden in einer Weise frech ... man weiß nicht mehr, wie man sich helfen soll.

FRANÇOIS Was willst du? Die armen Teufel sind hungrig; das ist das Geheimnis.

ALBIN Was kann denn ich dafür? Was kann denn mein Großonkel dafür?

FRANÇOIS Wie kommst du auf deinen Großonkel?

ALBIN Ja, ich komme darauf, weil sie nämlich in unserem Dorf eine Versammlung abgehalten haben – ganz öffentlich – und da haben sie meinen Großonkel, den Grafen von Tremouille, ganz einfach einen Kornwucherer genannt.

FRANÇOIS Das ist alles ...?

ALBIN Na, ich bitte dich!

FRANÇOIS Wir wollen morgen einmal ins Palais Royal, da sollst du hören, was die Kerle für lasterhafte Reden führen. Aber wir lassen sie reden; es ist das beste, was man tun kann; im Grunde sind es gute Leute, man muß sie auf diese Weise austoben lassen.

ALBIN *auf Scaevola usw. deutend* Was sind das für verdächtige Subjekte? Sieh nur, wie sie einen anschauen. *Er greift nach seinem Degen.*

FRANÇOIS *zieht ihm die Hand weg.* Mach' dich nicht lächerlich! *Zu den Dreien* Ihr braucht noch nicht anzufangen, wartet, bis mehr Publikum da ist. *Zu Albin* Es sind die anständigsten Leute von der Welt, Schauspieler. Ich garantiere dir, daß du schon mit ärgeren Gaunern an einem Tisch gesessen bist.

ALBIN Aber sie waren besser angezogen.

Wirt bringt Wein.

MICHETTE *und* FLIPOTTE *kommen.*

FRANÇOIS Grüß' euch Gott, Kinder, kommt, setzt euch da zu uns.

MICHETTE Da sind wir schon. Komm nur, Flipotte. Sie ist noch etwas schüchtern.

FLIPOTTE Guten Abend, junger Herr!

ALBIN Guten Abend, meine Damen!

MICHETTE Der Kleine ist lieb. *Sie setzt sich auf den Schoß Albins.*
ALBIN Also bitte, erkläre mir, François, sind das anständige Frauen?
MICHETTE Was sagt er?
FRANÇOIS Nein, so ist das nicht, die Damen, die hierher kommen – Gott, bist du dumm, Albin!
WIRT Was darf ich den Herzoginnen bringen?
MICHETTE Bring mir einen recht süßen Wein.
FRANÇOIS *auf Flipotte deutend* Eine Freundin?
MICHETTE Wir wohnen zusammen. Ja, wir haben zusammen nur ein Bett!
FLIPOTTE *errötend* Wird dir das sehr unangenehm sein, wenn du zu ihr kommst? *Setzt sich auf François' Schoß.*
ALBIN Die ist ja gar nicht schüchtern.
SCAEVOLA *steht auf, düster, zu dem Tisch der jungen Leute* Hab' ich dich endlich wieder! *Zu Albin* Und du miserabler Verführer, wirst du schaun, daß du ... Sie ist mein!
Wirt sieht zu.
FRANÇOIS *zu Albin* Spaß, Spaß ...
ALBIN Sie ist nicht sein –?
MICHETTE Geh, laß mich doch sitzen, wo's mir beliebt.
Scaevola steht mit geballten Fäusten da.
WIRT *hinter ihm* Nun, nun!
SCAEVOLA Ha, ha!
WIRT *faßt ihn beim Kragen* Ha, ha! *Bei Seite zu ihm* Sonst fällt dir nichts ein! Nicht für einen Groschen Talent hast du. Brüllen. Das ist das einzige, was du kannst.
MICHETTE *zu François* Er hat es neulich besser gemacht –
SCAEVOLA *zum Wirt* Ich bin noch nicht in Stimmung. Ich mach' es später noch einmal, wenn mehr Leute da sind; du sollst sehen, Prospère; ich brauche Publikum.

DER HERZOG VON CADIGNAN *tritt ein.*

HERZOG Schon höchst bewegt!
Michette und Flipotte auf ihn zu.
MICHETTE Mein süßer Herzog!
FRANÇOIS Guten Abend, Emile! ... *Stellt vor* Mein junger Freund Albin Chevalier von Tremouille – der Herzog von Cadignan.
HERZOG Ich bin sehr erfreut, Sie kennen zu lernen. *Zu den Mäd-*

chen, die an ihm hängen Laßt mich, Kinder! – *Zu Albin* Sie sehen sich auch dieses komische Wirtshaus an?

ALBIN Es verwirrt mich aufs höchste!

FRANÇOIS Der Chevalier ist erst vor ein paar Tagen in Paris angekommen.

HERZOG *lachend* Da haben Sie sich eine nette Zeit ausgesucht.

ALBIN Wieso?

MICHETTE Was er wieder für einen Parfüm hat! Es gibt überhaupt keinen Mann in Paris, der so angenehm duftet. *Zu Albin* . . . So merkt man das nicht.

HERZOG Sie spricht nur von den siebenhundert oder achthundert, die sie so gut kennt wie mich.

FLIPOTTE Erlaubst du, daß ich mit deinem Degen spiele? – *Sie zieht ihm den Degen aus der Scheide und läßt ihn hin und her funkeln.*

GRAIN *zum Wirt* Mit dem! . . . Mit dem hab' ich sie gesehn! – *Wirt läßt sich erzählen, scheint erstaunt.*

HERZOG Henri ist noch nicht da? *Zu Albin* Wenn Sie den sehen werden, werden Sie's nicht bereuen, hierhergekommen zu sein.

WIRT *zum Herzog* Na, bist du auch wieder da? Das freut mich. Lang werden wir ja das Vergnügen nicht mehr haben.

HERZOG Warum? Mir behagt's sehr gut bei dir.

WIRT Das glaub' ich. Aber da du auf alle Fälle einer der ersten sein wirst . . .

ALBIN Was bedeutet das?

WIRT Du verstehst mich schon. – Die ganz Glücklichen kommen zuerst dran! . . . *Geht nach rückwärts.*

HERZOG *nach einem Sinnen* Wenn ich der König wäre, würde ich ihn zu meinem Hofnarren machen, das heißt, ich würde mir viele Hofnarren halten, aber er wäre einer davon.

ALBIN Wie hat er das gemeint, daß Sie zu glücklich sind?

HERZOG Er meint, Chevalier . . .

ALBIN Ich bitte, sagen Sie mir nicht Chevalier. Alle nennen mich Albin, einfach Albin, weil ich nämlich so jung ausschaue.

HERZOG *lächelnd* Schön . . . aber da müssen Sie mir Emile sagen, ja?

ALBIN Wenn Sie erlauben, gern, Emile.

HERZOG Sie werden unheimlich witzig, diese Leute.

FRANÇOIS Warum unheimlich? Mich beruhigt das sehr. Solange das Gesindel zu Späßen aufgelegt ist, kommt's doch nicht zu was Ernstem.

HERZOG Es sind nur gar zu sonderbare Witze. Da hab' ich heute

wieder eine Sache erfahren, die gibt zu denken.
FRANÇOIS Erzählen Sie.
FLIPOTTE, MICHETTE Ja, erzähle, süßer Herzog!
HERZOG Kennen Sie Lelange?
FRANÇOIS Freilich – das Dorf... der Marquis von Montferrat hat dort eine seiner schönsten Jagden.
HERZOG Ganz richtig; mein Bruder ist jetzt bei ihm auf dem Schloß, und der schreibt mir eben die Sache, die ich Ihnen erzählen will. In Lelange haben sie einen Bürgermeister, der sehr unbeliebt ist.
FRANÇOIS Wenn Sie mir einen nennen können, der beliebt ist –
HERZOG Hören Sie nur. – Da sind die Frauen des Dorfes vor das Haus des Bürgermeisters gezogen – mit einem Sarg...
FLIPOTTE Wie?... Sie haben ihn getragen? Einen Sarg getragen? Nicht um die Welt möcht' ich einen Sarg tragen.
FRANÇOIS Schweig doch – es verlangt ja niemand von dir, daß du einen Sarg trägst. *Zum Herzog* Nun?
HERZOG Und ein paar von den Weibern sind darauf in die Wohnung des Bürgermeisters und haben ihm erklärt, er müsse sterben – aber man werde ihm die Ehre erweisen, ihn zu begraben. –
FRANÇOIS Nun, hat man ihn umgebracht?
HERZOG Nein – wenigstens schreibt mir mein Bruder nichts davon.
FRANÇOIS Nun also!... Schreier, Schwätzer, Hanswürste – das sind sie. Heut brüllen sie in Paris zur Abwechslung die Bastille an – wie sie's schon ein halbes Dutzend mal getan...
HERZOG Nun – wenn ich der König wäre, ich hätte ein Ende gemacht... längst...
ALBIN Ist es wahr, daß der König so gütig ist?
HERZOG Sie sind Seiner Majestät noch nicht vorgestellt?
FRANÇOIS Der Chevalier ist ja das erste Mal in Paris.
HERZOG Ja, Sie sind unglaublich jung. Wie alt, wenn man fragen darf?
ALBIN Ich sehe nur so jung aus, ich bin schon siebzehn...
HERZOG Siebzehn – wie viel liegt noch vor Ihnen. Ich bin schon vierundzwanzig... ich fange an zu bereuen, wie viel von meiner Jugend ich versäumt habe.
FRANÇOIS *lacht* Das ist gut! Sie, Herzog... für Sie ist doch jeder Tag verloren, an dem Sie nicht eine Frau erobert oder einen Mann totgestochen haben.

HERZOG Das Unglück ist nur, daß man beinah nie die richtige erobert – und immer den unrichtigen totsticht. Und so versäumt man seine Jugend doch. Es ist ganz, wie Rollin sagt.
FRANÇOIS Was sagt Rollin?
HERZOG Ich dachte an sein neues Stück, das sie in der Comédie geben – da kommt so ein hübscher Vergleich vor. Erinnern Sie sich nicht?
FRANÇOIS Ich habe gar kein Gedächtnis für Verse –
HERZOG Ich leider auch nicht ... ich erinnere mich nur an den Sinn ... Er sagt, die Jugend, die man nicht genießt, ist wie ein Federball, den man im Sand liegen läßt, statt ihn in die Luft zu schnellen.
ALBIN *altklug* Das find' ich sehr richtig.
HERZOG Nicht wahr? – Die Federn werden allmählich doch farblos, fallen aus. Es ist noch besser, er fällt in ein Gebüsch, wo man ihn nicht wiederfindet.
ALBIN Wie ist das zu verstehen, Emile?
HERZOG Es ist mehr zu empfinden. Wenn ich die Verse wüßte, verstünden Sie's übrigens gleich.
ALBIN Es kommt mir vor, Emile, als könnten Sie auch Verse machen, wenn Sie nur wollten.
HERZOG Warum?
ALBIN Seit Sie hier sind, scheint es mir, als wenn das Leben aufflammte –
HERZOG *lächelnd* Ja? Flammt es auf?
FRANÇOIS Wollen Sie sich nicht endlich zu uns setzen?
Unterdessen kommen zwei Adelige und setzen sich an einen etwas entfernten Tisch; der Wirt scheint ihnen Grobheiten zu sagen.
HERZOG Ich kann nicht hier bleiben. Aber ich komme jedenfalls noch einmal zurück.
MICHETTE Bleib bei mir!
FLIPOTTE Nimm mich mit!
Sie wollen ihn halten.
WIRT *nach vorn* Laßt ihn nur! Ihr seid ihm noch lang nicht schlecht genug. Er muß zu einer Straßendirne laufen, dort ist ihm am wohlsten.
HERZOG Ich komme ganz bestimmt zurück, schon um Henri nicht zu versäumen.
FRANÇOIS Denken Sie, als wir kamen, ging Henri eben mit Léocadie fort.
HERZOG So. – Er hat sie geheiratet. Wißt ihr das?

FRANÇOIS Wahrhaftig? – Was werden die andern dazu sagen?
ALBIN Was für andern?
FRANÇOIS Sie ist nämlich allgemein beliebt.
HERZOG Und er will mit ihr fort ... was weiß ich ... man hat's mir erzählt.
WIRT So? hat man's dir erzählt? – *Blick auf den Herzog.*
HERZOG *Blick auf den Wirt, dann* Es ist zu dumm. Léocadie ist geschaffen, die größte, die herrlichste Dirne der Welt zu sein.
FRANÇOIS Wer weiß das nicht?
HERZOG Gibt es etwas Unverständigeres, als jemanden seinem wahren Beruf entziehen? *Da François lacht* Ich meine das nicht im Scherz. Auch zur Dirne muß man geboren sein – wie zum Eroberer oder zum Dichter.
FRANÇOIS Sie sind paradox.
HERZOG Es tut mir leid um sie – und um Henri. Er sollte hier bleiben – nicht h i e r – ich möchte ihn in die Comédie bringen – obwohl auch dort – mir ist immer, als verstünd' ihn keiner so ganz wie ich. Das kann übrigens eine Täuschung sein – denn ich habe diese Empfindung den meisten Künstlern gegenüber. Aber ich muß sagen, wär' ich nicht der Herzog von Cadignan, so möcht' ich gern ein solcher Komödiant – ein solcher ...
ALBIN Wie Alexander der Große ...
HERZOG *lächelnd* Ja – wie Alexander der Große. *Zu Flipotte* Gib mir meinen Degen. *Er steckt ihn in die Scheide. Langsam* Es ist doch die schönste Art, sich über die Welt lustig zu machen; einer, der uns vorspielen kann, was er will, ist doch mehr als wir alle. *Albin betrachtet ihn verwundert.*
HERZOG Denken Sie nicht nach über das, was ich sage: Es ist alles nur im selben Augenblick wahr. – Auf Wiedersehen!
MICHETTE Gib mir einen Kuß, bevor du gehst!
FLIPOTTE Mir auch!
Sie hängen sich an ihn, der Herzog küßt beide zugleich und geht. – Währenddem:
ALBIN Ein wunderbarer Mensch! ...
FRANÇOIS Das ist schon wahr ... aber daß solche Menschen existieren, ist beinah ein Grund, nicht zu heiraten.
ALBIN Erklär' mir im übrigen, was das für Frauenzimmer sind.
FRANÇOIS Schauspielerinnen. Sie sind auch von der Truppe Prospère, der jetzt der Spelunkenwirt ist. Freilich haben sie früher nicht viel anderes gemacht als jetzt.

GUILLAUME *stürzt herein, wie atemlos.*

GUILLAUME *zum Tisch hin, wo die Schauspieler sitzen, die Hand ans Herz, mühselig, sich stützend* Gerettet, ja, gerettet!
SCAEVOLA Was gibt's, was hast du?
ALBIN Was ist dem Mann geschehn?
FRANÇOIS Das ist jetzt Schauspiel. Paß auf!
ALBIN Ah –?
MICHETTE, FLIPOTTE *rasch zu Guillaume hin* Was gibt's? Was hast du?
SCAEVOLA Setz' dich, nimm einen Schluck!
GUILLAUME Mehr! mehr!... Prospère, mehr Wein! – – Ich bin gelaufen! Mir klebt die Zunge. Sie waren mir auf den Fersen.
JULES *fährt zusammen* Ah, gebt Acht, sie sind uns überhaupt auf den Fersen.
WIRT So erzähl' doch endlich, was ist denn passiert?... *Zu den Schauspielern* Bewegung! Mehr Bewegung!
GUILLAUME Weiber her... Weiber! – Ah – *umarmt Flipotte* Das bringt einen auch wieder zum Leben! *Zu Albin, der höchst betroffen ist* Der Teufel soll mich holen, mein Junge, wenn ich gedacht habe, ich werde dich lebendig wiedersehn... *als wenn er lauschte* Sie kommen, sie kommen! – *Zur Tür hin* Nein, es ist nichts. – Sie...
ALBIN Wie sonderbar!... Es ist wirklich ein Lärm, wie wenn Leute draußen sehr rasch vorbeijagten. Wird das auch von hier aus geleitet?
SCAEVOLA *zu Jules* Jedesmal hat er die Nuance... es ist zu dumm! –
WIRT So sag' uns doch endlich, warum sie dir wieder auf den Fersen sind.
GUILLAUME Nichts Besonderes. Aber wenn sie mich hätten, würde es mir doch den Kopf kosten – ein Haus hab' ich angezündet.

Während dieser Szene kommen wieder junge Adelige, die an den Tischen Platz nehmen.

WIRT *leise* Weiter, weiter!
GUILLAUME *ebenso* Was weiter? Genügt das nicht, wenn ich ein Haus angezündet habe?
FRANÇOIS Sag' mir doch, mein Lieber, warum du das Haus angezündet hast.
GUILLAUME Weil der Präsident des obersten Gerichtshofes darin

wohnt. Mit dem wollten wir anfangen. Wir wollen den guten Pariser Hausherren die Lust nehmen, Leute in ihr Haus zu nehmen, die uns arme Teufel ins Zuchthaus bringen.

GRAIN Das ist gut! Das ist gut!

GUILLAUME *betrachtet Grain und staunt; spricht dann weiter* Die Häuser müssen alle dran. Noch drei Kerle wie ich, und es gibt keine Richter mehr in Paris!

GRAIN Tod den Richtern!

JULES Ja... es gibt doch vielleicht einen, den wir nicht vernichten können.

GUILLAUME Den möcht' ich kennen lernen.

JULES Den Richter in uns.

WIRT *leise* Das ist abgeschmackt. Laß das. Scaevola! Brülle! Jetzt ist der Moment!

SCAEVOLA Wein her, Prospère, wir wollen auf den Tod aller Richter in Frankreich trinken!

Während der letzten Worte traten ein:

Der MARQUIS VON LANSAC *mit seiner Frau* SEVERINE, ROLLIN, *der Dichter.*

SCAEVOLA Tod allen, die heute die Macht in Händen haben! Tod!

MARQUIS Sehen Sie, Séverine, so empfängt man uns.

ROLLIN Marquise, ich hab' Sie gewarnt.

SEVERINE Warum?

FRANÇOIS *steht auf* Was seh' ich! Die Marquise! Erlauben Sie, daß ich Ihnen die Hand küsse. Guten Abend, Marquis! Grüß' Gott, Rollin! Marquise, Sie wagen sich in dieses Lokal!

SEVERINE Man hat mir soviel davon erzählt. Und außerdem sind wir heute schon in Abenteuern drin – nicht wahr, Rollin?

MARQUIS Ja, denken Sie, Vicomte – was glauben Sie, woher wir kommen? – Von der Bastille.

FRANÇOIS Machen sie dort noch immer so einen Spektakel?

SEVERINE Ja freilich! – Es sieht aus, wie wenn sie sie einrennen wollten.

ROLLIN *deklamiert*
    Gleich einer Flut, die an die Ufer brandet,
    Und tief ergrimmt, daß ihr das eigne Kind,
    Die Erde widersteht –

SEVERINE Nicht, Rollin! – Wir haben dort unsern Wagen in der Nähe halten lassen. Es ist ein prächtiger Anblick; Massen

haben doch immer was Großartiges.
FRANÇOIS Ja, ja, wenn sie nur nicht so übel riechen würden.
MARQUIS Und nun hat mir meine Frau keine Ruhe gegeben ... ich mußte sie hierher führen.
SÉVERINE Also was gibt's denn da eigentlich Besonderes?
WIRT *zu Lansac* Na, bist du auch da, verdorrter Halunke? Hast du dein Weib mitgebracht, weil sie dir zu Haus nicht sicher genug ist?
MARQUIS *gezwungen lachend* Er ist ein Original!
WIRT Gib nur Acht, daß sie dir nicht gerade hier weggefischt wird. Solche vornehme Damen kriegen manchmal eine verdammte Lust, es mit einem richtigen Strolch zu versuchen.
ROLLIN Ich leide unsäglich, Séverine.
MARQUIS Mein Kind, ich habe Sie vorbereitet – es ist noch immer Zeit, daß wir gehen.
SÉVERINE Was wollen Sie denn? Ich finde es reizend. Setzen wir uns doch endlich nieder!
FRANÇOIS Erlauben Sie, Marquise, daß ich Ihnen den Chevalier de la Tremouille vorstelle. Er ist auch das erste Mal hier. Der Marquis von Lansac; Rollin, unser berühmter Dichter.
ALBIN Sehr erfreut. *Komplimente; man nimmt Platz.*
ALBIN *zu François* Ist das eine von denen, die spielt oder ... ich kenne mich gar nicht aus.
FRANÇOIS Sei doch nicht so begriffsstutzig! – Das ist die wirkliche Frau des Marquis von Lansac ... eine höchst anständige Dame.
ROLLIN *zu Séverine* Sage, daß du mich liebst.
SÉVERINE Ja, ja, aber fragen Sie mich nicht jeden Augenblick.
MARQUIS Haben wir schon irgend eine Szene versäumt?
FRANÇOIS Nicht viel. Der dort spielt einen Brandstifter, wie es scheint.
SÉVERINE Chevalier, Sie sind wohl der Vetter der kleinen Lydia de la Tremouille, die heute geheiratet hat?
ALBIN Jawohl, Marquise, das war mit einer der Gründe, daß ich nach Paris gekommen bin.
SÉVERINE Ich erinnere mich, Sie in der Kirche gesehen zu haben.
ALBIN *verlegen* Ich bin höchst geschmeichelt, Marquise.
SÉVERINE *zu Rollin* Was für ein lieber kleiner Junge.
ROLLIN Ah, Séverine, Sie haben noch nie einen Mann kennen gelernt, der Ihnen nicht gefallen hätte.
SÉVERINE Oh, doch; den hab' ich auch gleich geheiratet.

ROLLIN O, Séverine, ich fürchte immer – es gibt sogar Momente, wo Ihnen Ihr eigener Mann gefährlich ist.

WIRT *bringt Wein* Da habt ihr! Ich wollte, es wäre Gift, aber es ist vorläufig noch nicht gestattet, euch Kanaillen das vorzusetzen.

FRANÇOIS Wird schon kommen, Prospère.

SÉVERINE *zu Rollin* Was ist's mit diesen beiden hübschen Mädchen? Warum kommen sie nicht näher? Wenn wir schon einmal da sind, will ich alles mitmachen. Ich finde überhaupt, daß es hier höchst gesittet zugeht.

MARQUIS Haben Sie nur Geduld, Séverine.

SÉVERINE Auf der Straße, find' ich, unterhält man sich in der letzten Zeit am besten. – Wissen Sie, was uns gestern passiert ist, als wir auf der Promenade von Longchamps spazieren fuhren?

MARQUIS Ach bitte, meine liebe Séverine, wozu . . .

SÉVERINE Da ist ein Kerl aufs Trittbrett unserer Equipage gesprungen und hat geschrien: Nächstes Jahr werden Sie hinter Ihrem Kutscher stehen und wir werden in der Equipage sitzen.

FRANÇOIS Ah, das ist etwas stark.

MARQUIS Ach Gott, ich finde, man sollte von diesen Dingen gar nicht reden. Paris hat jetzt etwas Fieber, das wird schon wieder vergehen.

GUILLAUME *plötzlich* Ich sehe Flammen, Flammen, überall, wo ich hinschaue, rote, hohe Flammen.

WIRT *zu ihm hin* Du spielst einen Wahnsinnigen, nicht einen Verbrecher.

SÉVERINE Er sieht Flammen?

FRANÇOIS Das ist alles noch nicht das Richtige, Marquise.

ALBIN *zu Rollin* Ich kann Ihnen gar nicht sagen, wie wirr ich schon von dem allen bin.

MICHETTE *kommt zum Marquis* Ich hab' dich ja noch gar nicht begrüßt, mein süßes altes Schwein.

MARQUIS *verlegen* Sie scherzt, liebe Séverine.

SÉVERINE Das kann ich nicht finden. Sag' einmal, Kleine, wieviel Liebschaften hast du schon gehabt?

MARQUIS *zu François* Es ist bewunderungswürdig, wie sich die Marquise, meine Gemahlin, gleich in jede Situation zu finden weiß.

ROLLIN Ja, es ist bewunderungswürdig.

MICHETTE Hast du deine gezählt?
SEVERINE Als ich noch jung war wie du ... gewiß. –
ALBIN *zu Rollin* Sagen Sie mir, Herr Rollin, spielt die Marquise oder ist sie wirklich so – ich kenne mich absolut nicht aus.
ROLLIN Sein ... spielen ... kennen Sie den Unterschied so genau, Chevalier?
ALBIN Immerhin.
ROLLIN Ich nicht. Und was ich hier so eigentümlich finde, ist, daß alle scheinbaren Unterschiede sozusagen aufgehoben sind. Wirklichkeit geht in Spiel über – Spiel in Wirklichkeit. Sehen Sie doch einmal die Marquise an. Wie sie mit diesen Geschöpfen plaudert, als wären sie ihresgleichen. Dabei ist sie ...
ALBIN Etwas ganz anderes.
ROLLIN Ich danke Ihnen, Chevalier.
WIRT *zu Grain* Also, wie war das?
GRAIN Was?
WIRT Die Geschichte mit der Tante, wegen der du zwei Jahre im Gefängnis gesessen bist?
GRAIN Ich sagte Ihnen ja, ich habe sie erdrosselt.
FRANÇOIS Der ist schwach. Das ist ein Dilettant. Ich hab' ihn noch nie gesehn.
GEORGETTE *kommt rasch, wie eine Dirne niedrigsten Rangs gekleidet* Guten Abend, Kinder! Ist mein Balthasar noch nicht da?
SCAEVOLA Georgette! Setz' dich zu mir! Dein Balthasar kommt noch immer zurecht.
GEORGETTE Wenn er in zehn Minuten nicht da ist, kommt er nicht mehr zurecht – da kommt er überhaupt nicht wieder.
FRANÇOIS Marquise, auf die passen Sie auf. Die ist in Wirklichkeit die Frau von diesem Balthasar, von dem sie eben spricht und der sehr bald kommen wird. – Sie stellt eine ganz gemeine Straßendirne dar, Balthasar ihren Zuhälter. Dabei ist es die treueste Frau, die man überhaupt in Paris finden kann.

BALTHASAR *kommt.*

GEORGETTE Mein Balthasar! *Sie läuft ihm entgegen, umarmt ihn* Da bist du ja!
BALTHASAR Es ist alles in Ordnung. *Stille ringsum* Es war nicht der Mühe wert. Es hat mir beinah leid um ihn getan. Du solltest dir deine Leute besser ansehn, Georgette – ich bin es satt, hoffnungsvolle Jünglinge wegen ein paar Francs umzubringen.

FRANÇOIS Famos . . .
ALBIN Wie? –
FRANÇOIS Er pointiert so gut.

Der KOMMISSÄR *kommt, verkleidet, setzt sich an einen Tisch.*

WIRT *zu ihm* Sie kommen in einem guten Moment, Herr Kommissär. Das ist einer meiner vorzüglichsten Darsteller.
BALTHASAR Man sollte sich überhaupt einen anderen Verdienst suchen. Meiner Seel', ich bin nicht feig, aber das Brot ist sauer verdient.
SCAEVOLA Das will ich glauben.
GEORGETTE Was hast du nur heute?
BALTHASAR Ich will's dir sagen, Georgette; – ich finde, du bist ein bißchen zu zärtlich mit den jungen Herren.
GEORGETTE Seht, was er für ein Kind ist. Sei doch vernünftig, Balthasar! Ich muß ja zärtlich sein, um ihnen Vertrauen einzuflößen.
ROLLIN Was sie da sagt, ist geradezu tief.
BALTHASAR Wenn ich einmal glauben müßte, daß du etwas empfindest, wenn dich ein anderer . . .
GEORGETTE Was sagt ihr dazu! Die dumme Eifersucht wird ihn noch ins Grab bringen.
BALTHASAR Ich hab' heut einen Seufzer gehört, Georgette, und das war in einem Augenblick, wo sein Vertrauen bereits groß genug war!
GEORGETTE Man kann nicht so plötzlich aufhören, die Verliebte zu spielen.
BALTHASAR Nimm dich in acht, Georgette, die Seine ist tief. *Wild* Wenn du mich betrügst. –
GEORGETTE Nie, nie!
ALBIN Das versteh' ich absolut nicht.
SÉVERINE Rollin, das ist die richtige Auffassung!
ROLLIN Sie finden?
MARQUIS *zu Séverine* Wir können noch immer gehen, Séverine.
SÉVERINE Warum? Ich fang' an, mich sehr wohl zu fühlen.
GEORGETTE Mein Balthasar, ich bete dich an. *Umarmung.*
FRANÇOIS Bravo! bravo! –
BALTHASAR Was ist das für ein Kretin?
KOMMISSÄR Das ist unbedingt zu stark – das ist –

MAURICE *und* ETIENNE *treten auf; sie sind wie junge Adelige gekleidet, doch merkt man, daß sie nur in verschlissenen Theaterkostümen stecken.*

VOM TISCH DER SCHAUSPIELER Wer sind die?
SCAEVOLA Der Teufel soll mich holen, wenn das nicht Maurice und Etienne sind.
GEORGETTE Freilich sind sie's.
BALTHASAR Georgette!
SEVERINE Gott, sind das bildhübsche junge Leute!
ROLLIN Es ist peinlich, Séverine, daß Sie jedes hübsche Gesicht so heftig anregt.
SEVERINE Wozu bin ich denn hergekommen?
ROLLIN So sagen Sie mir wenigstens, daß Sie mich lieben.
SEVERINE *mit einem Blick* Sie haben ein kurzes Gedächtnis.
ETIENNE Nun, was glaubt ihr, woher wir kommen?
FRANÇOIS Hören Sie zu, Marquis, das sind ein paar witzige Jungen.
MAURICE Von einer Hochzeit.
ETIENNE Da muß man sich ein wenig putzen. Sonst sind gleich diese verdammten Geheimpolizisten hinter einem her.
SCAEVOLA Habt ihr wenigstens einen ordentlichen Fang gemacht?
WIRT Laßt sehen.
MAURICE *aus seinem Wams Uhren herausnehmend* Was gibst du mir dafür?
WIRT Für die da? Einen Louis!
MAURICE Freilich!
SCAEVOLA Sie ist nicht mehr wert!
MICHETTE Das ist ja eine Damenuhr. Gib sie mir, Maurice.
MAURICE Was gibst du mir dafür?
MICHETTE Sieh mich an! . . . Genügt das? –
FLIPOTTE Nein, mir; – sieh mich an –
MAURICE Meine lieben Kinder, d a s kann ich haben, ohne meinen Kopf zu riskieren.
MICHETTE Du bist ein eingebildeter Affe.
SEVERINE Ich schwöre, daß das keine Komödie ist.
ROLLIN Freilich nicht, überall blitzt etwas wirkliches durch. Das ist ja das Entzückende.
SCAEVOLA Was war denn das für eine Hochzeit?
MAURICE Die Hochzeit des Fräuleins La Tremouille – sie hat den Grafen von Banville geheiratet.

ALBIN Hörst du, François? – Ich versichere dich, das sind wirkliche Spitzbuben.
FRANÇOIS Beruhige dich, Albin. Ich kenne die zwei. Ich hab' sie schon ein Dutzendmal spielen sehen. Ihre Spezialität ist die Darstellung von Taschendieben.
Maurice zieht einige Geldbörsen aus seinem Wams.
SCAEVOLA Na, ihr könnt heut splendid sein.
ETIENNE Es war eine sehr prächtige Hochzeit. Der ganze Adel von Frankreich war da. Sogar der König hat sich vertreten lassen.
ALBIN *erregt* Alles das ist wahr!
MAURICE *läßt Geld über den Tisch rollen* Das ist für euch, meine Freunde, damit ihr seht, daß wir zusammen halten.
FRANÇOIS Requisiten, lieber Albin. *Er steht auf und nimmt ein paar Münzen* Für uns fällt doch auch was ab.
WIRT Nimm nur ... so ehrlich hast du in deinem Leben nichts verdient!
MAURICE *hält ein Strumpfband, mit Diamanten besetzt, in der Luft* Und wem soll ich das schenken?
Georgette, Michette, Flipotte haschen danach.
MAURICE Geduld, ihr süßen Mäuse, darüber sprechen wir noch. Das geb' ich der, die eine neue Zärtlichkeit erfindet.
SEVERINE *zu Rollin* Möchten Sie mir nicht erlauben, da mitzukonkurrieren?
ROLLIN Sie machen mich wahnsinnig, Séverine.
MARQUIS Séverine, wollen wir nicht gehen? Ich denke ...
SEVERINE O nein. Ich befinde mich vortrefflich. *Zu Rollin* Ah, ich komm' in eine Stimmung –
MICHETTE Wie bist du nur zu dem Strumpfband gekommen?
MAURICE Es war ein solches Gedränge in der Kirche ... und wenn eine denkt, man macht ihr den Hof ...
Alle lachen. Grain hat dem François seinen Geldbeutel gezogen.
FRANÇOIS *mit dem Gelde zu Albin* Lauter Spielmarken. Bist du jetzt beruhigt?
Grain will sich entfernen.
WIRT *ihm nach; leise* Geben Sie mir sofort die Börse, die Sie diesem Herrn gezogen haben.
GRAIN Ich –
WIRT Auf der Stelle ... oder es geht Ihnen schlecht.
GRAIN Sie brauchen nicht grob zu werden. *Gibt sie ihm.*
WIRT Und hier geblieben. Ich hab' jetzt keine Zeit, Sie zu untersuchen. Wer weiß, was Sie noch eingesteckt haben. Gehen Sie

wieder auf ihren Platz zurück.

FLIPOTTE Das Strumpfband werd' ich gewinnen.

WIRT *zu François; wirft ihm den Beutel zu* Da hast du deinen Geldbeutel. Du hast ihn aus der Tasche verloren.

FRANÇOIS Ich danke Ihnen, Prospère. *Zu Albin* Siehst du, wir sind in Wirklichkeit unter den anständigsten Leuten von der Welt.

HENRI *ist bereits längere Zeit dagewesen, hinten gesessen, steht plötzlich auf.*

ROLLIN Henri, da ist Henri. –

SEVERINE Ist das der, von dem Sie mir so viel erzählt haben?

MARQUIS Freilich. Der, um dessentwillen man eigentlich hierherkommt.

Henri tritt vor, ganz komödiantenhaft; schweigt.

DIE SCHAUSPIELER Henri, was hast du?

ROLLIN Beachten Sie den Blick. Eine Welt von Leidenschaft. Er spielt nämlich den Verbrecher aus Leidenschaft.

SEVERINE Das schätze ich sehr!

ALBIN Warum spricht er denn nicht?

ROLLIN Er ist wie entrückt. Merken Sie nur. Geben Sie acht . . . er hat irgend eine fürchterliche Tat begangen.

FRANÇOIS Er ist etwas theatralisch. Es ist, wie wenn er sich zu einem Monolog vorbereiten würde.

WIRT Henri, Henri, woher kommst du?

HENRI Ich hab' einen umgebracht.

ROLLIN Was hab' ich gesagt?

SCAEVOLA Wen?

HENRI Den Liebhaber meiner Frau.

Der Wirt sieht ihn an, hat in diesem Augenblick offenbar die Empfindung, es könnte wahr sein.

HENRI *schaut auf* Nun, ja, ich hab' es getan, was schaut ihr mich so an? Es ist nun einmal so. Ist es denn gar so verwunderlich? Ihr wißt doch alle, was meine Frau für ein Geschöpf ist; es hat so enden müssen.

WIRT Und sie – wo ist sie?

FRANÇOIS Sehen Sie, der Wirt geht drauf ein. Merken Sie, das macht die Sache so natürlich.

Lärm draußen, nicht zu stark.

JULES Was ist das für ein Lärm da draußen?

LANSAC Hören Sie, Séverine?

ROLLIN Es klingt, wie wenn Truppen vorüberzögen.

FRANÇOIS Oh nein, das ist unser liebes Volk von Paris, hören Sie nur, wie sie gröhlen. *Unruhe im Keller; draußen wird es still* Weiter, Henri, weiter.

WIRT So erzähl' uns doch, Henri! – Wo ist deine Frau? Wo hast du sie gelassen?

HENRI Ah, es ist mir nicht bang um sie. Sie wird nicht daran sterben. Ob der, ob der, was liegt den Weibern dran? Noch tausend andere schöne Männer laufen in Paris herum – ob der oder der –

BALTHASAR Möge es allen so gehn, die uns unsere Weiber nehmen.

SCAEVOLA Allen, die uns nehmen, was uns gehört.

KOMMISSÄR *zum Wirt* Das sind aufreizende Reden.

ALBIN Es ist erschreckend ... die Leute meinen es ernst.

SCAEVOLA Nieder mit den Wucherern von Frankreich! Wollen wir wetten, daß der Kerl, den er bei seiner Frau erwischt hat, wieder einer von den verfluchten Hunden war, die uns auch um unser Brot bestehlen.

ALBIN Ich schlage vor, wir gehn.

SEVERINE Henri! Henri!

MARQUIS Aber Marquise!

SEVERINE Bitte, lieber Marquis, fragen Sie den Mann, wie er seine Frau erwischt hat ... oder ich frag' ihn selbst.

MARQUIS *zögernd* Sagen Sie, Henri, wie ist es Ihnen denn gelungen, die zwei abzufassen?

HENRI *der lang in Sinnen versunken war* Kennt Ihr denn mein Weib? – Es ist das schönste und niedrigste Geschöpf unter der Sonne. – Und ich habe sie geliebt. – Sieben Jahre kennen wir uns ... aber erst seit gestern ist sie mein Weib. In diesen sieben Jahren war kein Tag, aber nicht ein Tag, an dem sie mich nicht belogen, denn alles an ihr lügt. Ihre Augen wie ihre Lippen, ihre Küsse und ihr Lächeln.

FRANÇOIS Er deklamiert ein wenig.

HENRI Jeder Junge und jeder Alte, jeder, der sie gereizt – und jeder, der sie bezahlt hat, ich denke, jeder, der sie wollte, hat sie gehabt – und ich hab' es gewußt!

SEVERINE Das kann nicht jeder von sich sagen.

HENRI Und dabei hat sie mich geliebt, meine Freunde, kann das einer von euch verstehen? Immer wieder ist sie zu mir zurück-

gekommen – von überall her wieder zu mir – von den Schönen und den Häßlichen – den Klugen und den Dummen, den Lumpen und den Kavalieren – immer wieder zu mir. –
SEVERINE *zu Rollin* Wenn ihr nur ahntet, daß eben dieses Zurückkommen die Liebe ist.
HENRI Was hab' ich gelitten . . . Qualen, Qualen!
ROLLIN Es ist erschütternd!
HENRI Und gestern hab' ich sie geheiratet. Wir haben einen Traum gehabt. Nein – ich hab' einen Traum gehabt. Ich wollte mit ihr fort von hier. In die Einsamkeit, aufs Land, in den großen Frieden. Wie andere glückliche Ehepaare wollten wir leben – auch von einem Kind haben wir geträumt.
ROLLIN *leise* Séverine.
SEVERINE Nun ja, es ist schon gut.
ALBIN François, dieser Mensch spricht die Wahrheit.
FRANÇOIS Gewiß, diese Liebesgeschichte ist wahr, aber es handelt sich um die Mordgeschichte.
HENRI Ich hab' mich um einen Tag verspätet . . ., sie hatte noch einen vergessen, sonst – glaub' ich – hat ihr keiner mehr gefehlt . . . aber ich hab' sie zusammen erwischt . . . und er ist hm.
DIE SCHAUSPIELER Wer? . . . Wer? Wie ist es geschehen? . . . Wo liegt er? – Wirst du verfolgt? . . . Wie ist es geschehen? . . . Wo ist sie?
HENRI *immer erregter* Ich hab' sie begleitet . . . ins Theater . . . zum letzten Male sollt' es heute sein . . . ich hab' sie geküßt . . . an der Tür – und sie ist hinauf in ihre Garderobe und ich bin fortgegangen wie einer, der nichts zu fürchten hat. – Aber schon nach hundert Schritten hat's begonnen . . . in mir . . . versteht ihr mich . . . eine ungeheure Unruhe . . . und es war, als zwänge mich irgendwas, umzukehren . . . und ich bin umgekehrt und hingegangen. Aber da hab' ich mich geschämt und bin wieder fort . . . und wieder war ich hundert Schritt weit vom Theater . . . da hat es mich gepackt . . . und wieder bin ich zurück. Ihre Szene war zu Ende . . . sie hat ja nicht viel zu tun, steht nur eine Weile auf der Bühne, halbnackt – und dann ist sie fertig . . . ich stehe vor ihrer Garderobe, ich lehne mein Ohr an die Tür und höre flüstern. Ich kann kein Wort unterscheiden . . . das Flüstern verstummt . . . ich stoße die Tür auf . . . *er brüllt wie ein wildes Tier* – es war der Herzog von Cadignan und ich hab' ihn ermordet. –
WIRT *der es endlich für wahr hält* Wahnsinniger!

Henri schaut auf, sieht den Wirt starr an.

SEVERINE Bravo! bravo!

ROLLIN Was tun Sie, Marquise? Im Augenblick, wo Sie Bravo! rufen, machen Sie das alles wieder zum Theater – und das angenehme Gruseln ist vorbei.

MARQUIS Ich finde das Gruseln nicht so angenehm. Applaudieren wir, meine Freunde, nur so können wir uns von diesem Banne befreien.

WIRT *zu Henri, während des Lärms* Rette dich, flieh, Henri!

HENRI Was? Was?

WIRT Laß es jetzt genug sein und mach', daß du fortkommst!

FRANÇOIS Ruhe! ... Hören wir, was der Wirt sagt!

WIRT *nach kurzer Überlegung* Ich sag' ihm, daß er fort soll, bevor die Wachen an den Toren der Stadt verständigt sind. Der schöne Herzog war ein Liebling des Königs – sie rädern dich! Hättest du doch lieber die Kanaille, dein Weib, erstochen!

FRANÇOIS Was für ein Zusammenspiel ... Herrlich!

HENRI Prospère, wer von uns ist wahnsinnig, du oder ich? – *Er steht da und versucht in den Augen des Wirts zu lesen.*

ROLLIN Es ist wunderbar, wir alle wissen, daß er spielt, und doch, wenn der Herzog von Cadignan jetzt hereinträte, er würde uns erscheinen wie ein Gespenst. *Lärm draußen – immer stärker. Es kommen Leute herein, man hört schreien. Ganz an ihrer Spitze Grasset, andere, unter ihnen Lebrêt, drängen über die Stiege nach. Man hört Rufe: Freiheit, Freiheit!*

GRASSET Hier sind wir, Kinder, da herein!

ALBIN Was ist das? Gehört das dazu?

FRANÇOIS Nein.

MARQUIS Was soll das bedeuten?

SEVERINE Was sind das für Leute?

GRASSET Hier herein! Ich sag' es euch, mein Freund Prospère hat immer noch ein Faß Wein übrig,

Lärm von der Straße

und wir haben's verdient!

Freund! Bruder! Wir haben sie, wir haben sie!

RUFE DRAUSSEN Freiheit! Freiheit!

SEVERINE Was gibt's?

MARQUIS Entfernen wir uns, entfernen wir uns, der Pöbel rückt an.

ROLLIN Wie wollen Sie sich entfernen?

GRASSET Sie ist gefallen, die Bastille ist gefallen!

WIRT Was sagst du? – Spricht er die Wahrheit?
GRASSET Hörst du nicht?
Albin will den Degen ziehen.
FRANÇOIS Laß das jetzt, sonst sind wir alle verloren.
GRASSET *torkelt über die Stiege herein* Und wenn ihr euch beeilt, könnt ihr noch draußen was Lustiges sehen ... auf einer sehr hohen Stange den Kopf unseres teueren Delaunay.
MARQUIS Ist der Kerl verrückt?
RUFE Freiheit! Freiheit!
GRASSET Einem Dutzend haben wir die Köpfe abgeschlagen, die Bastille gehört uns, die Gefangenen sind frei! Paris gehört dem Volke!
WIRT Hört ihr! Hört ihr! Paris gehört uns!
GRASSET Seht, wie er jetzt Mut kriegt. Ja, schrei nur, Prospère, jetzt kann dir nichts mehr geschehn.
WIRT *zu den Adligen* Was sagt ihr dazu? Ihr Gesindel! Der Spaß ist zu Ende.
ALBIN Hab' ich's nicht gesagt?
WIRT Das Volk von Paris hat gesiegt.
KOMMISSÄR Ruhe! – *Man lacht* Ruhe! ... Ich untersage die Fortsetzung der Vorstellung!
GRASSET Wer ist der Tropf?
KOMMISSÄR Prospère, ich mache Sie verantwortlich für alle die aufreizenden Reden –
GRASSET Ist der Kerl verrückt?
WIRT Der Spaß ist zu Ende, begreift Ihr nicht? Henri, so sag's ihnen doch, jetzt darfst du's ihnen sagen! Wir schützen dich ... das Volk von Paris schützt dich.
GRASSET Ja, das Volk von Paris.
Henri steht stieren Blicks da.
WIRT Henri hat den Herzog von Cadignan wirklich ermordet.
ALBIN, FRANÇOIS, MARQUIS Was sagt er da?
ALBIN *und andere* Was bedeutet das alles, Henri?
FRANÇOIS Henri, sprechen Sie doch!
WIRT Er hat ihn bei seiner Frau gefunden – und er hat ihn umgebracht.
HENRI Es ist nicht wahr!
WIRT Jetzt brauchst du dich nicht mehr zu fürchten, jetzt kannst du's in die Welt hinausschrein. Ich hätte dir schon vor einer Stunde sagen können, daß sie die Geliebte des Herzogs ist. Bei Gott, ich bin nahe daran gewesen, dir's zu sagen ... Sie

schreiender Bimsstein, nicht wahr, wir haben's gewußt?

HENRI Wer hat sie gesehn? Wo hat man sie gesehn?

WIRT Was kümmert dich das jetzt! Er ist ja verrückt ... du hast ihn umgebracht, mehr kannst du doch nicht tun.

FRANÇOIS Um Himmels willen, so ist es wirklich wahr oder nicht?

WIRT Ja, es ist wahr!

GRASSET Henri – du sollst von nun an mein Freund sein. Es lebe die Freiheit! Es lebe die Freiheit!

FRANÇOIS Henri, reden Sie doch!

HENRI Sie war seine Geliebte? Sie war die Geliebte des Herzogs? Ich hab' es nicht gewußt ... er lebt ... er lebt. –
Ungeheure Bewegung.

SEVERINE *zu den anderen* Nun, wo ist jetzt die Wahrheit?

ALBIN Um Gotteswillen!

DER HERZOG *drängt sich durch die Masse auf der Stiege.*

SEVERINE *die ihn zuerst sieht* Der Herzog!

EINIGE Der Herzog!

HERZOG Nun ja, was gibt's denn?

WIRT Ist es ein Gespenst?

HERZOG Nicht daß ich wüßte! Laßt mich da herüber!

ROLLIN Was wetten wir, daß alles arrangiert ist? Die Kerls da gehören zur Truppe von Prospère. Bravo, Prospère, das ist dir gelungen!

HERZOG Was gibt's? Spielt man hier noch, während draußen ... Weiß man denn nicht, was da draußen für Dinge vorgehen? Ich habe den Kopf Delaunays auf einer Stange vorbeitragen sehen. Ja, was schaut ihr mich denn so an – *tritt herunter* Henri –

FRANÇOIS Hüten Sie sich vor Henri.
Henri stürzt wie ein Wütender auf den Herzog und stößt ihm den Dolch in den Hals.

KOMMISSÄR *steht auf* Das geht zu weit! –

ALBIN Er blutet!

ROLLIN Hier ist ein Mord geschehen!

SEVERINE Der Herzog stirbt!

MARQUIS Ich bin fassungslos, liebe Séverine, daß ich Sie gerade heute in dieses Lokal bringen mußte!

SEVERINE Warum? *mühsam* Es trifft sich wunderbar. Man sieht

nicht alle Tage einen wirklichen Herzog wirklich ermorden.
ROLLIN Ich fasse es noch nicht.
KOMMISSÄR Ruhe! – Keiner verlasse das Lokal! –
GRASSET Was will der??
KOMMISSÄR Ich verhafte diesen Mann im Namen des Gesetzes.
GRASSET *lacht* Die Gesetze machen wir, ihr Dummköpfe! Hinaus mit dem Gesindel! Wer einen Herzog umbringt, ist ein Freund des Volkes. Es lebe die Freiheit!
ALBIN *zieht den Degen* Platz gemacht! Folgen Sie mir, meine Freunde!

LÉOCADIE *stürzt herein, über die Stufen.*

RUFE Léocadie!
ANDERE Seine Frau!
LEOCADIE Laßt mich hier herein! Ich will zu meinem Mann! *Sie kommt nach vorne, sieht, schreit auf* Wer hat das getan? Henri! *Henri schaut sie an.*
LEOCADIE Warum hast du das getan?
HENRI Warum?
LEOCADIE Ja, ja, ich weiß warum. Meinetwegen. Nein, nein, sag' nicht meinetwegen. Soviel bin ich mein Lebtag nicht wert gewesen.
GRASSET *beginnt eine Rede* Bürger von Paris, wir wollen unsern Sieg feiern. Der Zufall hat uns auf dem Weg durch die Straßen von Paris zu diesem angenehmen Wirt geführt. Es hat sich nicht schöner treffen können. Nirgends kann der Ruf: »Es lebe die Freiheit!« schöner klingen, als an der Leiche eines Herzogs.
RUFE Es lebe die Freiheit! Es lebe die Freiheit!
FRANÇOIS Ich denke, wir gehen – das Volk ist wahnsinnig geworden. Gehn wir.
ALBIN Sollen wir ihnen die Leiche hier lassen?
SEVERINE Es lebe die Freiheit! Es lebe die Freiheit!
MARQUIS Sind Sie verrückt?
DIE BÜRGER, DIE SCHAUSPIELER Es lebe die Freiheit! Es lebe die Freiheit!
SEVERINE *an der Spitze der Adligen, dem Ausgange zu* Rollin, warten Sie heut Nacht vor meinem Fenster. Ich werfe den Schlüssel hinunter wie neulich – wir wollen eine schöne Stunde haben – ich fühle mich angenehm erregt.

Rufe: Es lebe die Freiheit! Es lebe Henri! Es lebe Henri!
LEBRET Schaut die Kerle an – sie laufen uns davon.
GRASSET Laßt sie für heute – laßt sie. – Sie werden uns nicht entgehen.

Vorhang

DER SCHLEIER DER BEATRICE

Schauspiel in fünf Akten

Personen

LIONARDO BENTIVOGLIO, *Herzog von Bologna*
GRAF ANDREA FANTUZZI
TERESINA, *seine Schwester*
SILVIO COSINI, *Geheimschreiber* ⎫
CARLO MAGNANI ⎬ *am Hofe*
HAUPTMANN GUIDOTTI ⎨ *des Fürsten*
DER JUNGE MALVEZZI ⎭
DER ALTE CHIAVELUZZI
ORLANDINO, *sein Neffe*
ZAMPIERI ⎫
BRUNI ⎬ *junge Adelige*
RIBALDI ⎫
VALORI ⎬ *Hauptleute*
ARLOTTI ⎨
CAMPEGGI ⎭
FILIPPO LOSCHI, *Dichter*
AGOSTINO DOSSI, *Musiker*
ERCOLE MANUSSI, *Bildhauer*
TITO TIBALDI ⎫
ANTONIO NIGETTI ⎬ *reiche junge Bologneser*
DER ALTE NARDI, *ein Wappenschneider in Bologna*
FRAU NARDI
ROSINA, *19 Jahre* ⎫
FRANCESCO, *18 Jahre* ⎬ *ihre Kinder*
BEATRICE, *16 Jahre* ⎭
VITTORINO MONALDI, *in der Werkstatt des alten Nardi*
CAPPONI, *Händler mit Gewürzen und Wohlgerüchen*
BENNOZZO, *sein Sohn*

BASINI, *Kaufmann*
CLAUDIA
CATERINA } *junge Bologneser Frauen*
MARGERITA, *ein junges Mädchen*
ISABELLA
LUCREZIA } *florentinische Courtisanen*
BATTISTA, *Diener des Filippo*
ERSTER
ZWEITER } *junger Adeliger*
DRITTER
ERSTER
ZWEITER } *Bürger*
DRITTER
ERSTES } *Mädchen*
ZWEITES
ERSTER
ZWEITER
DRITTER } *Bote*
VIERTER
FÜNFTER
ERSTER GEIGER
ZWEITER GEIGER
EIN FLÖTENSPIELER
EIN LAUTENSPIELER
STIMME EINES GEFANGENEN
ADELIGE, BÜRGER, BÜRGERFRAUEN, BÜRGERMÄDCHEN, SOLDATEN, WACHEN, COURTISANEN, DIENER

Spielt in Bologna, zu Beginn des 16. Jahrhunderts.

ERSTER AKT

Der Garten des Filippo Loschi. Im Hintergrund grenzt er an eine Mauer, die durch Bäume zum großen Teil verdeckt wird. Die Mauer ist ziemlich hoch. Jenseits von ihr, durch eine supponierte Straße getrennt, sieht man Kirchtürme, Häuser; in der Ferne Hügel. Rechts vorn führt eine breite Freitreppe sechs Stufen aufwärts zu einer Art offener Vorhalle, die von Säulen gestützt ist. Diese Vorhalle ist rechts hinten durch die Fassade des niederen Hauses abgeschlossen. In der Mitte der Fassade eine Tür, die in das Innere des Hauses führt. – Drei Alleen münden im Vordergrund; eine kommt von links vorn, eine andere von rechts hinten, also hinter dem Hause hervor – eine dritte Allee vereinigt sich vorn mit der linken und verliert sich nach einer Biegung im Hintergrund. Vor dem Hause, ziemlich nahe, ein hoher Baum, eine Marmorbank unter ihm. Heißer Sommernachmittag.
FILIPPO LOSCHI *auf der Bank ausgestreckt, die Arme unterm Kopf gekreuzt.* AGOSTINO DOSSI *steht links von ihm, die Laute in der Hand. Eben spielt er die letzten Akkorde. Nun läßt er die Laute sinken. Stille.*

FILIPPO
  Zu Ende?
AGOSTINO Ja.
FILIPPO Hast du das Lied gemacht?
AGOSTINO
  Ich sagte lieber nein. Denn Worte gibt's,
  Die selbst sich ihre Melodie erschaffen,
  Und diese sind davon.
FILIPPO Ich möcht' ihn kennen,
  Der diese Worte fand.
AGOSTINO Träumst du, Filippo?
FILIPPO
  Nicht mehr als sonst an lichten Sommertagen.
  Als besänne er sich
  Hast du den Namen schon genannt?
AGOSTINO Filippo!
  Ist's möglich, daß du dein Gedicht nicht kennst?
FILIPPO *aufschauend*
  Ich selbst?
AGOSTINO Und kennst es nicht?
FILIPPO Beim Himmel, nein!
  's ist wohl zu lange her.
AGOSTINO Zu lang, Filippo?

Noch blühn die gleichen Rosen hier am Strauch,
Seit du's ersannst.
FILIPPO   Kein Jahr noch!
AGOSTINO   Noch kein Monat!
FILIPPO *sehr lebhaft, wie für sich*
Noch nicht drei Tage!
AGOSTINO   Nein, 's ist länger her.
FILIPPO *ist aufgestanden*
Und so entfremdet meinem Heut dies Gestern,
Daß sie, 'genüber Aug' in Aug' gestellt,
Einander nicht erkennen, Brüdern gleich,
Die nachts auf dunkler Straße sich begegnen.
Nein, Agostino, nenn' es nicht mein Lied.
Was wir vergessen konnten, war nie unser;
Nur was wir halten, was wir jederzeit
Rückrufen können, wenn es noch so tief
In unsrer Seele sich versteckte, noch so weit
In einem Winkel sich der Welt verbarg,
Gehört uns zu. Dies Lied ist nicht mehr mein.
AGOSTINO
Nicht dein dies Lied? Es war für Teresina!
Und du erkennst es nicht?
FILIPPO   So wenig kenn' ich's,
Als hätt' ich's nie gehört.
AGOSTINO   Und sprichst dies aus,
Als durftest du's vergessen!
FILIPPO   Nein, als müßt' ich –
Und nicht dies Lied allein!
AGOSTINO *wie in Angst*   Filippo, sag' mir,
Was ist geschehn? Drei Tag' lang blieb dein Haus
Verschlossen mir und allen andern Freunden,
Heut endlich läßt du – ohne Lust – mich ein,
Zerstreut, verlegen reichst du mir die Hand,
Dein Auge glänzt wie von verliebten Träumen; –
Was ich, höchst seltsam, dir berichten komme,
Wie müß'ges Schwätzen weisest du von dir –
Und bittest mich um Lautenspiel und Sang.
FILIPPO
Wahrhaftig, bat ich dich? Sag' doch, was gibt's?
Venedig zieht heran, ja, so begannst du –
Und Mariscotti ist ein Schurke – nicht?

AGOSTINO
    Wir fürchten's. Doch nicht von Venedig sprach ich.
    Der Herzog von Romagna droht mit Krieg.
FILIPPO *ganz mechanisch*
    Der Borgia? Das ist schlimm!
AGOSTINO   Schlimm? Mehr als das!
    Unheimlich hört sich's an, daß seit zwei Tagen,
    Als hätte sie ein Sturm zu uns gejagt,
    Vom Süden und vom Westen –
    Zwei Diener des Filippo sind aus der Tiefe des Gartens gekommen, sie tragen Körbe; sie haben die Allee mit Blumen bestreut und gehen daran, auch die Treppe zu bestreuen. Aus der anderen Allee kommen zwei andere Diener, welche Schüsseln mit Obst und Zuckerwerk tragen und über die Stufen ins Haus gehen. Filippo folgt ihnen mit den Augen.
AGOSTINO *ist befremdet, hat sich unterbrochen und spricht jetzt weiter*
                            Was ist dies?
    Bereitest du ein Fest?
FILIPPO   Das arme Wort!
    Nun ja, was von dem Stumpf der Kerze kommt,
    Wie was die Sonne sendet, heißt uns Licht; –
    So feir' ich denn ein Fest.
AGOSTINO   An solchem Tag?
    Du bist gelaunt zu scherzen! – Hör' mich an:
    Mit jeder Stunde rücken Cesars Scharen
    Bologna näher, und Herr Mariscotti,
    Der unsrer teuern Stadt Geschicke lenkt,
    Solang der Herzog fern, erscheint geneigt,
    Dem Borgia sich und uns zu überliefern.
    Was zur Verteidigung er anbefahl,
    Ist Trug, zu schlecht, um Narren naszuführen,
    Die Tore, heut gesperrt und wohlgehütet,
    Vor morgen abend fliegen alle auf,
    Cesar zieht ein, und wir sind seine Knechte.
FILIPPO *beunruhigt*
    Gesperrt die Tore, alle, auch für uns?
AGOSTINO
    Wie das – für uns?
FILIPPO   Ich meine, niemand kann
    Die Stadt verlassen?
AGOSTINO   Wie? Du willst –
FILIPPO   Antworte –

Kein Ausweg aus der Stadt? Nein, 's ist nicht wahr.
Sie können nicht von allen Seiten kommen!
AGOSTINO
Bist du von Sinnen? Willst du fort?
FILIPPO   Sagt' ich's –?
AGOSTINO
Bologna willst du? willst die Braut verlassen?
FILIPPO
Ich habe keine.
AGOSTINO   Wie?
FILIPPO   Hab' keine Braut!
AGOSTINO
Nein, dies ist nicht Filippo, der so sprach –
Sag', daß du einer bist, der sich mit List
In meines Freunds Gestalt verkleidet hat,
Und daß der selbst, gegebnem Worte treu,
In dieser Stunde dort ist, wo er soll.
FILIPPO
Filippo bin ich, der ich immer war.
AGOSTINO
So hat ein Zauber dich der Braut entfremdet;
Doch der dich rückruft, ist von größrer Macht.
Dringend
Eh' diese Sonne untergeht, Filippo,
Wer weiß, vielleicht in dieser Stunde schon,
Hat Teresina niemand mehr als dich.
An ihrer Mutter Sterbelager wacht sie
Allein – zum unglücksel'gen Los bestimmt,
Am gleichen Tag, was ihr von Menschen wert,
Die Mutter – und den Bruder zu beweinen.
FILIPPO
Kam eine schlimme Nachricht von Andrea?
AGOSTINO
Nein, keine schlimme kam – wie keine gute.
Doch 's ist gewiß: er selbst – kommt nicht zurück.
FILIPPO
Was sagst du da? –
AGOSTINO   Andrea kommt nicht wieder!
Wie keiner rückkehrt, der vor einem Jahr
Mit unserm Herzog auf die Reise ging,
Wie Bentivoglio selbst nicht wiederkehrt.

FILIPPO
 Wer sagt's? Sind sie nicht auf dem Heimweg alle?
AGOSTINO
 Sie waren's – jetzt sind sie auf einem andern!
FILIPPO
 Ist dies gewiß?
AGOSTINO   Die letzte Kunde kam
 Aus Rom. Der Herzog, heute scheint's unglaublich,
 Verließ die Stadt, wo ihn die Herren Borgia
 Bewirtet, lebend; – seither aber kam
 Kein Bote, keine Nachricht nach Bologna,
 Und was der Papst in Rom versäumt, wir fürchten,
 Er ließ es auf dem Weg hierher besorgen,
 Und Mariscotti wußte auch um dies.
ERCOLE MANUSSI *ist durch die Tür auf die Terrasse getreten*
 In Flammen steht die Welt! Was kümmert's Euch?
 Er geht die Stufen herunter
 Der eine lümmelt auf der Bank, der andre
 Hält seine Laute zärtlich in den Armen,
 Und über Rosen schreit' ich zu Euch hin.
 So wißt Ihr nichts?
FILIPPO   Umfriedet ist mein Garten,
 Die Fenster sind verhängt, den Lärm und Unsinn,
 Der durch die Straßen fegt, lass' ich nicht ein;
 Es finden seine Boten doch den Weg.
AGOSTINO
 Was gibt's?
ERCOLE   Der Herzog ist zurückgekehrt!
AGOSTINO
 Ist das gewiß?
ERCOLE   Hier diese Augen sahn ihn.
AGOSTINO
 Hörst du, Filippo?
 Zu Ercole
         Sag' uns mehr!
ERCOLE   Noch nachts,
 Durch welches Tor, weiß niemand, – unerkannt
 Betrat er seine Stadt. Schon früh am Morgen
 Schwirrt' ein Gerücht durch die bewegten Gassen,
 Dran keiner glaubte. Man erzählte mehr:
 Des Mariscotti Neffe sei entflohen,

Er selber läg' in Ketten. Doch 's blieb still
Rings um das Schloß. Die Wachen zogen auf,
Wie sonst, und von den Türmen, von den Mauern
Kam immer neue Kunde: daß von Süden,
Endlos gereiht, die röm'schen Truppen nahn,
Daß in Faënza Cesars Schützen stehn,
Und auf der fernen Straße von Montese,
Als flög' es aus dem Boden mit dem Staub,
Der es umhüllt, ein Heer von Reitern wüchse,
Nun wußten wir verloren die Fünfhundert,
Die Mariscotti gestern ausgeschickt,
Nur um zu früh verdächtig nicht zu sein.
Und Unruh' lohte auf, durch jene Fabel,
Von Bentivoglios Heimkehr unterzündet.
Man fühlte sich bedroht, wenn nicht verraten.
Die Söldner an dem Tore von Isaia
Beschließen vor das Schloß zu ziehn und dort
Antwort zu fordern, was die Absicht sei.
Ribaldi führt sie hin, und ihnen nach
Stürzt flutend aufgeregtes Volk zum Tor.
Da springt es auf, und uns entgegen tritt
– Drang denn kein Schrei des Jubels bis hierher? –
Der Bentivoglio und dein Freund Andrea!

FILIPPO *steht erregt auf*
  Auch er?

ERCOLE Drum wundert's mich, daß du daheim.
Und ist dir nicht bekannt, daß er zurück ist,
Weißt du auch nicht, daß seine Mutter starb,
Heut Nacht, noch eh' er kam?

AGOSTINO   Hörst du, Filippo?
Die Mutter Teresinas tot!

FILIPPO *kühl verlegen*   So war's
Andrea nicht vergönnt, sie zu umarmen?

AGOSTINO
Und weiter sagst du nichts, Filippo?

FILIPPO   Wahrlich,
Daß diese güt'ge Frau verschied, ist schmerzlich.

ERCOLE *befremdet*
Wo bin ich hier? Bald scheint mir selbst, was draußen
Sich zuträgt, nicht mehr wahr! In diesen Zweigen
Ruht laue Luft, die nichts vom glühnden Ernst

Des Tages weiß. Was ist's mit dir, Filippo?
FILIPPO *schweigt.*
AGOSTINO
  Besinn dich und geh hin.
FILIPPO   Wohin?
AGOSTINO   Es gibt
  Nur einen Weg für dich. Vergingst du dich,
  Vergaßest dein Gelöbnis, – diese Stunde
  Weckt die Erinnrung dran aus tiefstem Schlaf.
  Und zögerst du, dem reinen Blick der Braut
  Die treuvergessne Stirn zu bieten, denk', –
  An einem Sarg wird manche Schuld verziehn!
FILIPPO *mit plötzlicher Heftigkeit*
  Wer spricht von Schuld? Im Herbste fallen Blätter,
  Im Frühjahr sprießen andre! Sagt Ihr drum,
  Daß einer schuldig ward? Ich bin es nicht!
  Es sei, daß Schuldigsein bedeutet: ew'gen
  Gesetzen unterworfen sein. Ist's so,
  Dann wartet Schuld von Kindheit auf in uns,
  Wie unser Tod in unserm Busen harrt,
  Solang wir atmen. Wenn ich schuldig bin,
  So ist die Jugend ein Geschenk der Hölle,
  Ist Schönheit Sünde und das Glück ein Gift,
  So tückisch wie kein andres.
ERCOLE   Ist es das?
  Nun ,– hab' ich's recht gefaßt, mit kleinern Worten
  War's abzutun. Sag' doch in Kürze so:
  Mir hat die lange Brautschaft nicht behagt,
  Und meine durst'ge Jugend suchte Trost
  Bei einer, die gefällig war und hübsch.
FILIPPO *nach kurzem Besinnen*
  Ich sag' in Kürze: geht, ich bitt' Euch, beide!
ERCOLE *will zuerst auffahren, dann ernst*
  Für kleinen Zank zu ernst ist dieser Tag.
  Drum rat' ich dir: begrüße deinen Freund,
  Eh' er dich fragen kommt, wie du's vergaßest.
FILIPPO
  Die Antwort finden, denk' ich, steht mir zu.
ERCOLE
  Doch ihm das letzte Wort, und allzu teuer
  Wär' so ein Rausch bezahlt. Es sei, du denkst,

Ob so, ob anders, kommen wird es doch.
FILIPPO
Wie meinst du das?
ERCOLE   Nun hört! Für diesen Kopf
Und den und deinen und für jeden so,
Der heut auf Bologneser Schultern sitzt,
Geb' ich
Gebärde
          so viel nicht mehr. Rings ganz umschlossen
Ist unsre Stadt; und daß der Herzog heimkam,
Freu'n sich nur die, die vor dem Tor zu sterben
Als beßres Los begrüßen, denn der Gnade
Des Borgia überliefert sein und leben.
Bolognas Freiheit ist dahin, und wer
Sie liebt, mit ihr. Den Herzog kenn' ich wohl:
Er säumt nicht einen Tag. Vor morgen abend
Ist die Entscheidung da, doch gibt's nur eine.
Drum sucht' ich Euch. Jedoch bevor ich kam,
Ging ich in meine Werkstatt, schlug in Stücke
Den angefangenen Guß, dann sperrt' ich zu.
Denn was auch über uns beschlossen sei,
So wie wir uns in guten Tagen fanden,
Laßt uns zusammenbleiben bis zum Ende.
FILIPPO *wie aufschreiend*
Zu Ende? Kam dies alles über Nacht?
Kein Ende, nein, für mich kein Ende!
BATTISTA, *der Diener Filippos, kommt von der Terrasse*
Gnädiger Herr, der Geheimschreiber Seiner Hoheit des Herzogs, der edle Herr Silvio Cosini, ist eben in das Haus getreten.
FILIPPO
Wer, sagst du?
AGOSTINO
Silvio Cosini?
BATTISTA
Der Geheimschreiber Seiner Hoheit des Herzogs.
FILIPPO
Und fragt nach mir?
BATTISTA
Der Herr Geheimschreiber kommt zu dem gnädigen Herrn im Auftrage Seiner Hoheit.

FILIPPO
　Im Auftrag?
AGOSTINO　　　Geh Battista,
　Dein Herr läßt bitten.
BATTISTA *ab*.
FILIPPO　　　　　　　　Was will mir der Herzog?
　Er kennt mich nicht.
ERCOLE　　　　　　So kennt er deinen Ruhm.
SILVIO COSINI *kommt von der Terrasse*.
FILIPPO *ihm entgegen*
　Ich bin Filippo Loschi, den Ihr sucht.
　Seid mir willkommen, edler Herr Cosini.
　Hier meine Freunde: Agostino Dossi
　Und Ercole Manussi.
COSINI *zu Ercole*　　Wohlbekannt.
　Der Fechter, der im Park zu Cento steht,
　Ist Euer Werk?
ERCOLE　　　　Er ist's.
COSINI *zu Agostino*　　Und täusch' ich mich,
　Wenn ich in Euch den Jüngling wiederkenne,
　Der uns – wann war's nur? –
AGOSTINO　　　　　　　Als von Padua
　Der Fürst an unsres Herzogs Tafel speiste.
COSINI *sich erinnernd*
　Am Tag, bevor Bologna wir verließen.
　Glaubt mir, wir hörten manchen Lautenspieler
　Seit jenem Tag – es kam Euch keiner gleich.
　So nehm' ich's denn als gutes Zeichen an,
　Die Meister dreier Künste hier zu finden.
AGOSTINO
　Verstattet unserm Staunen eine Frage.
　Wann kamt Ihr an?
ERCOLE　　　　　Es hieß, daß nur der Herzog
　Und Graf Andrea heimgekehrt, die andern
　Noch auf dem Weg und mit sehr wenig Hoffnung,
　Die Heimat jemals wieder zu begrüßen.
COSINI
　Vor gar so bösem Abschluß unsrer Fahrt
　Bewahrte uns der Himmel. Mit sechs Freunden
　Erreicht' ich wenig Stunden nach dem Herzog
　Die Stadt. Und auch zehn Tiere, reich beladen,

Ja, selbst drei Wagen brachten wir nach Hause,
Darauf so seltne Schätze sind, daß uns
So Kön'ge als Gelehrte drum beneiden.
ERCOLE
So wett' ich, es sind griech'sche Manuskripte,
Von Euch entdeckt!
COSINI   Auch daran fehlt es nicht.
Und Münzen, Edelsteine, alte Waffen,
Auch prächt'ge Stoffe gibt's, genug, um zwanzig
Der schönsten Fraun Bolognas drein zu kleiden.
Und dann aus Marmor einen Speerewerfer,
So ist die Haltung – leider fehlt ein Arm –
Vor unsern Augen aus dem Schutt gegraben
Bei Carsoli – gäb's Gott, es blieb' uns Muße,
Nach Cento in den Garten ihn zu setzen –
Zu Ercole
Zu Seiten jenes Fechters, der uns wert.
Und doch, soviel wir bringen, uns ward mehr
Geraubt, und mehr als solche Schätze. Zwei
Der Unsern, Gofalo und Marco Pitti,
Den Blick schon diesen Türmen zugewandt,
Erlagen Mörderstreichen, sieben Knechte
Mit ihnen.
ERCOLE   Wie? So fielt Ihr doch den Leuten
Des Borgia in die Hände?
AGOSTINO   Armer Pitti!
Ich kannt' ihn wohl! Wie fröhlich zog er aus, –
Und nun im Angesicht der Heimat sterben!
COSINI

Dem Herzog war es zugedacht, wir wissen's!
Ihm gab der Himmel ein, vorauszueilen,
Auf anderm als dem vorbestimmten Weg.
Doch nun, soviel zu sagen wäre, endlich
Zu meines Herren Auftrag.
Da Agostino und Ercole sich entfernen wollen
                           Kein geheimer,
So wenig als der Ruhm Geheimnis ist.
Zu Filippo
Ich bin gesandt, Euch meines Herzogs Gruß,
Bewunderung, und für den heut'gen Abend
Den Ruf an seinen Hof zu überbringen.

FILIPPO
    An Eures Herzogs Hof?
COSINI *etwas befremdet, scherzend*
                        Wohl auch des Euern!
FILIPPO
    Doch wagt' ich nie, zu meines Herren Füßen
    Von meinen armen Liedern eins zu legen –
COSINI
    Ein andrer tat's für Euch!
FILIPPO   Der Graf Andrea?
COSINI
    So ist's. Gar oft, wenn uns der Reise Zufall
    Im Freien rasten ließ, las uns Andrea –
    Der Herzog schwärmt für seiner Stimme Wohllaut –
    Aus dem Petrarca vor und aus Virgil.
    Doch Eure Verse spricht er frei. Da leuchtet
    Sein Aug' in Stolz, daß solche Wunderworte
    Die hohe Tugend seiner Schwester preisen,
    Und daß sie Euch verlobt, der sie besang.
    Ja, glaubt mir: Eurer Lieder heiße Andacht
    Entflammte manchen unter uns so sehr, –
    Nicht mich, Ihr Herren, mein' ich, ich bin alt –
    Daß, Euch bewundernd, er zugleich Euch grollte,
    Der Sehnsucht weckt und sie mit gleichem Wort,
    Die hoffnungslose, in Verzweiflung wendet.
    Der Herzog aber, mehr bewegt als alle,
    Sprach so zu uns: An eines Fürsten Seite
    Ist solchen Dichters Platz; ich danke Gott,
    Der mir vergönnt hat, dieser Fürst zu sein;
    Und kehr' ich nach Bologna heim, so sei
    Vor allen andern er zu mir geladen.
    Getreu dies zu bestellen ist mein Amt.
    Im ungewissen liegt der nächste Tag,
    Und etwas aufzuschieben wäre kühn.
    Zu seltnem Fest lädt Euch der Herzog ein,
    Umglüht von roten Fackeln der Gefahr,
    Und unter schicksalsvollen Sternen. Drum,
    Gefällt's Euch, Herr Filippo, folgt mir gleich.
FILIPPO *nach kurzem Schweigen*
    Ihr seid am falschen Orte, Herr Cosini!
    Ich bin heut nicht mehr, den der Herzog sucht,

Und folgt' ich seinem Ruf, wie ein Betrüger
Stünd' ich vor ihm. Drum und aus andern Gründen –
Wenn's Euch beliebt, aus Laune, bleib' ich fort.
Es feiert jeder so sein Fest für sich,
Mit gleichem Recht, mit anderm Sinn ein jeder.

COSINI *sich zu den andern wendend, erstaunt*
Ihr Herrn –

ERCOLE 's ist eine Laune, wie er sagt,
Und weggespült vom nächsten Augenblick.

COSINI
So wart' ich einer klaren Antwort. Stellt,
Ich bitt' Euch, Euer Nein auf kräft'ge Füße.
Zum Herzog kann mich dieses nicht geleiten.
Daß man ihm weigert, was er anbefiehlt,
Erfuhr kein Bentivoglio je, viel wen'ger,
Daß einem güt'gen Wunsch man sich versagt;
Zu guter Stunde nicht, wie gar in solcher,
Da jedes Ja und Nein zum Zeichen wird,
Und mehr bedeutet als sich selbst.

FILIPPO   Sehr wahr!

Dumpfes Glockengeläute von den Türmen.

AGOSTINO
Was soll dies Zeichen? Kündet es Gefahr?

ERCOLE
Von allen Türmen klingt's!

AGOSTINO
                            Wie Totenglocken!

COSINI
Das sind sie.

ERCOLE   Niemals hört' ich sie so mächtig!

AGOSTINO
Doch einmal: als des Herzogs Mutter starb!

COSINI
Und weiß man hier nicht, wem sie heute gelten?

AGOSTINO *verstehend*
Der Gräfin Leichnam bringt man wohl zur Gruft?

COSINI
In dieser Stunde.

AGOSTINO   Komm, Filippo!

ERCOLE   Höre,
Zum Hause der Fantuzzi wolln wir alle!

FILIPPO
　　Mich laßt daheim!
AGOSTINO　　　　　So ist es wahr, Filippo,
　　Daß alle Stimmen, die auf Erden gelten,
　　Sinnlos vorüberhallen deinem Ohr?
　　Noch tönt es von den Türmen. Komm, Filippo,
　　Was dich umhüllt in diesen letzten Tagen,
　　War Wahn – in dieser Stunde fällt es ab!
FILIPPO
　　Wahn ist nur eins: das nicht verlassen können,
　　Was uns nichts ist, ob Freund, ob Frau, ob Heimat, –
　　Und eins ist Wahrheit: Glück, woher es kommt!
AGOSTINO
　　Dies deine Antwort?
FILIPPO　　　　　Nimm es so.
COSINI　　　　　　　　Und auch
　　Dem Fürsten sendet Ihr nicht andre?
FILIPPO　　　　　　　　　　　Nein.
ERCOLE
　　So laßt uns gehn, Ihr Herrn. Es ist nicht Zeit,
　　Verrückte klug zu machen.
COSINI
　　　　　　　　　Herr Filippo,
　　Um meines Fürsten wie um Euretwillen
　　Kränkt's mich, so unbegreiflichen Empfang
　　Der ehrenvollen Botschaft ihm zu melden.
AGOSTINO
　　Ich flieh' ohn' jeden Abschied deine Nähe,
　　Als eines, dem nichts mehr mit uns gemein.
　　Ercole, Agostino, Cosini ab.
　　Wenn sie fort sind, bleibt Filippo eine Weile still, dann geht er rasch durch die Allee nach hinten und lauscht. Er kommt wieder nach vorwärts, nähert sich dem Hause, geht drei Stufen hinauf, bleibt auf der dritten Stufe stehen und ruft.
FILIPPO
　　Battista!
BATTISTA *erscheint gleich auf der Terrasse, wo er stehen bleibt*
　　Gnädiger Herr?
FILIPPO
　　Du wirst zwei Pferde schaffen auf der Stelle.
BATTISTA *zeigt ein erstauntes Gesicht.*

FILIPPO
 Verstehst du mich? Zwei Pferde!
BATTISTA
 Heute, gnädiger Herr?
FILIPPO
 Was geht's dich an, ob heut, ob morgen!
BATTISTA
 So war's nicht gemeint, gnädiger Herr! Wie dürft' ich wagen – aber ich will nur bemerken, daß es eine vollkommene Unmöglichkeit sein wird, heute Pferde zu bekommen.
FILIPPO
 Geh zum Regondi, vierundzwanzig hat der
 Im Stall!
BATTISTA
 Herr, gerade von dem weiß ich zuversichtlich, daß er kein einziges mehr hat. Ghiberti hat alle in Beschlag genommen.
FILIPPO
 Wer ist Ghiberti?
BATTISTA
 Der Reiterhauptmann Ghiberti! Am Tor von San Stefano!
FILIPPO
 So geh zu einem andern! Suche beim
 Marsiglio, – besser noch – tu in der Stadt
 Dich um und kauf' sie Söldnern ab!
BATTISTA
 Herr!
FILIPPO
 Nimm Geld, soviel du willst! Nur schaff' mir Pferde!
 Und säum' nicht länger! Geh! Hast du sie erst,
 Sag' ich dir alles, was zu wissen not.
 Noch eins: auf deinem Wege hör' um dich,
 Nach Botschaft von den Türmen, welche Straße
 Noch frei, wo – *er unterbricht sich*
         ah, wo ein Entkommen möglich.
 Und wenn – Doch geh!
 Ruft ihm nach
         Battista!
BATTISTA
 Gnädiger Herr?
FILIPPO
 Dies ist für dich allein.

Und jetzt geh rasch und komme rasch zurück!
BATTISTA *geht.*
FILIPPO *allein. Verläßt die Stufen, eilt, als wenn er etwas gehört hätte, wieder durch die Allee nach hinten, dann kommt er langsam nach vorwärts und beginnt zu sprechen*
Auf leichten Flügeln rauscht mein Leben hin;
Sie aber hängen schwere Worte dran,
In ihre Tiefen es zu ziehn. Was ist mir
Dies alles? Wo ich bin, gilt nicht, was unten
Schicksal und Weg bestimmt. Entkommen, sagt' ich?
Dies ist kein Fliehn. Ich schließ' die Tür nicht ab,
Und wenn Andrea kommt, steh' ich ihm Rede.
Doch sein zu warten, hält mich hier so wenig,
Als dieser Stadt Gefahr. Und hätt' ich Macht,
Mit einem einz'gen Hauch sie zu befrein,
Doch Beatrice wär' mir drum verloren,
Gäb' ich Bologna hin; – und loht in Flammen
Die Heimat hinter mir, wär's mir nichts weiter
Als meines Glückes würd'ger Opferbrand.
Es ist ziemlich dunkel geworden, durch die Allee aus dem Hintergrund kommt BEATRICE, *nicht sehr eilig, schwebenden Gangs. Filippo geht ihr entgegen.*

BEATRICE
Da hast du mich! Wie dunkel ist es hier!
Die Straßen sind beinah noch hell. Und höre,
Die Unruh' draußen! Aber hier ist's still.
Ich wollt', ich könnte lange bei dir bleiben.
FILIPPO
Das wirst du!
BEATRICE *sich auf die Bank niederlassend*
   Laß mich jetzt ein wenig ruhn.
Ich bin ganz müd'. Was hab' ich alles heut
Gesehn – gehört! Ganz wirr bin ich.
FILIPPO *wie zu einem Kind*   Weißt du,
Daß großes Übel diese Stadt bedroht?
BEATRICE
Bin doch kein Kind! Wie sollt' ich das nicht wissen?
Hätt' bald nicht hergefunden. Auf dem Platz
Vor San Petron gab's ein Gedränge! denk' nur,
Der Kamm aus meinem Haar ist fort! Er glitt
Herunter, – hätt' ich mich nach ihm gebückt,

Nie wieder hätt' ich aufstehn können.
FILIPPO   Sage:
Dich ängstigt nicht, was du gehört?
BEATRICE   O sehr!
Und viele haben Angst! Doch andre freun sich,
Die reden laut und kühn, und einen hört ich,
Der stellte auf die Stufen sich und rief:
Dem Borgia Tod!
Lachend
                    Da schrien gleich alle mit!
FILIPPO *betrachtet sie mit einem entzückten Blick*
Liebst du mich sehr?
BEATRICE   Du fragst? Ich lieb' dich so,
Daß alles anders ist, seit ich dich kenne.
Wie soll ich dies nur sagen? Sieh, mir ist,
Als waren lauter Puppen sonst um mich
Die Menschen alle: – und seitdem – nun ja,
Seit jenem Fest – drei Tag' erst, denk' Filippo,
Daß ich zum erstenmal dich sah – drei Tage,
Der Tanz vorm Tor, das Spiel, das Armbrustschießen,
Der Wettlauf von den zahmen Leoparden,
Das ist drei Tag' erst! – Nein, wie alles anders
Und bunt ward – und die Puppen Menschen!
Wie erfreut
                                          Sieh!
Das wollt' ich sagen.
FILIPPO *entschlossen*   Höre, Beatrice!
Noch heut verlassen du und ich die Stadt.
BEATRICE *sieht ihn erstaunt an.*
FILIPPO
Versteh mich gut! So kühn die Leute reden,
Der Tod schwebt über allen Dächern. Ich
Und du, wir wollen leben, Beatrice!
Drum sollst du mit mir fort.
BEATRICE   Noch heute?
FILIPPO   Ja.
Weil schon das Morgen uns vernichten kann.
Bist du bereit?
BEATRICE   Mit dir?
FILIPPO   Mit mir.
BEATRICE   Wohin?

FILIPPO
   Nicht dies ist wichtig! Bist du nur bereit?
BEATRICE
   Doch ist's gewiß, du läßt mich nicht allein?
FILIPPO
   Du Kind!
BEATRICE   O glaube nicht, daß ich mich fürchte!
   Wie oft, bis tief zur Dunkelheit, bin ich
   Auf Wies' und Feld und Hügeln vor den Toren
   Herumspaziert, und niemand war mit mir.
   Doch sah ich immer unsre Türme ragen,
   Und leises Summen kam zu mir von weitem,
   Und immer wußt' ich: unten ist die Stadt.
   Doch in der Fremde kann man sich verirren.
FILIPPO
   Für dich wird nirgends Fremde sein. Ganz andres
   Bleibt zu bedenken. Niemals, Beatrice,
   Wirst du die Deinen wiedersehn.
BEATRICE   Die Meinen?
   Sinnt
   Siehst du, dies alles hab' ich längst gefühlt!
   Jetzt aber weiß ich's erst.
FILIPPO   Was denn?
BEATRICE   Denk' nur:
   Mir ist, als hätt' ich in der Eltern Hause
   Nur ausgeruht, wie man auf Reisen tut,
   Und käme von wo anders her und müßte
   Wo anders hin; und wacht' ich morgens auf,
   Und schaute so um mich, da war mir oft –
FILIPPO
   Wie war dir da?
BEATRICE   Als wär' ich nicht zu Haus.
FILIPPO *zerstreut*
   Nun ja. *Er ist aufgestanden und die Stufen hinaufgegangen.*
BEATRICE Was blickst du aus?
FILIPPO   Die Stunden fliehn.
   Ich sehe nach dem Diener, nach den Pferden.
BEATRICE
   Sagt' ich dir schon? Mein Bruder ist Soldat!
FILIPPO
   Ich kenn' ihn nicht.

BEATRICE   Vergeßlicher! Du kennst ihn!
  Sahst ihn doch an dem gleichen Tag wie mich
  Zum erstenmal – im gleichen Augenblick.
  Er war mit mir, Rosina, meine Schwester,
  Und Vittorino –
FILIPPO *leichthin*
                  Der in dich verliebt ist?
BEATRICE
  Sieh, das vergaß er nicht!
FILIPPO *zerstreut*
                            Dein Bruder ließ
  Sich werben?
BEATRICE   Nein, der lief gleich selber hin
  Zum Tor von San Vitale. Dort stehn alle,
  Die frei sich melden. Ja, das ist auch einer,
  Der riefe: Tod dem Borgia! Der ist wild!
FILIPPO
  Da gibt's viel Tränen wohl bei Euch zu Haus?
BEATRICE
  Wer sollte weinen? Meine Mutter liebte
  Francesco nie; die Schwester freut sich eher,
  Da sie nun ganz nach Wunsch wird schalten können.
FILIPPO
  Und du?
BEATRICE Er will ja fort, wie sollt' ich weinen?
FILIPPO
  Und Euer Vater?
BEATRICE   Kann's ja nicht verstehn.
FILIPPO
  Wie meinst du das?
BEATRICE   Hab' ich dir's nicht erzählt?
  Für ihn steht alles still seit sieben Jahren,
  Und alles, was wir tun, ist Spiel von Kindern.
FILIPPO *betreten*
  Wie das?
BEATRICE Die Leute sagen: Tollheit sei's.
  Ich aber weiß ganz gut, 's ist was geschehn
  Vor sieben Jahren, das ergriff ihn so,
  Daß ihm die Zeit erstarrt ist. Und so kommt's, –
  Wir sind noch heut für ihn die kleinen Kinder
  Von damals. Und so spricht er auch zu uns, –

Und nimmt uns auf die Knie', mich und Rosina, –
Francesco läuft davon – erzählt uns Märchen,
Und wiegt uns, singt dazu, – wir müssen lachen.
FILIPPO *näher zu ihr*
Du lachst? – Ist dies nicht ohnegleichen traurig?
BEATRICE
Was weiß er denn davon? – So wird er alt
Und fühlt es nicht, und meine Mutter blieb
So schön und jung für ihn als je, und alles,
Was sie ihm Schlimmes zugefügt, vergaß er.
FILIPPO *sie lange betrachtend*
Wie gut, daß ich aus all dem dich entferne!
Wie gut, daß du ein Kind, so wirst du mein,
Wie du es mußt. Denn ich hab' nichts als dich.
Ich hatte mancherlei, doch nichts war ganz,
So warf ich alles hin für dich allein.
Denn dich besitz' ich, und Besitz ist Glück,
Und nur was wir erschaffen, ist Besitz.
BEATRICE
Wie gut gefällst du mir, wenn du so sprichst!
Sie steht auf
Nun ist's auch über deinem Garten Nacht.
Ich frag' dich was, Filippo!
FILIPPO *wieder ausblickend, zerstreut*
       Nun, ich höre.
BEATRICE *zu ihm tretend*
Sag' doch: wirst du mein Pferd beim Zügel halten?
Drauß' auf der finstern Straße?
FILIPPO *lachend*
       Immerfort?
BEATRICE
Das mußt du tun! Versprich's mir!
FILIPPO *küßt sie lächelnd; dann ungeduldig*
       Kommt er nicht?
Wir wollen ihn im Haus erwarten. Wein und Früchte
Stehn auf dem Tisch, ein Mahl vor unsrer Reise.
Komm, Beatrice! *Er beginnt, die Stufen hinauf zu gehen.*
BEATRICE *noch im Garten, folgt ihm*
       Hab' ich's schon erzählt?
Den Herzog sah ich.
FILIPPO *stehenbleibend* So?

BEATRICE   Und er sah mich –
FILIPPO *sich nach ihr umwendend*
   Was soll mir das?
BEATRICE
   Er ritt durch unsre Straße,
   Und blickte lang mich an.
FILIPPO   Das ist die Art
   Von Männern, schöne Frauen anzuschaun.
   Was geht's dich an?
BEATRICE.   Rosina stand daneben.
   Denk' nur: kein Blick auf sie! Ich glaubte schier,
   Sie würde krank vor Schmerz, denn du mußt wissen,
   Sie liebt ihn sehr, den Herzog – Andre liebt sie auch,
   Um wahr zu reden, doch den Herzog so,
   Daß sie dies Jahr, das er auf Reisen weilte,
   Vor Sehnsucht krank ward, – und nun kommt er wieder,
   Und reitet uns vorbei, und sieht nur mich.
FILIPPO
   Du eitles Kind, bewegt dich das so sehr!
BEATRICE
   Nicht darum sagt' ich's, hätt's auch schon vergessen,
   Nur träumt' ich dann so wunderlich –
FILIPPO   Bei Tage?
Er kommt die Stufen langsam herab.
BEATRICE
   Es war so schwül. Ich ging in meine Stube,
   Nur um dem Zorn Rosinas zu entfliehn, –
   Geschlagen hätt' sie mich, sie tat's schon oft, –
   Und auch ein andres Kleid – für dich – zu nehmen,
   Und andre Schuh'. Da setzt' ich mich aufs Bett
   Und wollte mir die Bänder schnüren, weißt du,
   Und schlummert' ein und träumte sonderbar.
   Sonst schwindet jeder Traum, wenn ich erwache,
   Den aber seh' ich so vor mir –
FILIPPO   Was war's
   Für Traum?
BEATRICE
            Denk' nur, ich war die Herzogin!
FILIPPO *tritt herunter, auf sie zu.*
BEATRICE
   Was hast Du?

FILIPPO Beatrice! – Nun, erzähle!
BEATRICE
Ich war die Herzogin. Auf einem Thron
In einem großen Saal bin ich gesessen,
Der Herzog neben mir, und viele Menschen–
Es waren hundert oder tausend, Männer
Und Fraun und Kinder waren da, dieselben,
Die täglich in den Gassen ich begegne.
Auch du warst da und knietest vor mir nieder,
Wie all die andern. Doch ich wußte nicht,
Daß du Filippo warst; es war dein Antlitz eben!
Du gingst vorüber wie die andern und
Verschwandest. Sieh, auch dieses weiß ich noch,
Daß ich die Hand hier *sie hebt ihre Linke* auf die Lehne stützte,
Den weichen Samt mit meinen Fingern strich,
Und so hab' ich gelächelt, siehst du – fürstlich!
Ein wenig stolz, doch gütig auch. Dann klang
Musik, so schön und voll wie viele Orgeln!
Doch wußt' ich: keine Orgeln sind's – und suchte
Mit meinen Augen nach den Musikanten
Und fand sie nicht. Da stand der Herzog auf,
Nahm meine Hand und führt' mich durch den Saal,
Vorbei den Menschen, die sich tief verneigten.
Die große Türe tat sich auf, und plötzlich
Verstummte die Musik, und Stille war,
So still, wie's auch in tiefster Nacht nicht ist.
Nun schritten wir durch einen schmalen Gang,
Der ohne Decke war. Die Wände reichten
Unendlich hoch, und oben war der Himmel,
Viel weiter, als er sonst, mit roten Wolken.
Dann schritten Stufen wir hinab ins Dunkle –
Ich sah den Herzog nicht, sah gar nichts mehr,
Mit einmal hört' ich seine Stimme nah
An meinem Ohre »Beatrice« flüstern,
Und heller wurd' es, grüne Kerzen brannten
In einer Ampel ob dem Bett, ich sah
Des Herzogs Augen leuchten über mir –
Und fühlte seine Lippen nah den meinen,
Noch spür' ich ihren Hauch – und so erwacht' ich.
FILIPPO
Beatrice!

BEATRICE *etwas erschrocken, unsicher, aber ohne Verständnis*
    Ist dies ein wunderlicher Traum!
FILIPPO   Beatrice!
    Und so kommst du zu mir!
BEATRICE   Sollt' ich nicht kommen!
    Nein, wie du seltsam bist! Was ist dir nur?
FILIPPO
    Kommst so beschmutzt hieher –
BEATRICE *heiter, als hätte er sie mißverstanden*
                             Ein Traum war's doch!
FILIPPO
    Ich wollt', es wäre Wahrheit, Beatrice!
    So könnt' ich eher ohne Schmerz und Ekel
    Dich sehn; das Leben selbst tut alles ab.
    Doch Träume sind Begierden ohne Mut,
    Sind freche Wünsche, die das Licht des Tags
    Zurückjagt in die Winkel unsrer Seele,
    Daraus sie erst bei Nacht zu kriechen wagen;
    Und solch ein Traum, mit ausgestreckten Armen
    Sehnsüchtig läßt er, durstig dich zurück.
    So wenig warst du mein, daß, schlossest du
    Die Augen, deine Seel' auf Abenteuer
    Ausfliegen konnte, und ich war dir nur
    Von Tausend einer, kniete wie die andern
    Vor dir und war dir nichts und bin dir nichts,
    Ich, der dir so viel gab, als du nicht ahnst,
    So viel, daß meiner Liebe wert zu sein,
    Dich Ekel fassen müßte, wenn du denkst,
    Es leben andre Männer auf der Welt!
    Willst du, daß, dem gefäll'gen Eh'mann gleich,
    Ich fremden Kuß von deinen Lippen trinke,
    Und kommst daher als Dirne deines Traums?
    Geh, Beatrice!
BEATRICE   Ja, was tat ich denn?
    Liebst du mich jetzt nicht mehr, Filippo –? Du! . . .
FILIPPO
    Dich lieben? Graun vor dir hat mich erfaßt.
BEATRICE
    Filippo, nie bis heut dacht' ich des Herzogs!
FILIPPO
    Doch heute warst du sein!

BEATRICE Im Traum!
FILIPPO Drum geh!
BEATRICE
 Du sagst es ganz im Ernst, Filippo, wie?
 So nimmst du mich nicht mit auf deine Reise?
FILIPPO
 Nun braucht es keiner Reise mehr!
BEATRICE Glaubst du,
 Ich ginge nicht voll Freuden mit dir fort?
 Ich lieb' dich ja, Filippo!
FILIPPO O, ich weiß!
 Auch heute gingst du fort mit mir, so gern,
 Als du mir vor drei Tagen bist gefolgt!
 So geh doch!
BEATRICE Und wann soll ich wiederkommen?
FILIPPO
 Wiederkommen?
 Zu mir? Ja, sage, hast du's nicht gefaßt?
 Nie wieder, nie!
BEATRICE *mit großen Augen*
 Nie wieder, nie!
FILIPPO
 Noch einmal
 Nur deine Hand berühren, macht mich schaudern!
 Doch dich umarmen, da ich dich erkannt, –
 Beim Himmel, eher schlief' ich mit Gespenstern –
 mit einer Gebärde des Schauderns
 O geh!
BEATRICE
 So ist es wahr, er schickt mich fort!
 Er wendet sich ab, sie bleibt stehen. Pause.
FILIPPO *sich zu ihr wendend*
 Sind's Tränen?
BEATRICE Sieh, so lieb' ich dich!
FILIPPO
 Und als
 Der Fächer dir zerbrach am ersten Abend,
 Im selben Augenblick, da hinter dir
 Die Tür zum Garten schloß, in diese Schatten
 Wie in die Dunkel eines neuen Schicksals
 Du tratest, hast du damals nicht geweint?

So große, dumme Tränen einem Fächer –
Und mir! Denn eins ist dir so schwer, so leicht
Wie's andre! Lebe wohl!
BEATRICE   Und niemals wieder?
FILIPPO
  Im Leben nicht!
BEATRICE *lächelt.*
FILIPPO   Und warum lächelst du?
BEATRICE
  Im Leben nicht – du sprachst es selber aus!
  Fühl' ich, daß ich nicht sein kann ohne dich,
  Und hab' zu sterben Lust, so komm' ich wieder,
  Und nehm' dich mit.
FILIPPO   So spielst du mit dem Tod,
  Wie mit dem Leben! Geh und lebe wohl!
BEATRICE
  Auf Wiedersehn, Filippo!
FILIPPO   Lebe wohl!
BEATRICE *geht langsam durch die dunkle Allee nach hinten und verschwindet.*
FILIPPO *allein; hat ihr nachgesehen. Nach einer längeren Pause*
  Als schwebte sie davon!
  Und diese glaubt' ich mein! Vor Scham vergeh' ich!
  Ist's auch der Menschen Los, nie ganz besitzen,
  Sie spotten dieses Fluchs; denn keiner auch
  Schenkt ganz sich her. Nur ich, der Tiefbetrogne,
  Gab alles hin für nichts, Ruhm, Ehr' und Mut,
  Und war bereit, so vor der Feinde Drohn
  Wie vor dem Degen eines Freunds zu fliehn,
  Als rechter Bube!
                 Eil' ich ihr nicht nach?
  Es gäb' ein Mittel, kühn und ohnegleichen,
  Sie zu gewinnen! Den, der sie mir nahm
  Im Traum, in Wahrheit töten! Doch der Einfall,
  Statt mich zum Schloß des Herzogs hinzujagen,
  Bannt hier mich fest, und der Entschließung Kraft
  Stirbt auf dem steilen Weg zur Tat dahin.
  Daß ich sie heimgeschickt mit schönen Worten,
  Ist mir genug. Und quillt aus dieser Torheit
  Einmal ein Lied, so ist's der höchste Preis,
  Den mir das Leben hinwirft für die Schmach,

Daß ich zu schwach bin, es mit Stolz zu leben.
Er lauscht
Das Tor wird aufgetan! *Mit Hoffnung* O wär's Andrea!
Wie schnell kam dies! Nun gibt's in dieser Stadt
Nicht einen Zweiten, so bereit wie mich,
Dies alles zu beenden.

*In der Tür, welche aus dem Zimmer auf die Terrasse führt, erscheinen:
ANTONIO NIGETTI und TITO TIBALDI; der eine sehr dick und groß, der
andere zierlich und klein. Mit ihnen LUCREZIA und ISABELLA, zwei
florentinische Courtisanen. Hinter ihnen, wie sie allmählich weiter nach
vorn treten, vier Musikanten: zwei Geiger, ein Flötist und ein Lautenspieler. Noch bevor sie auftreten, hört man sie spielen. Die Musikanten bleiben auf der Terrasse stehen. Zwei Diener mit Fackeln haben sich zur Seite
der Tür aufgestellt.*

TITO *angeheitert* Das ist Filippo Loschis Haus, und hier ist er
   selbst! Seid uns gegrüßt, Filippo Loschi!
ANTONIO *betrunken* Schweigt, Ihr verfluchten Musikanten. Soll
   man euch die Instrumente in Stücke hauen?
   Die Musik verstummt.
TITO Filippo Loschi, wir wünschen Euch einen guten Abend!
   So unbedeutende Geschöpfe wir sind, wir haben ein gewisses
   Recht dazu, Euch einen angenehmen Abend zu wünschen,
   da wir ihn selber bringen.
ANTONIO Wir bringen ihn selbst als nichtswürdige Geschöpfe,
   die wir sind.
TITO Denn wenn diese schönen Mädchen sich an Euerm Anblick
   ebenso sehr berauschen, als an Euern Liedern, so ist Wahnsinn ihr Los und das unsere Verzweiflung.
ANTONIO *schreiend* Das unsere Tod!
FILIPPO *sehr befremdet, aber höflich*
   Ich bin erfreut, so heitre junge Herrn
   Und schöne Fraun in meinem Haus zu sehn,
   Jedoch –
ISABELLA   Ihr seid sehr liebenswürdig!
LUCREZIA   Ihr seid schön!
FILIPPO
   Zwar unbekannt, nenn' ich euch doch willkommen!
TITO Ich heiße Tito Tibaldi. Dieser: Antonio Nigetti. Aber was
   können Euch unsere Namen bedeuten?

ANTONIO Niederträchtige Namen!
TITO Man wird sie mit uns begraben, und früher, als uns lieb ist; so ist es nicht der Mühe wert, sie zu merken. Und was wir sind? jung, reich und gewissermaßen schön!
ANTONIO Hübsch, höchstens hübsch!
TITO Und morgen nichts mehr von alledem!
ANTONIO Elende Speise für Würmer!
FILIPPO *belustigt*
Das wolle Gott verhüten!
Für sich Was sind das für komische Menschen?
TITO Und diese hier sind junge Mädchen aus Florenz. Sie sind nach Bologna gekommen, um zehn oder zwölf lustige Tage mit uns zu verbringen. Für die Lustigkeit haben wir bestens gesorgt, nur die Zahl der Tage steht nicht bei uns. Jeden ihrer Wünsche haben wir ihnen erfüllt; – aber da sie vernahmen, daß vielleicht schon morgen unsere geliebte Stadt an allen vier Ecken in Flammen aufgehen wird, hatten sie nur mehr einen –
ISABELLA Euch zu sehen! Denn Eure Lieder, Filippo, sind so süß, wie der Hauch des Geliebten über schlafenden Wimpern, und so schmeichlerisch, wie göttliches Verzeihen für alle Sünden.
FILIPPO *der immer heiterer wird*
Seh' ich euch an, so wollt' ich eh'r, sie reizten
Zu neuen euch.
LUCREZIA
Filippo, hättet Ihr nicht hier geweilt,
Wo Ihr auch lebtet, dorthin war mein Weg –
Und mußt' ich barfuß stein'ge Pfade wandeln!
Und ist es wahr, daß morgen tausend Schrecken
Einziehn in diese Mauern, lachend werf' ich
Mich in den Staub – ich lebte lang genug,
Haucht Ihr nur einen Kuß in meine Locken!
Doch wärt Ihr tot gewesen, niemals wieder
Hätt' ich wie andre Frauen lächeln können,
So liebt' ich Euch, noch eh' ich Euch gesehn.
FILIPPO *für sich*
Will dieser schwere Tag so heiter enden?
Als glitt' ihm von den kummervollen Schultern
Dunkles Gewand, und säh' ich zum Beschluß
In lichter Seide seine Glieder spielen?

Zu den andern
Wie dank' ich für so vieles? Was beliebt
Den Gästen? Hier im Garten auszuruhn,
In grünen Gängen sanft sich zu ergehn,
Im Saal an Obst und Wein sich zu erlaben?

TITO Soll es uns armseligen Narren wirklich vergönnt sein, den letzten Abend unsres jämmerlichen Lebens –

ANTONIO Ein Leben von Schurken und Tagedieben!

TITO Am Tische des herrlichen Filippo, an der Seite des Unvergleichlichen zu verbringen?

ANTONIO Ertöne, holde Flöte, Lautenspiel, umschwärme mich! –
Musik.

FILIPPO
Was mein bescheidnes Haus so edlen Gästen
Gewähren kann, ist gern und rasch geschafft.
In der Türe, für sich
Kam alles dies zu spät? Es ist zur Stelle!
So kam es früh genug. Der nächsten Stunde
Erwartung rinnt erwärmend durch das Blut,
Und mit Behagen ahn' ich ihre Fülle!
Er geht in den Saal.

ANTONIO Nun, folgen wir ihm, holdeste Isabella!

ISABELLA Was wollt Ihr von mir?

ANTONIO Isabella! Euer zärtlicher Antonio bittet um Euern Arm!

ISABELLA Ist denn niemand da, der mir diesen Betrunkenen vom Halse schafft?

TITO Lucrezia!

LUCREZIA Wer seid Ihr denn?

TITO Wer ich bin, Lucrezia? Derselbe, meine Schönste, dem Ihr erst heute mittag gestattet habt, diese Perlen um Euern weißen Hals zu schlingen.

LUCREZIA *reißt sich die Perlen vom Hals und wirft sie ihm vor die Füße*
Da habt Ihr sie! Und nun weiß dieser Nacken
Von Euren Perlen nichts und Euern Armen!
Antonio und Tito sehen einander betroffen an.

FILIPPO *wiederkommend*
Bereitet ist die Tafel, tretet ein!

ISABELLA O liebster Filippo! Wollt Ihr nicht erst diese unleidlichen häßlichen und heiseren Leute fortweisen lassen?

FILIPPO
Was soll ich? Wie?

TITO *zu Lucrezia* Ihr werdet mir doch wenigstens erlauben, an Eurer Seite Platz zu nehmen, holde Lucrezia?
LUCREZIA
Das dürft Ihr! Aber hört: berührt Ihr nur
Mein Knie – ich schwör' es! diese Nadel stech' ich
Mitten ins Herz Euch!
TITO *ängstlich* Doch seid Ihr glücklicherweise nicht gewohnt, Schwüre zu halten.
LUCREZIA
Der Liebe Schwüre nicht – doch solche halt' ich!
Fragt Euern Vetter in Florenz!
ANTONIO Angebetete Isabella, ich hoffe, Ihr werdet mich nicht in gleicher Weise bedrohen, wenn ich es wage –
ISABELLA So grausam bin ich nicht als Lucrezia, und eben darum rat' ich Euch: entfernt Euch lieber! Ihr habt uns zu Filippo Loschi gebracht, Euer Amt ist zu Ende! Von dieser Sekunde an gehört Euch kein Blick, kein Wort mehr – Affe! Dieses war das letzte! – Kommt, schönster Filippo!
FILIPPO *belustigt*
Ihr Herren, glaubt, daß ich untröstlich bin!
Doch ratet selbst: was ist zu tun?
ANTONIO Laßt es gut sein. Tito, wir wollen gehen. Es gibt andere Weiber und tugendhaftere, ja vielleicht sogar lasterhaftere, was mir noch lieber wäre!
TITO *hebt die Perlen vom Boden auf* Für diese hier wird sich ein geschmeidigerer Nacken finden!
FILIPPO
Ihr Herren, hört – wir wollen um sie fechten!
ISABELLA Was hilft's ihnen, wenn sie dich verwunden? Lieber küssen wir deine blutenden Wunden, als ihre Lippen!
ANTONIO *wütend* So wünscht' ich, sie kämen aus Neapel, nicht aus Florenz! He, Musikanten! Folgt uns zurück zu Menasci und ertränkt unseren Ärger in heiteren Tönen!
ISABELLA Was fällt Euch ein? *Zu den Musikanten* Ihr bleibt! Wir wollen in den Saal, Filippo – diese aber mögen hier auf der Terrasse stehen bleiben und spielen, spielen, immerzu spielen.
Musik beginnt.
LUCREZIA
So tön' es durch die offne Tür zu uns
Und hüll' in helle Klänge unsre Wonnen,

In milde Weisen unsern Schlummer ein!
BATTISTA *kommt rasch von hinten* Gnädiger Herr – *Er hält erstaunt inne.*
FILIPPO *der eben mit den Mädchen in den Saal wollte, wendet sich um.*
BATTISTA *noch atemlos* Die Pferde, gnädiger Herr!
Musik verstummt.
FILIPPO Was für – *er erinnert sich und lacht.*
BATTISTA Es ist mir gelungen, gnädiger Herr, um den Preis von zweihundert Goldstücken –
FILIPPO Du hast sie mir verschafft?
BATTISTA Mit der größten Mühe, gnädiger Herr!
FILIPPO
Indessen fing ein andres Stück hier an!
Und er läuft wie 'n verschlafner Komödiant
Mit seiner alten Rolle auf die Szene.
Ist's wahr, du hast die Pferde mir verschafft?
BATTISTA *ganz erschrocken* Herr, ich schwöre Euch, sie stehen vor der Gartentüre, ich habe sie an die Gitterstäbe gebunden!
FILIPPO *mit einem plötzlichen Entschluß*
Für diese beiden Herrn stehn sie bereit!
Schlagt's mir nicht ab! Bedenkt: der gute Alte,
Die ganze Stadt sucht' er nach ihnen ab.
TITO Herr, ist es durchaus notwendig, mit so schwer gekränkten Personen noch Scherz zu treiben?
ANTONIO Es schreit zum Himmel!
FILIPPO
Da sei Gott vor! Als Zeichen meines Danks,
Daß ihr so gut den Weg zu mir gefunden,
Und zu so guter Zeit, als ihr nicht ahnt,
Nehmt dies Geschenk! Battista, du geleite
Bis vor die Tür die Herren, und in die Bügel,
Wofern es nötig – was mir möglich scheint –
Hilf ihnen mit der schuld'gen Höflichkeit.
Lebt wohl und laßt's euch in Menascis Schenke
So wohl gehn, als ihr mir's daheim vergönnt!
Battista, Antonio und Tito ab.
ISABELLA *lachend* Lebt wohl!
Beide Mädchen in den Saal. Die Musikanten spielen.
FILIPPO *allein auf den Stufen der Terrasse; lebhaft*
Hinnehmen mit Entzücken, was sich schenkt,
Und frei zu sein? Mit Macht an sich zu reißen,

Und selbst sich zu behalten, wär' es das,
Was diesen Augenblick so leicht emporträgt?
DIE MÄDCHEN, *von drinnen*
Filippo!
FILIPPO
Vielleicht auch, daß das Leben vor dem Ende
Mir bunte Abenteuer sendet, wie die Bilder,
Die durch die Sinne jagen, eh' man einschläft; –
Wach sein ist's nicht mehr, und noch nicht der Schlaf!
DIE MÄDCHEN *erscheinen in der Tür*
Filippo!
FILIPPO
Ich komme! – – Nicht mit schwerem Sinn bedacht,
Nein, ganz gelebt sei endlich diese Nacht!

Die Musikanten spielen, Filippo geht in den Saal, von den Mädchen an der Tür empfangen. Der Vorhang fällt.

ZWEITER AKT

Straße in Bologna. Die Straße läuft gegen den Hintergrund zu, von rechts nach links. Links ein Eckhaus, rechts desgleichen. Vor diesen Häusern ist gleichfalls eine quer über die Bühne verlaufende Straße gedacht, so daß die vordere Mitte der Bühne eine Straßenkreuzung vorstellt. Vor den Häusern sind durchaus Säulengänge, und ein Teil der Personenbewegung spielt sich unter den Bogen ab. In den Häusern Kaufläden mit Auslagetischen davor. In dem Eckhause rechts befindet sich, der Straßenkreuzung näher, der Kaufladen des alten Nardi, neben demselben, mehr gegen die Kulisse gerückt, der Laden des Capponi, eines Händlers mit Spezereien und Wohlgerüchen. Vor dem Laden des Nardi ein leerer Tisch, vor dem des Capponi zwei Tischchen mit kleinen Flaschen, Schachteln usw. Abenddämmerung.

Mäßige Bewegung in den Straßen. Von links kommen Bürger im Gespräch, welche dann die Straße nach hinten zu einschlagen. Ihnen begegnen, aus dem Hintergrund kommend, einige Soldaten, ungeordnet; sie gehen über die Bühne nach rechts. Dann kommen von links junge Mädchen, junge Leute, welche den Soldaten folgen. Frau Nardi und Rosina sind auf kurze Zeit in der Türe ihres Ladens zu sehen und verschwinden bald. CAPPONI *steht vor seinem Laden, begrüßt einige vorbeigehende Leute. Von rechts kommen* CLAUDIA *und* CATERINA, *zwei Bologneser Frauen.*

CLAUDIA Hier ist's. – Guten Abend.
CAPPONI Guten Abend, meine Damen. Was steht zu Diensten?
CLAUDIA Ich möchte ein Fläschchen von Euerm Rosenwasser kaufen.
CAPPONI Welche Art von Rosenwasser? Wir haben etwa 25 oder 30 verschiedene. Ach Gott! Das gewöhnliche Paduaner Rosenwasser, das neapolitanische, das zyprische –
CLAUDIA *ungeduldig* Ich weiß nicht, wie es heißt, ich hab' es im vergangenen Winter gekauft. Allerdings stand ein ganz anderer da, der es verkaufte, ein hübscher Knabe.
CAPPONI Bennozzo, mein Sohn! Ach Gott!
CLAUDIA Warum seufzt Ihr? Ist er gestorben?
CAPPONI Was fällt Euch ein! Daß ich seufze, ist eine Angewohnheit, eine üble Angewohnheit, wenn Ihr wollt, oder auch eine philosophische Angewohnheit. Aber, um auf das Rosenwasser zurückzukommen, so könnte es immerhin auch das persische gewesen sein.
CLAUDIA Ja, so nannte es Euer Sohn!
CAPPONI Gleich wird es zu Eurer Verfügung sein, werte Frau! Ich hab' es da hinten aufgewahrt. Stünd' es hier vorn mit den andern, so hätt' ich den ganzen Tag alle jungen Mädchen und Frauen von Bologna vor dem Laden stehen und die jungen Leute natürlich dazu. Ach Gott! Und ein jeder möchte sich eine Nase voll nach Hause bringen, ohne was dafür zu zahlen.
CLAUDIA *zu Caterina* Nimm doch auch ein Fläschchen!
CATERINA Wozu? Ich brauche nichts dergleichen. Ich tue nichts anderes, als jeden Morgen den Saft einer sizilianischen Orange in mein Bad träufeln lassen, das genügt vollkommen.
CLAUDIA Mein Mann liebt es, wenn meine Haut nach Blüten duftet, nicht nach Früchten.
CAPPONI *mit der Flasche, hält sie den Damen entgegen.*
CLAUDIA Ja, das ist sie! Rieche doch daran, Caterina! Nun, was sagst du?
CATERINA Nun ja, wenn ein Mann nicht mehr ganz jung ist –
CLAUDIA Da habt Ihr Euer Geld.
CAPPONI Um Vergebung, schönste Frau! Ihr gebt mir gerade den zehnten Teil von dem, was ich zu bekommen habe!
CLAUDIA Ich weiß doch, was ich im Winter dafür bezahlte.
CAPPONI Ja, das waren andere Zeiten! In ein paar Tagen wird man mir das Hundertfache für diese Flasche bezahlen. Alles wird teurer. Es gibt keine Möglichkeit mehr, die Waren in die

Stadt zu bringen! Alle Verbindungen sind abgeschnitten! In acht Tagen haben wir die Hungersnot, wenn wir überhaupt noch am Leben sind, was mir höchst zweifelhaft ist – womit ich die Damen aber nicht beleidigen will!

CLAUDIA Dann gibt man Euch keinen Groschen mehr für Euer Rosenwasser. Nun sagt mir aber ehrlich: was ist denn darin enthalten? Es kann nicht nur der Saft von Rosenblättern sein.

CAPPONI Was sollte es anderes sein?

CLAUDIA Ist es nicht irgend etwas, was man sonst Liebesträuken beizumischen pflegt? Ich habe Gründe, das anzunehmen.

CAPPONI Was fällt Euch ein! Ich heiße Capponi, wohlgemerkt: Capponi! Und gebe ich mich nicht mit den sonderbaren Mischungen ab, wie andere Leute, wie Basini zum Beispiel!

CATERINA Was gibt's bei Basini?

CAPPONI Gott behüte mich, davon zu reden! Ich könnte ihn an den Galgen bringen und die Damen, die bei ihm kaufen, nicht minder! Ach Gott!

CATERINA Was sagt Ihr? *Zu Claudia* Gestern erst habe ich deine Schwester in seinen Laden treten sehen.

CAPPONI Er könnte zwar sagen, es ist Zufall, daß man ihn nachts in der Nähe des Friedhofs umherstreichen sieht; aber ist auch das Zufall, daß er neben der Friedhofsmauer um Mitternacht mit den Nägeln die Erde aufkratzt? Nun, ich will nicht mehr sagen, um so mehr, als Basini nichts anderes tun kann, wenn er sich seine Kunden erhalten will. Denn bei ihm kaufen eben nur Frauenzimmer, die Ungeheuerlichkeiten nötig haben, um ihre Liebhaber zu entflammen; zu Eurem ergebenen Diener hingegen kommen die schönsten Frauen von Bologna, die nur zu lächeln brauchen, um aus jedem Mann zu machen, was sie wollen!

BASINI *ist langsam die Straße von rückwärts nach vorn gekommen. Es ist ein langer, hagerer, ältlicher Mann, der die anderen mit Überlegenheit behandelt* Guten Abend!

CAPPONI Das ist er. *Er macht den Frauen Zeichen* Eben hab' ich von deinen vorzüglichen Gewürzen und Seifen gesprochen, mein teurer Basini.

BASINI Hat er gesagt, daß ich ein Giftmischer bin?

CATERINA So was Ähnliches!

BASINI Tut nichts, morgen sind ja doch alle Menschen gleich in Bologna, Giftmischer wie ich und Ehrenmänner wie du!

CAPPONI He, Basini, bist du so verzagt? Ich nicht! Unsere

Mauern sind stark, und unser Herzog ist ein Held!
BASINI Was hilft das alles gegen einen Teufel wie Borgia?
CATERINA Teufel, sagt Ihr? Er soll so schön sein!
CAPPONI Der Borgia ist noch weit – hehe!
BASINI Nicht so weit, als Ihr glaubt. Wie wär' es sonst zu erklären, daß man hier weiß, was er gestern geschworen hat?
CAPPONI Nun, was hat er denn geschworen?
BASINI Daß er ein fürchterliches Gericht über diese gottlose Stadt halten wird.
CAPPONI *erschrickt zuerst; dann schlägt er Basini auf die Schulter* Immer erzählt er Schnurren! *Zu den Frauen* So ist er – hab' ich's nicht gesagt?
BASINI Nun, was mich anbelangt, ich habe meinen Laden gesperrt und tu' ihn nie wieder auf.
Soldaten ziehen vorbei.
CLAUDIA Warum tut Ihr Euern Laden nie wieder auf?
BASINI Für wen? Glaubt Ihr, daß die Leute, die morgen unsere Straßen füllen werden, gute Käufer sind? – Die werden sich nehmen, was ihnen gefällt!
CAPPONI Aber was redest du denn? Spricht er nicht, als wäre morgen der jüngste Tag, als wäre morgen der Borgia in der Stadt? Und die Franzosen und die Spanier dazu?
BASINI *auf die Soldaten weisend* Seht nur, seht!
CLAUDIA Woher kommen die? Das sind keine Bolognesen!
BASINI Nein, das sind sie auch nicht; das sind die Leute des Ribaldi, sie kommen aus Mailand. *Von der anderen Seite kommen auch Soldaten* Aber schaut Euch diese an.
CAPPONI Ist das nicht Rocca?
BASINI Ja. Und dort kommt Fontana, der Drechsler aus meiner Gasse.
CAPPONI In Waffen!
BASINI Ja, die ziehen alle morgen hinaus ins Feld!
CAPPONI Morgen? Wer sagt das?
CLAUDIA Morgen, das ist ja nicht möglich.
BASINI Es ist gewiß. Der Herzog zögert nicht länger, verlaßt Euch darauf!
CAPPONI Rocca! Rocca! *Er tritt auf einen Soldaten zu und spricht mit ihm.*
BASINI Nun, haben die Damen auch einen Mann oder Vettern oder Freunde unter diesen?
CLAUDIA Zwei Vettern sogar, aber mein Mann bleibt hübsch zu

Hause. Er sagt, es wird nicht so gefährlich sein, als es aussieht.
BASINI *zu Caterina* Und Ihr, gnädige Frau?
CATERINA Ich habe nur einen Mann, keinen Vetter, und werde auch niemals Vettern haben.
CAPPONI *kommt zurück* Nun, siehst du, daß man dir nicht glauben darf! Es ist durchaus nicht bekannt, daß bereits für morgen etwas bevorsteht; es muß nur alles auf dem Posten sein.
Zwei Bürger sind herzugetreten.
ERSTER BÜRGER *zum zweiten* Nun, hört Ihr?
ZWEITER BÜRGER Ich weiß, was ich weiß! Drei Söhne hab' ich, nur einer ist daheim geblieben!
CAPPONI Wo sind die anderen?
ZWEITER BÜRGER Die sind zum Valori gelaufen, stehen am Tore von Vitale, fuchteln mit dem Degen und schreien: Nieder mit dem Papst!
CAPPONI Sie haben sich werben lassen?
ZWEITER BÜRGER Freiwillig sind sie hin. Nieder mit dem Papst! haben sie geschrieen, wir wollen euch schützen!
CAPPONI Eure Söhne wollen uns schützen? Gegen die Hunderttausend, die gezogen kommen? Niemand kann uns schützen! Nein, nein, der Herzog wird Eure Söhne nicht hinopfern für nichts und wieder nichts! So ist unser Herzog nicht.
BASINI Gib acht, du redest dich um deinen Kopf.
CAPPONI *in Angst* Was sagt' ich denn? Ist es ein Verbrechen, wenn man ein friedlicher Bürger ist? Deswegen ruf' ich doch: Nieder mit Borgia! Nieder mit Mariscotti!
EINIGE BÜRGER *die sich unterdessen angesammelt haben* Der Hund Mariscotti! Tod dem Mariscotti!
CAPPONI Es lebe unser Herzog! – Nun, Basini, warum rufst du nicht mit? Du schweigst dich um deinen Kopf! He he!
ROSINA NARDI *ist aus ihrem Gewölbe getreten. Es sind wieder Bürger, Mädchen und Frauen dazugekommen, so daß eine ansehnliche Gruppe versammelt ist.*
ROSINA Nun, Basini, wißt Ihr was Neues zu erzählen?
BASINI Mancherlei! Wer weiß, was dir heute noch bevorsteht, Rosina!
ROSINA Was soll das bedeuten?
ERSTES MÄDCHEN Was steht Rosina bevor?
BASINI Ihr oder dir – oder dir – oder dir – *zu den verschiedenen Mädchen.*
EINIGE Nun was?

BASINI Ein hohes Glück und eine hohe Ehre!
ROSINA So rede doch endlich!
BASINI Als ob ihr es nicht besser wüßtet als ich!
VIELE Was? Was?
BASINI Ihr solltet nicht wissen, daß der Herzog heute nacht – ah nein, nie werdet ihr mir sagen, daß euch das nicht bekannt ist! Geht nur! *Er macht Miene, sich zu entfernen.*
DIE MÄDCHEN *dringender* Nichts ist uns bekannt! Was ist's mit dem Herzog?
ROSINA So quält einen doch nicht, Basini!
BASINI Ihr wißt nicht, daß der Herzog die Schönste von euch – wenn ich sage euch, mein ich natürlich nicht nur die, die eben da um mich herumstehen, denn es ist ja natürlich ein Zufall, daß gerade ihr hier steht, sondern alle schönen Mädchen von Bologna – ja, so ist es!
DIE MÄDCHEN Was denn? Was denn? Ihr habt ja noch nichts gesagt! Was will der Herzog?
ROSINA Daß der Herzog die Schönste –
BASINI Die Schönste von euch heut abend in sein Schloß beschieden wird! – Aber ihr wißt es ja längst!
EIN MÄDCHEN Nun, ich will eben nicht sagen: wissen.
ZWEITES MÄDCHEN Ich hab' es schon gewußt!
CAPPONI Nun, was ist's weiter? Dergleichen ist schon vorgekommen.
ROSINA Basini, ist es wahr? Ist es wahr?
BASINI Gewiß, Rosina.
CAPPONI Oh, wie billig hab' ich mein Rosenwasser verkauft!
ERSTES MÄDCHEN Aber sag', Basini, wie will der Herzog denn die Schönste von uns herausfinden?
ZWEITES MÄDCHEN Es wird wohl notwendig sein, daß man ins Schloß geht, sich melden!
ROSINA *zu Basini* Ist es wirklich wahr? Oder habt Ihr's nur für mich erzählt, um mich ganz toll zu machen?
BASINI Was fing' ich mit Eurer Tollheit an, Rosina?
ROSINA Wo mag er in diesem Augenblicke sein? Basini, guter Basini, kann ich's nicht sein in dieser Nacht, so will ich die umbringen, die es wird!
BASINI Kommen ja andere Nächte!
ROSINA Nein, keine andern, das weiß ich gut, Basini, so gut als Ihr!
BASINI Ich dachte, Eure Liebe wäre vergangen, während der

Herzog fort war? Man sah Euch doch mit so manchem andern hübschen jungen Mann da und dort.

ROSINA Jeder gab mir nichts als neue Sehnsucht nach ihm!

BENNOZZO *ganz junger Bursch; kommt rasch von links.*

CAPPONI Woher kommst du so atemlos, du Schlingel? Wo treibst du dich denn herum?

BENNOZZO Ich komm' vom Turm!

EINIGE Von welchem?

BENNOZZO Denk', wo ich war, Rosina! Auf dem Turm des Asinelli!

ROSINA Was geht das mich an? Soll ich dich vielleicht bewundern, weil du auf einen Turm geklettert bist?

BENNOZZO Und was ich sah!

EINIGE Nun, was denn?

BENNOZZO
Wie eine rote Schlange glänzt es fern
Und regt und windet sich und schleicht herbei
Wie aus den letzten Nebeln! – Das sind Helme
Und Schild' und Lanzenspitzen, die im Schein
Der Abendsonne glühn, so sagten mir
Die Wachen auf dem Turm. Und wißt, von Rom
Und von Siena kommen sie, und unter ihnen
Ist Cesar Borgia selbst.
Bewegung.

CAPPONI Wer sagt, daß der Borgia unter ihnen ist?

BENNOZZO Sie alle sagen's!

CAPPONI Hat ihn einer gesehen? Der Borgia selbst ist wohl noch in Rom!

BASINI Oder hier und dort!

CAPPONI Was heißt das?

BASINI Wißt ihr denn nicht, daß der Borgia die Gabe hat, an zwei Orten zugleich zu sein?

CAPPONI Was sagt Ihr?

ERSTER BÜRGER An zwei Orten zugleich! Das ist ja eine völlige Unmöglichkeit!
Er lacht. Einige lachen mit.

ZWEITES MÄDCHEN Nein, lacht nicht, es ist wahr, meine Mutter hat es mir auch erzählt!

ERSTES MÄDCHEN Und mir hat's der Pater Marco gesagt!

ROSINA *zu Bennozzo* Nun, wenn das alles ist, was du gesehen hast –

BENNOZZO
> Und um die Mauern selbst, ganz nah, nicht weiter
> Als wir spazieren wandeln, wenn es dämmert,
> Da liegen sie zu Tausend auf der Erde,
> Und andre drauß' in Feld und auf den Hügeln,
> Und immer neue kommen, und es ist,
> Als wäre jedem schon der Platz bestimmt;
> So reiht sich Schar an Schar und lagert still,
> Kein Laut kommt zu uns her. Was mag dies sein?
> Sie leben doch wie wir und sind so nah –
> Was ist es, was sie alle schweigen macht
> Und ihre Schritte lautlos?

Staunen. Flüstern.

ERSTER BÜRGER *erklärend* Das kommt daher, weil sie eben noch viel weiter sind, als du glaubst. Die Dämmerung täuscht deine Augen. Auch wird von sonderbaren Spiegelungen in der Luft erzählt, und es gibt Abende, da man Dinge sieht, die tausend Meilen weit sind. Wer weiß, ob das ganze Heer, das Bennozzo zu sehen glaubte, nicht irgendwo in der Ebene draußen rastet, näher von Rom als von Bologna?

DRITTER BÜRGER Wie meint Ihr das? Spiegel in der Luft? Das wär' ja ein Wunder!

BASINI Wozu an Wunder denken, wenn sich die Sache auf die einfachste Weise erklären läßt?

EINIGE Wie denn? Wie?

BASINI Nun, ihre Schritte sind lautlos, weil ihre Füße nicht den Erdboden berühren. Wie hätten sie denn auch so geschwind da sein können, wenn sie nicht fliegen könnten?

EINIGE Ja, ja!

ANDERE Glaubt ihm doch nicht! Er hält euch zum Narren!

DIE ERSTEN Aber dem hier möchtet ihr glauben, der sagte, daß die Luft ein Spiegel ist!

EINER Ein Spiegel – haha! *Er haut mit der Faust in die Luft* Seht ihr, wie er Sprünge kriegt?

Durcheinander. Die Gruppe löst sich auf. Freiere Bewegung. Es ist beinahe dunkel.

VITTORINO MONALDI *kommt von hinten sehr rasch. Er geht auf Rosina zu, zieht sie nach vorn; in großer Aufregung* Wo ist Beatrice?

ROSINA Ich weiß es nicht. Was geht's mich an?

VITTORINO *sehr rasch* Es ist der dritte Abend, Rosina, daß Beatrice, ehe die Sonne untergeht, verschwindet! Der dritte

Tag, daß sie kein Wort an mich gerichtet, als wenn ich sie eben fragte. Was ist geschehn?

ROSINA Der dritte Abend? Sind's nicht eben erst drei Abende, daß wir alle zusammen auf dem Fest vor den Toren waren?

VITTORINO Und damals verschwand sie zum erstenmal! Weißt du's nicht mehr? Wir kamen allein nach Hause, und Beatrice kam spät in der Nacht.

ROSINA Sie hatte sich verirrt – oder auch nicht! Was geht's mich an?

VITTORINO Wo ist Francesco? Wann kommt er?

ROSINA Vielleicht gar nicht mehr! Er steht wohl auf Wache. Wer weiß, ob sie ihn auch nur noch auf eine Stunde fortlassen.

CAPPONI Nun, Vittorino, wann wird Hochzeit gemacht?

Junge Männer, einige in voller Rüstung, andere nur mit Waffen, und Mädchen gehen lachend vorüber.

BASINI Heut machen viele Hochzeit, auch ohne Kardinal!

VITTORINO Was meint Ihr, Basini? *Mit neuer Angst zu Rosina* Wo ist Beatrice?

BASINI Beatrice – vielleicht ist sie ihm schon in die Arme gelaufen!

VITTORINO Wem?

BASINI Dem Herzog!

VITTORINO Seid Ihr verrückt, Basini? Wer ist dem Herzog in die Arme gelaufen?

BASINI Ist sie nicht das schönste Mädchen in Bologna?

VITTORINO Was redet Ihr da? Was bedeutet das?

CAPPONI Das bedeutet, daß der Herzog heute nacht das schönste Mädchen von Bologna in sein Schloß führen wird.

VITTORINO *zuerst betreten, lacht dann* Was für Unsinn! Wer erzählt dergleichen? Wer glaubt daran?

ROSINA Es ist wahr! Es ist wahr! Siehst du nicht? Wir alle warten auf ihn, wir gehen ihm entgegen!

BENNOZZO *aufschreiend* Rosina!

Alle gegen den Hintergrund zu.

CAPPONI Wer sind diese vornehmen Leute?

BASINI Kennt Ihr sie nicht? Das ist ja der Graf Fantuzzi und seine Schwester!

CAPPONI So schwarz gekleidet?

ERSTE BÜRGER Die alte Gräfin ist gestorben.

ZWEITER BÜRGER Darum war ja das mächtige Glockengeläut heut nachmittag.

BASINI Seht Euch das Fräulein da an, es ist die Braut des Dichters Filippo Loschi.
EINIGE Des Filippo Loschi? *Einige grüßen die eben Auftretenden und zerstreuen sich dann gleichfalls.*

ANDREA *und seine Schwester* TERESINA *sind langsam die Straße nach vorn gekommen. Zwei Fackelträger vor ihnen. Teresina verrät durch keine Miene, daß sie die Anrede des Andrea versteht.*

ANDREA
Nun, liebe Schwester, sprich ein einzig Wort!
Seit ich der Väter Haus betrat und dich
Zu Häupten unsrer toten Mutter fand,
Hab' ich die teure Stimme nicht gehört!
Was ist dir, Teresina? Keine Träne
Und nicht ein Laut? Ich habe nicht gefragt,
Eh' aus der Gruft empor zum Licht wir stiegen;
Nun führ' ich in bewegte Straßen dich,
Daß diese fürchterliche Schweigsamkeit
Im Rauschen der lebend'gen Stadt sich löse;
Du folgst mir wie ein Kind. Ich frage dich,
Und wieder frag' ich dich: Wo ist Filippo?
Wie kommt's, daß er an solchem Tage fehlt?
Und nur ins Leere starrst du und du schweigst.
Nahm Schmerz die Sprache dir? Ist deine Stimme
In ungeweinten Tränen ganz ertränkt?
Gibt's etwas, das, dem Bruder zu gestehn,
Dich mächtig treibt, doch das gestehn zu müssen,
Dich so erzittern macht, daß du verstummst?
Vergib, doch rede! *Mit neuer Hoffnung* Tatst du ein Gelübde,
Das dich für heut, für sieben Tag' und Nächte,
Für ewig schweigen heißt! Wär's das, du dürftest
Das Haupt doch neigen! Aber immer noch
Kein Blick, nicht die Gebärde des Verstehns!
Ist, was dir widerfuhr, so ohnegleichen,
Daß jede ird'sche Art, dich mitzuteilen,
Als zu gering und schwächlich dir erscheint?
Mit steigender Angst
Ist dies ein Wahnsinn, wie er nie erhört ward?
Doch ist es das, so ruf' ich ja in dich,
Wie man ins Meer nach einem Leichnam schreit,

Der fern auf allzu stillen Fluten hintreibt.
Wie schauervoll ist dies, zu dir zu reden,
Und ohne Nachricht sein, ob du's begreifst!
Doch zehnfach schauervoll, da ich aufs Neue
Allein, unsichern Losen preisgegeben,
Zurück dich lass' in der verlornen Stadt!
Nun werd' ich diese Stirn mit meinen Lippen
Zum letztenmal berührn und fürchten müssen,
Es ist nicht mehr für dich, als Hauch der Luft!
Und in Verzweiflung jenen letzten Trost –
Das Lebewohl aus deinem Mund – entbehren!
Er wartet auf Antwort
So komm! Ich will nach Hause dich geleiten.
Und zwingt mich deine fürchterliche Stummheit,
So nütz' ich meines Hierseins letzte Stunde
Zu einem Gang, vor dem ich jetzt noch schaudre,
Da betteln meinen Lippen so verhaßt,
Als töten meinen Händen – und weiß doch:
Nur eins von diesen endet meine Qual!
Sie gehen beide ab, von den Fackelträgern begleitet.

Während der vorhergehenden Szene sind der alte NARDI *und* FRAU
NARDI *vor ihrem Gewölbe erschienen, an dem Auslagetisch beschäftigt.*

NARDI *hat einen Ring an der Hand* Wo ist der kleine Vittorino? Ich
  will ihn loben. Sieh nur, mein liebes Weib, wie schön dieser
  Kopf geschnitten ist! Keiner kann das so gut wie er! Nie wird
  Francesco das zusammenbringen. Vittorino ist der Erbe meines
  Ruhms. – Wo bleibt er nur? Wo bleibt er?
FRAU NARDI Gib her, gib her, ich will ihn zu den andern tun.
NARDI Zu welchen andern? Warum sperrst du alles in die Truhen? Und warum sperrst du die Truhen in den Keller? Was
  soll das bedeuten?
FRAU NARDI Es muß so sein, laß mich nur machen.
NARDI *weinerlich* Nein, laß mir den Ring! Wir wollen ihn noch
  heute verkaufen.
FRAU NARDI Wer denkt heute daran, Ringe zu kaufen? Gib her!
NARDI Herr Chiaveluzzi wird den Ring kaufen. Er gibt hundert
  Dukaten dafür, ganz gewiß! Da wollen wir den Kindern Kleider kaufen! Wo sind sie denn?
FRAU NARDI Sie sind spielen gegangen.

NARDI Warum sind sie noch nicht zurück? Es ist dunkel – warum sind sie noch nicht zu Hause? Beatrice wird sich wieder verirren, wie gestern.

Der alte CHIAVELUZZI *und sein Neffe* ORLANDINO *treten auf.*

CHIAVELUZZI Ei, was Ihr sagt! Die reizende Beatrice hat sich gestern verirrt?
FRAU NARDI Ihr wißt ja – vor sieben Jahren!
CHIAVELUZZI Nun, auch erwachsene Mädchen verirren sich zuweilen. Wo sind die reizenden Töchter, liebe Frau?
FRAU NARDI Denkt Ihr heute auch an nichts anderes?
CHIAVELUZZI Niemals an etwas anderes – niemals! Ah, hier kommt die entzückende Rosina!

ROSINA *tritt auf.*

ORLANDINO Guten Abend, herrliche Rosina!
FRAU NARDI Warum hast du die Haare gelöst?
NARDI Wo läufst du denn herum, Rosina? Die Augen wein' ich mir aus! Wo ist Francesco? Wo ist Beatrice?
FRAU NARDI Geh ihnen entgegen, dann wirst du sie finden.
NARDI *im Fortgehen* Nun, ich will Euch zeigen – bis in den späten Abend hinein, bis in die finstere Nacht hinein – wartet nur, wartet nur!
CHIAVELUZZI *lachend* Wie komisch ist der Alte!
FRAU NARDI Lacht nicht über ihn!
CHIAVELUZZI Was habt Ihr denn? Warum soll ich nicht lachen? Ist es nicht ein köstlicher Gedanke, daß gerade wir zwei ihn zu dem gemacht haben, was er ist?
FRAU NARDI Schweigt davon, um Gottes willen! Heut wird es uns heimgezahlt!
CHIAVELUZZI Wieso heimgezahlt? Was habt Ihr denn? Ihr seid ja blaß wie der Tod!
FRAU NARDI Ich habe Angst! Hunderttausend liegen vor der Stadt. An allen Ecken werden sie sie anzünden, dann werden sie hereinkommen, uns töten, uns die Augen ausstechen!
CHIAVELUZZI Ei was denn noch alles!
FRAU NARDI Die Scharen des Borgia sind fürchterlich! Es wird sein wie das jüngste Gericht!
CHIAVELUZZI Wer sagt Euch das?

FRAU NARDI Ich war heut morgen in der heiligen Beichte, der Pater Macario hat es mir gesagt!
CHIAVELUZZI Hört doch nicht auf den! Die Pfaffen schwatzen ja alle dem Borgia zu Gefallen.
FRAU NARDI Könntet Ihr denn nicht zum Herzog gehen und ihn bitten?
CHIAVELUZZI Bitten? Um was denn?
FRAU NARDI Ich weiß, Ihr seid angesehen am Hof. Wenn Ihr es tätet und noch einige so edle Herren, wie Ihr, und den Herzog anflehtet, er möge sich und uns und die Stadt der Gnade des Borgia empfehlen, solang es Zeit ist –
ORLANDINO Schönste Rosina, fragt nur meinen Oheim! Denkt doch, Oheim, sie will es nicht glauben, daß ich eine Truppe von Armbrustschützen anführe und wahrscheinlich schon morgen früh ins Feld ziehe.
CHIAVELUZZI Ja, wer jung ist, muß mit! Auch ich ginge mit, wenn ich nicht diese sonderbare Schwäche im linken Bein hätte.
FRAU NARDI Uns werden sie auf der Straße, in den Häusern ermorden!
ORLANDINO Wenn wir sie hereinlassen!
FRAU NARDI Francesco geht auch fort. Heut früh hat er unser Haus verlassen.
ORLANDINO Fort gehen viele, aber wer wird wiederkommen? Rosina, wer weiß, ob nicht eben die letzte Nacht anhebt, die Eurem zärtlichen Orlandino geschenkt ist!
ROSINA Sagt, wenn der Herzog durch die Straßen zieht – wie viele Fackelträger begleiten ihn?
ORLANDINO Die Sitte des Hofes fordert ein halbes Dutzend, aber Seine Hoheit hält sich leider nicht immer nach den Sitten des Hofes. Rosina, hört mich an! Ich bitte Euch! Zehn Schritte weit vom Tor von Garisenda steht mein kleines Haus – gewiß, Ihr kennt es! Welchem Mädchen in Bologna wär' es noch nicht gezeigt worden! Wollt Ihr nicht die letzte Gelegenheit benützen, es von innen zu besichtigen? Ich habe nur diesen einen Wunsch mehr auf Erden! Denkt, es ist eine vaterländische Tat, einem jungen Helden die letzte Nacht zu versüßen! Rosina, vielleicht schon morgen um diese Stunde bleichen meine Gebeine auf dem Sand vor Bologna!
ROSINA Orlandino, hättet Ihr nur das nicht gesagt! Es ist ein abscheulicher Gedanke! Ich müßte immer an Eure Gebeine

denken! Nein, nein, laßt mich! Ich hätte nicht das geringste Vergnügen!

ORLANDINO Herzlose, o höchst herzlose Rosina!

FRANCESCO *kommt in Waffen.*

CHIAVELUZZI Ei, was seh' ich, der junge Herr Francesco – so wohl gerüstet!
ORLANDINO Guten Abend, Francesco! Wie schmuck siehst du aus!
FRANCESCO *nicht laut* Fort mit euch!
ORLANDINO Wie? Was sagst du?
CHIAVELUZZI Wie so ein Degen an der Seite gleich kühn macht!
ORLANDINO Man könnte beinah glauben, daß du einen Schnurrbart hast. Wie sagtest du doch?
FRANCESCO Habt ihr mich nicht verstanden? Fort mit euch!
FRAU NARDI Was fällt dir denn ein, Francesco? Was für Späße erlaubst du dir gegen diese vornehmen Herren?
FRANCESCO Schweigt, Mutter, ich bitt' Euch!
ORLANDINO Sage, kleiner Francesco, sie haben dir wohl einen Rausch angetrunken?
CHIAVELUZZI Nur vor diesem wilden Blick werden die Romagnesen scharenweise davonlaufen.
ORLANDINO Kommt, schönste Rosina, wir wollen Euern närrischen Bruder seiner tollen Laune überlassen und den herrlichen Abend, den letzten, der mir auf Erden gegönnt ist, zum Spazierengehen benützen.
FRANCESCO Den letzten, sagt Ihr? Soll ich's auf der Stelle wahr machen?
ORLANDINO Ei, wie? soll dieser Ton ernsthaft gemeint sein? Nun, dann wollen wir anders sprechen! *Er greift nach dem Degen.*
FRANCESCO *hat seinen Degen gezogen.*
ROSINA *sieht Francesco mit Bewunderung an* Prächtig steht ihm das!
ORLANDINO Ah, ich will meinen Degen am Vorabend großer Taten nicht durch einen läppischen Streit entweihen! Mein Leben gehört nicht mehr meiner Laune, sondern meinem Vaterlande! Kommt, Oheim, entfernen wir uns.
CHIAVELUZZI Jawohl, ich entferne mich. Aber *im Fortgehen* keineswegs, ohne über diesen drolligen Jungen herzlich zu lachen. *Lacht mühselig, in kurzen, leisen Stößen. Mit Orlandino ab.*

FRANCESCO Wo ist Beatrice?
FRAU NARDI *ängstlich, aber absichtlich stark* Was fällt dir denn ein? Bist du verrückt geworden?
ROSINA Aber hübsch siehst du aus! Das muß man sagen.
FRANCESCO Wo ist Beatrice?
FRAU NARDI Sie ist noch nicht zu Hause. Was willst du denn von ihr?
FRANCESCO
Abschied von ihr zu nehmen, komm' ich nur,
Und sie in gute Hut zu übergeben.
FRAU NARDI Was bedeutet das?
ROSINA Schläfst du heute nacht nicht mehr zu Hause?
FRANCESCO
Verstandet Ihr mich nicht? Von Beatrice,
Von niemand anderm will ich Abschied nehmen!
Von meinem Vater auch, wenn er's verstünde!
FRAU NARDI Wo kommst du her, Francesco?
ROSINA Der junge Chiaveluzzi wird wohl recht gehabt haben: der Wein redet aus ihm.
FRANCESCO *hat seine Mutter beim Arm gefaßt; nur zu ihr*
Du weißt, warum ich von Euch gehe, Mutter!
Nur ein willkommner Anlaß ist der Tag:
Denn selbst, wenn Gott mein Haupt beschützt: – dies Haus
Betret' ich niemals wieder!
FRAU NARDI So wagst du zu deiner Mutter zu sprechen?
FRANCESCO   Mutter!!
Bald hoff' ich zu vergessen, daß du's warst!
Zu viele Niedrigkeit hab' ich gesehn,
Und sehe neue Schmach sich vorbereiten.
Da ich ein Kind war, konnt' ich's nicht verstehn,
Nur ahnen. Aber jetzt verging ein Jahr,
Daß ich die Augen auftat, und ich weiß,
Was meinen Vater irr und elend machte;
Und das, was du gewesen, wird aus der!
Bereit, sich zu verkaufen, herzuschenken,
Dem, der sie will! Drum segn' ich Tag und Stunde,
Da ich dies schmutz'ge Haus verlassen darf
Und Euch nicht kennen.

BEATRICE *kommt.*

ROSINA Nun, da hast du deine Beatrice.
FRANCESCO *ihr entgegen; mit tiefer, beinahe angstvoller Zärtlichkeit*
  Meine Schwester!
BEATRICE Francesco!
FRANCESCO *zu Frau Nardi und Rosina* Laßt mich mit ihr allein!
FRAU NARDI *in den Laden,* ROSINA *in die Straße ab.*
FRANCESCO *milde, in ganz anderem Ton als früher* Woher kommst
  du?
BEATRICE
  Von weit her. Doch wer darf mich fragen?
FRANCESCO   Ich!
  Dein Bruder, Beatrice!
BEATRICE   Nein doch, niemand.
  Wie siehst du aus? So schön! ach ja, wie anders
  Seit gestern abend!
FRANCESCO   Beatrice, hör' mich!
  Ich gehe fort, du weißt; doch hab' ich Angst
  Um dich! Ich möchte dich geborgen haben,
  In guter Hut, bevor ich geh'.
BEATRICE   Was willst du?
FRANCESCO
  In diesem Haus darfst du nicht länger weilen!
  Ich habe so viel Angst um dich! Mir ist,
  Als wär' in dir ein Feuer aufgeloht,
  Das seinen Strahl ins Ungewisse sendet,
  Und ich kann nicht mehr wachen über dich!
  Ich wollt', du bliebest gut, und fühle sehr,
  Dies steht nicht so bei dir, wie sonst bei Menschen –
  Und ich kann nicht mehr wachen über dich!
  Doch weiß ich, was auch immer dir bestimmt,
  Fänd' ich dich anders wieder, als ich will,
  Vor Ekel stürb' ich oder spie' dich an!
  Ich wollt', du bliebest gut und nähmst den Besten,
  Nähmst Vittorino, der dich liebt, zum Mann.
BEATRICE
  Ich weiß, daß du das willst.
FRANCESCO   Laß mich für ihn
  Zu deinem Herzen sprechen, Beatrice.
  Und auch für mich, daß ich in Ruhe ziehn kann,

Wohin es Gott gefällt. Nimm ihn zum Mann.
BEATRICE
Wo soll ich mit ihm leben?
FRANCESCO   Nicht bei diesen
Und nicht in dieser Stadt!
BEATRICE   Sie sagen alle,
Daß keiner mehr die Stadt verlassen kann.
FRANCESCO
Dies mag schon morgen wahr sein, heute nicht;
Noch sind die Straßen gegen Osten frei.
Wenn Hundert oder Tausend dorthin zögen,
Wär's ihr Verderben; doch vertrau' mir nur,
Euch beiden weis' ich einen sichern Weg.
BEATRICE
Was soll dies? Heute noch?

VITTORINO *kommt.*

VITTORINO Teure Beatrice, seh' ich Euch endlich wieder!
BEATRICE Guten Abend, lieber Vittorino!
FRANCESCO
Ich sprach mit meiner Schwester, Vittorino.
VITTORINO Hast du's getan? Nun wird mich Beatrice für einen rechten Knaben halten, daß ich's nicht selber gewagt habe. Und was sagte Beatrice? – Nein, sprich nicht, Beatrice, nicht gleich, nicht, solang du mich mit diesen fremden Augen ansiehst!
FRANCESCO
Mein guter Vittorino, 's ist nicht Zeit,
Die Antwort aufzuschieben, wie sie sei.
In kurze Frist ist heute viel gedrängt,
Und Stunden gelten Tage, Tage – Jahre.
BEATRICE
Francesco, ja, so ist's!
FRANCESCO   Drum, Beatrice,
Gib Vittorino schnell dein Ja, wenn du
Gewillt bist, ihm's zu geben.
VITTORINO Aber wenn's ein Nein ist, sag' es nicht gleich, daß es nicht wie ein Stich in mein Herz fährt. Laß mir noch ein paar Augenblicke der Hoffnung. *Zu Francesco* Ich fürchte ihre Antwort, Francesco! In diesen letzten Tagen schien sie so

fern von mir zu sein. *Zu Beatrice* Immer, wenn die Sonne sank, Beatrice, warst du verschwunden. Ich weiß ja, daß du nur auf den Hügeln und Wiesen vor dem Tor umhergewandelt, – aber bist du nicht schon weit, wenn du nur die Augen wendest? Drum hab' ich Furcht vor deiner Antwort.

BEATRICE
Hab' keine, Vittorino!

VITTORINO *mit plötzlichem Mut und Hoffnung* Liebst du mich denn?

BEATRICE
Nein, Vittorino. Aber ich will tun,
Was du ersehnst, und was Francesco wünscht.
Mein Bruder ist sehr klug. Und sieh, ich glaube,
Geborgen werd' ich sein an deinem Herzen
Wie sonst bei niemand. Nicht nach deinen Küssen
Verlangt's mich, Vittorino. Aber ausruhn
Möcht ich bei dir, weil ich so müde bin.

FRANCESCO
Was ist's, das du erlebtest, Beatrice?

VITTORINO *angstvoll* Frage sie nicht, frage sie nicht! Es ist an mir, sie später einmal zu fragen. Weißt du denn auch, Beatrice, daß wir noch heute als Vermählte die Stadt verlassen sollen, wenn es möglich ist?

BEATRICE
Heut? –!

FRANCESCO
Nur heut ist's möglich, und drum muß es sein!
So hört mich: In San Stefano, der Kirche,
Erwartet euch der Priester, der euch traut.
Ist dies geschehn, geleit' ich euch zum Tore
Von San Vitale. Dort, auch mir nicht länger
Als seit der heut'gen Früh' bekannt, entspringt
Ein Gang, der unter Mauerwerk und Erde
Bis zu der alten Villa des Larangi
Und dort im Garten wieder aufwärts führt.
Nun, aus dem Garten auf den Weg nach Lugo,
Daß ihr noch Budrio vor Tag erreicht,
Und dann –

VITTORINO Sind wir erst dort, so dürfen wir dem Himmel schon für unsere Rettung danken. Von Budrio fahren wir im hellen Tageslicht nach meiner Vaterstadt, ich führe dich zu meinen Eltern, und sie werden ihre Tochter mit Entzücken umarmen.

Alles ist bereit, daß ich daheim in wenig Tagen meine Werkstatt öffnen kann. Wahrlich, ich seh' ein Leben voll Arbeit und voller Freude vor mir!
BEATRICE
Gut habt Ihr's ausgesonnen, wenn es glückt.
FRANCESCO
Nicht ohne Fährlichkeit ist alles dies,
Doch gibt's noch immer vielfach beßre Hoffnung,
Als in Bologna diese Nacht zu weilen.
BEATRICE
So werd' ich Vittorinos Gattin! Denk' nur!
Wie sich dies endlich fügt! – und spielten doch
Vor einem Jahr noch draußen auf den Wiesen!
VITTORINO Beatrice, wie lieb' ich dich!
BEATRICE
Ja, wahrlich, Zeit ist nur ein Wort, nicht mehr!
Schau' ich nur dich, Francesco, an! Noch gestern
Warst du ein Kind, und heut bist du ein Mann.
Und jenes Märchen –
FRANCESCO   Denkst du jetzt an Märchen?
BEATRICE
Hat's nicht der Vater uns gar oft erzählt?
Von einem, der den Kopf ins Wasser tauchte
Und träumte da von so viel Abenteuern,
Daß sie im Wachen zwanzig Jahre währten, –
Und taucht' empor, da war's ein Augenblick.
Sie fährt sich übers Haar.
VITTORINO Was hast du Beatrice? Warum greifst du dir an die Schläfen?
BEATRICE
Ob mir das Haar noch feucht ist.
FRANCESCO
Was flog durch deine Sinne, Beatrice,
In dieser letzten Abendstunden Schwüle? –
VITTORINO Frage sie nicht, Francesco!
BEATRICE
Nein, Vittorino, niemals wollen wir
Um Träum' einander fragen. Wach sein nur
Ist Leben, und gemeinsam ist das Licht.
Bring' mich nach Lugo, lieber Vittorino!
VITTORINO Ja, Beatrice, dahin will ich dich führen, dort wird dir

ein Heim bereitet sein, wo du von deinen Träumen ausruhen,
wo du sie vergessen wirst.
FRANCESCO
So sagst du ja zu allem, Beatrice?
BEATRICE
Sagt' ich's noch nicht? Ja, Vittorino, ja!
FRANCESCO
So komm!
BEATRICE Zur Kirche?
FRANCESCO   Doch zuerst ins Haus,
Daß dich der Vater segne.
VITTORINO Wird er es denn verstehen?
FRANCESCO
Auch eines Kinds Gebet steigt auf zu Gott.
Warum das seine nicht?
VITTORINO Beatrice, ich danke dir! Ich bin sehr glücklich! Fühle
nur, daß du mir alles bist. Zwar weiß ich, daß du deiner ganzen Art nach zu anderm geboren bist, als eines einfachen Gewerbsmanns Frau zu sein. Bedenk' aber auch dies, daß du dich mit deinem Worte mir für immer geschenkt hast, daß niemand auf der Welt dir so viel Liebe geben kann, als ich, und daß ich unfehlbar sterben müßte, wenn du jemals deines Worts vergäßest. *Alle drei ab ins Gewölbe.*

Vier Fackelträger erscheinen in der Tiefe der Straße. Hinter ihnen, langsam nach vorn schreitend, der HERZOG, CARLO MAGNANI, GUIDOTTI, *der junge* MALVEZZI *und einige andere Edle.*

HERZOG
Ich wüßte keinen Bessern für dies Amt.
MAGNANI
So sehr mich meines Fürsten Gnade ehrt,
Ich wage der Entgegnung kühnes Wort.
Ob auch vor anderm mich der Wunsch bewegt,
An einem Tag, wie der uns morgen anbricht,
Zur Seite meinem teuern Herrn zu sein,
Ich spräch's nicht aus, wüßt' ich nicht den zu nennen,
Den Fügung des Geschicks dazu ersah,
In dieser Stadt zu bleiben, wenn wir gehn.
HERZOG
Ihr meint Andrea.

MAGNANI   Keinen andern, Herr!
Ihm starb die Mutter, und die Schwester, sagt man,
Verfiel in eine Art von stillem Wahn.
Ich bitt' Euch, Herr, laßt ihn daheim für mich!
HERZOG
Das kann ich nicht. Ich will ihn bei mir haben
An einem Tag, wie der uns morgen anbricht.
Ich lieb' Andrea mehr als Euch, Magnani. –
Seid mir darum nicht bös', Ihr seid mir wert!
Auch bleibt die junge Gräfin nicht allein.
Denn folgt Andrea meinem Rat, noch heut
Vermählt er sie dem Jüngling, den sie liebt.
Nicht trotz der Mutter Tod,
Nein, weil sie starb. Zu trauern ist nicht Muße,
In solcher Zeit; auch trocknen Tränen schnell,
Die Jugend den erfüllten Losen nachweint.
Ich selbst will diesen Bund mit Freude segnen –
Willkommne Art, nicht mit des Fürsten Huld,
Nein, wie ein Freund Filippo zu begrüßen.
Laßt uns ins Schloß zurück! Dort wartet unser
Mit manchen andern, die wir hinbeschieden,
Zu dieser wunderlich vermischten Feier,
Die so der Rückkehr wie dem Abschied gilt,
Filippo Loschi, und ich will ihn kennen.
Sie kommen weiter nach vorn
Ist das dieselbe Straße nicht, Malvezzi?
MALVEZZI
Die Straße von Azeglio, Herr!
lächelnd   Dieselbe –
Und hier das Haus, vor dem die Schöne stand.
HERZOG
Wir sahn so viele jetzt auf unserm Gang,
Es war doch keine schön wie sie!
MALVEZZI   Mein Fürst,
Daß wir so viele sahn, ist Zufall nicht.
Ein wunderlich Gerücht durchlief die Stadt,
Das trieb sie Eurer Hoheit in den Weg.
HERZOG
Welch ein Gerücht?
MALVEZZI   Es heißt, daß Eure Hoheit
Geneigt sei, eine Schöne zu erwählen

Für diese letzte Nacht, die letzte vor —
HERZOG
Vor morgen sagt, so sagt Ihr nicht zu viel
Und nicht zu wenig. Nun, kein übler Einfall!
Warum kam er nicht mir und schon heut Mittag
An dieser Stelle? – Doch 's ist besser so!
Was uns noch übrig ist von dieser Nacht,
Sei zu erlesnern Freuden aufgespart,
Als uns der Frauen leichte Gunst beschert.
Denn wahrlich, oft genug hab' ich versucht.
Dem sich so viele Wunder offenbarten,
Auch dies zu kennen, das Ihr Liebe nennt.
Ich weiß von Wunsch und Lust und Überdruß —
Das Wunder fühlt' ich nie. Und daß Ihr lächelt,
Malvezzi, ist nicht klug!
MALVEZZI   Vergebt mir, Herr!
HERZOG
Was für ein Geck Ihr seid! Ich weiß, Ihr dachtet
Des Mädchens von Byzanz, das für den holden Blick,
Der Eurer Jugend galt, so schwer gebüßt.
Doch hätt' ich die geliebt, wär's E u e r Leib,
Der heut im Grund des fernen Meeres modert,
Und nicht der ihre.
MALVEZZI   Einer andern dacht' ich, die
Um Euch, mein Fürst, ein Reich und einen Gatten
Und endlich eine Welt verließ.
HERZOG   Viel – meint Ihr!
Und doch beklag' ich ihren Heimgang nicht.
Wohl ihr, daß nicht mit leergetrunkner Seele
Sie rückgekehrt in ein verwirktes Dasein,
Zu Ende lebte sie ihr Glück. Ich wollte,
Es gingen alle so zu rechter Zeit, —
So stünden wir an allen Gräbern heiter,
Wie ich an jenem stand. – Ins Schloß, Ihr Herrn.

COSINI *kommt von rechts.*

HERZOG
Cosini! Führt der Zufall Euch entgegen?
COSINI
Nein, Herr, ich folgte Eurem Weg mit Willen.

HERZOG
Ihr spracht Filippo?
COSINI Wohl, ich hab's getan.
HERZOG
Wo ist er?... Seine Antwort –?
COSINI Herr, kaum wag' ich –
HERZOG
So war sie »nein«?
COSINI Sie war es!
HERZOG *lächelnd* Nein? *Zu den anderen* Hört ihr?
Was hält ihn ab? Was nennt er selbst als Grund?
COSINI
Um erst den wunderlichsten mitzuteilen:
Er sei kein Dichter mehr.
HERZOG Kein Dichter mehr?
COSINI
Und käm' als ein Betrüger an den Hof,
Folgt' er dem Ruf, der einem Dichter galt.
HERZOG
Als könnte wer, mit Willen, nicht mehr sein,
Was er gewesen! Blindgewordne sehen,
Denn tief in ihnen löscht kein Zeichen aus –
Und Loschi sagt, – er sei kein Dichter mehr!
Sprich weiter, denn du gabst dich nicht zufrieden
Mit solcher Antwort, hoff' ich sehr.
COSINI So ist's!
Doch keine beßre kam. In heft'ger Wallung
Traf ich ihn an; auch zweier Freunde Reden
Gleich meinen, wie in Zorn, verschlossen.
HERZOG War
Andrea bei ihm?
COSINI Nein, mein Fürst; es scheint,
Gelöst ist das Verlöbnis des Filippo
Mit Teresina. Seine Freunde sagen,
Er lieb' ein andres Mädchen.
HERZOG Wer ist sie?
COSINI
Sie wissen's nicht.
HERZOG Wir hören mehr davon,
Denk' ich, wenn sich Andrea wieder zeigt.
Doch wahrlich, 's ist beinah wie eine Unbill,

Die uns ein mißgewandtes Schicksal sendet,
Daß sich Filippo unserm Ruf versagt.
Nein, mehr ist's! – als verriete mich ein Freund!
Denn wie man Freunde liebt, so liebt' ich diesen,
Der durch den Mund des Freundes zu mir sprach,
In Worten,
wie in Befremden, fragend
           die nun Lüge worden sind?
Und klangen doch so ohnegleichen wahr,
Daß sie mich glauben machten, was ich selbst
Doch nie gefühlt; – daß mir aus ihnen nur,
Was nie aus fremder Glut, aus eigner Lust,
Bestandener Gefahr, für mich erlittnem Tod,
Nie aus des Lebens Fülle zu mir tönte!
Ich hätt' ihn gern gesehn, der das vermocht –
Mit Worten ... die nun Lüge worden sind –!
Doch scheint's, die letzte Nacht nimmt andern Lauf,
Als ich ihr vorzuzeichnen willens war.
Kommt, ihr Herrn!

MAGNANI
Mein Fürst, wie unser Schicksal werden mag,
Mich dünkt, der Anlaß ist noch fern, sehr fern, –
Von einer letzten Nacht zu reden.
Dringender   Herr,
Bolognas Mauern stehen fest wie je,
Und Speis' und Trank sind da für sieben Tage.

HERZOG
Und wär's für sieben Jahre, Herr Magnani!
Was geht's mich an? Aus ungeheurer Freiheit,
Die nur des Himmels Fernen eingeengt,
Seh' ich von heut auf morgen ins Gefängnis
Der ringsumschloßnen Mauern mich gesperrt.
Ich trüg's nicht einen Tag, und trüg' es kaum,
Wenn eine Hoffnung beßrer Zeiten winkte, –
Und uns winkt keine!

MAGNANI   Herr, unmöglich scheint's,
Daß ihres neugeschwornen Bunds die Fürsten
Neapels und Siziliens vergäßen!

HERZOG
Scheint Euch unmöglich? Sagt doch, nahmt Ihr Einsicht
In die Papiere, die bei Mariscotti

Gefunden wurden? Zeigt sie ihm, Cosini!
COSINI
>Mein Fürst, so sorgsam ich sie las, sie zeigen,
>Daß man versucht hat, für die Pläne Cesars
>Neapel zu gewinnen, doch nichts kündet,
>Daß der Versuch gelang.
HERZOG Er ist's! Heut weiß ich's!
>Und weiß auch, daß ich's wußte tief in mir,
>Wo wir an lichten Tagen nicht hineinsehn,
>Schon vor zwei Monden, da wir in Neapel
>An Anjous Tafel saßen, – wie ich's wußte,
>Was uns vom Borgia droht, als uns in Rom
>Der Papst empfing mit heuchlerischen Armen.
>Im Abschiedsmahl war uns der Tod bereitet,
>Drum nahm ich Abschied, eh' das Mahl erschien.
MAGNANI
>Ist dies auch wahr, noch eins bleibt zu bedenken.
>Der Borgia ahnt nicht, daß es Euch geglückt,
>Bologna zu erreichen, Mariscotti
>War ihm der Herr der Stadt. Nun, da sein Plan
>Mißriet, Bologna seinen Herzog wieder hat,
>Wer weiß, ob Cesar nicht geneigt erscheint –
HERZOG
>Wozu? Davonzuziehn, wie er gekommen?
MAGNANI
>Nicht das! Jedoch Bedingungen zu stellen,
>Darüber man zu reden sich entschlösse.
HERZOG
>Bedingungen? – So ist nichts mehr zu reden!
MAGNANI
>Und doch, Herr! Wenn er nun nicht mehr verlangt,
>Als die Gewähr, daß künftig in Bologna,
>Gleichwie in andern Städten auch,
>Ein päpstlicher Legat verweilen dürfte?
HERZOG
>Wohl wär' das möglich, und auch mehr als das!
>Ins Lager lädt er mich, den raschen Frieden
>Zu unterzeichnen, reist, wie schon mit andern,
>Zum sichern Siegel eines neuen Bunds
>Nach Rom mit mir, und läßt zur größten Sicherheit,
>Wie unsern edeln Vetter von Verona,

Mich vor den Toren seiner Stadt erwürgen.
All dies ist möglich, doch gewiß ist eins:
Daß auf der Welt für mich und Cesar Borgia
Nicht Raum genug ist, und daß er der Stärkre.
Inmitten dieses knechtischen Italiens,
Das Cesar unter seine Füße tritt,
Kann mein Bologna nicht mehr frei bestehn;
Auch im besiegten wird sich's leben lassen –
Am sichersten, – je früh'r – ich mich entfernt. –
Was kommen muß, wird kommen –, doch nichts zwingt
Den, der es nicht mehr schaun will ... drauf zu warten.

Wie sie vorwärts gehen, öffnet sich die Türe zum Gewölbe der Nardi, und es treten heraus: VITTORINO, BEATRICE, *hinter ihnen* FRANCESCO. *Wie sie aus der Halle auf die Straße treten, kommen ihnen eben die Fackelträger des Herzogs entgegen, und die Gruppe ist dunkelrot beleuchtet. Der Herzog erblickt Beatrice, tritt einen Schritt zurück.*

HERZOG
    Da ist sie!
MALVEZZI   Ja, mein Fürst, es ist dieselbe.
HERZOG *auf Beatrice zutretend*
    Nicht so geschwind vorüber, schönstes Mädchen!
    Ich hoff', Ihr werdet Eures Herzogs Gruß
    Nicht ganz verschmähn.
FRANCESCO   Des Mädchens Bruder dankt
    An ihrerstatt in Ehrfurcht seinem Fürsten.
    Zu Beatrice und Vittorino
    Kommt, laßt uns gehn.
HERZOG   Nicht also! Meines Grußes
    Erwidrung hört' ich gern von dir, du Schöne!
BEATRICE *schaut den Herzog lang an, dann verneigt sie sich.*
HERZOG
    Nicht daß du tief dich neigst, hab' ich verlangt!
    So wollt' ich, du vergäßest, wer ich bin!
    Zu dem Gefolge
    Dies ist zu feierlich, entfernt Euch lieber!
    Ich will nicht sein, wie dieser Herr von Pisa,
    Der mit dem Szepter durch die Straßen ritt!
    Nicht meines hohen Rangs möcht' ich bedürfen,
    Um dir zu sagen – sprich, wie heißest du?

BEATRICE
>Beatrice.

HERZOG
>'s eine Stimme wie Gesang! Ich wollte, –
>Du liebtest mich, Beatrice.

FRANCESCO
>Mein Fürst! der meiner Schwester Gatte sein wird,
>Steht hier, und zu der Kirche geht ihr Weg.

HERZOG
>Zur Kirche – wie? Hochzeit zu feiern etwa?

FRANCESCO
>Ihr sagt's, mein Fürst!

HERZOG
>Steht's also, mögt ihr gehn. Nie war's mein Sinn
>In fremdes Recht mit leichter Hand zu greifen.
>Vergib mir, Beatrice, und auch ihr –
>*Beatrice sieht den Herzog unverwandt an*
>Was blickst du so mich an und gehst nicht fort?

FRANCESCO
>Komm, Beatrice! *Beatrice bleibt stehen.*

HERZOG Nun? War's etwa nur
>Ein listig Wort von Euch, um Eure Schwester
>Vor mir zu schützen – wie? Beinahe scheint's!
>Denn Beatrice schweigt – wie dieser Jüngling.

FRANCESCO
>Der Hoheit stolze Nähe macht ihn beben.
>Ich aber schwöre, daß ich Wahrheit sprach,
>Denn ich verstünd' es, dieses Kind zu schützen
>Vor jedermann, wär' es auch nicht verlobt.

HERZOG *sieht ihn an. Pause. Dann*
>Wer bist du denn?

FRANCESCO Francesco Nardi heiß' ich,
>In Eurer Hoheit Dienst seit heute morgen!

HERZOG
>Wer warb dich an?

FRANCESCO Ich nahm freiwillig Dienst.

HERZOG
>Bei welcher Schar?

FRANCESCO Des Grafen von Fantuzzi.

HERZOG *zu Guidotti*
>Sind nicht die andern, die sich frei gemeldet,

Valori zugeteilt?
GUIDOTTI   So ist's.
FRANCESCO   Mein Fürst,
Ich bat's mir aus, dem Grafen zuzustehn.
HERZOG
Die Hochzeit eilt, wenn du Brautführer bist!
Zu Vittorino
Und du – wer bist du?
VITTORINO Ich heiße Vittorino Monaldi, Eure Hoheit, und dieses
Mädchen ist meine Braut.
HERZOG
Ich weiß.
VITTORINO Und mein ganzes Glück.
HERZOG *mit einer Bewegung des Widerwillens*
Klang's nicht, als ob er betteln wollt' um sie?
»Sein ganzes Glück!« – Nimm's hin und geh mit Gott!
FRANCESCO
Komm, Beatrice!
VITTORINO *flehend*   Beatrice, komm!
HERZOG *der schon vorbei wollte, wendet sich wieder um und sieht, wie Beatrice regungslos dasteht*
Geht, sagt' ich! Wars' zu mild? Soll ich befehlen?
Geh, schöne Beatrice! Nun? Du bleibst?
Denkst du, ich will's? Denkst du, wenn du vorbei,
Werd' ich dich rufen? Nicht einmal mein Blick
Wird deinem jungen Schreiten folgen, doch
Für diese wünscht' ich, daß du endlich gingst –
Ob du mich auch entzückst, wie nie ein Weib.

NARDI *und seine* FRAU *sind aus dem Gewölbe gekommen,* ROSINA *von der Straße.*
FRANCESCO
Komm, Beatrice!
VITTORINO   Beatrice!
HERZOG
Wie stehst du so gebannt? Sagt' ich ein Wort,
Das dich hier festhält? Droht' ich dir? Den andern?
Verwehrt Euch wer den Weg?
Zu seinen Rittern   Macht Platz, ihr alle!
Geh, Beatrice! Aber Schritt für Schritt,
Und halt nicht inn' und wende nicht dein Haupt,

Und schwinde meinem Aug', so rasch du kannst!
Denn dich fortschicken, wenn du bleiben willst,
Dahin dich geben, wenn's zu mir dich drängt,
Dich nicht umarmen, wenn's dich selbst gelüstet,
Beim Himmel! Narrheit wär' dies, und ich fürchte,
An Zeit gebricht's, daß ich sie mir verzieh'.
Komm mit mir, Beatrice!
FRANCESCO *die Hand am Degen*
                         Herzog!
VITTORINO *will sich auf die Knie werfen.*
FRANCESCO *hält ihn ab.*
HERZOG
Dein Will' ist's, wie der meine, also kümmert's
Hier niemand mehr. Doch bin ich höchst geneigt,
Was unser Ungestüm an frühern Rechten
Verletzen mag, nach Kräften zu versöhnen.
Ich kenne mehr als eine in Bologna,
Die diesen Blonden
auf Vittorino deutend mit Vergnügen nähme,
Und die ihm besser taugt als du. Er wähle!
Es haben sich immer mehr Leute gesammelt
Was läßt du noch zurück? Sind dies die Eltern?
Ich geb' euch Haus und Garten, wählt's euch selbst,
Darin ihr wohnen mögt, solang ihr lebt.
Und dies ist deine Schwester? Heute noch
Will ich, mit reichen Gütern ausgestattet,
Zur Eh' sie einem dieser Edeln geben.
Francescos Kühnheit nütz' ich gleich aufs Beste,
Mir zum Gewinn wie ihm, mach' ihn zum Hauptmann
Der kleinen Schar am Tor von Saragossa.
Was aber, Beatrice, schenk' ich dir?
Ich bracht' auch Schätze mit von meiner Fahrt,
Wie sie dem Sinn von Fraun gefallen mögen.
Sie sollen alle dir gehören: Steine
Und Kleider aus Damast und Perlenschnüre
Sind alle dein, und zu dem allen noch
Ein Schleier von so wunderbarer Schönheit,
Wie keiner, den ein Mädchen dieses Lands
Und niemals eine Herzogin getragen.
So kostbar, daß der Fürst von Pergamum
Ihn und nur ihn allein als Hochzeitsgabe

Der Fürstin schenkte, die er sich erwählt.
Ich geb' ihn dir für eine einz'ge Nacht.
Und noch ist's nicht genug. Wenn es sich fügt,
Daß du mir einen Sohn gebärst, so schenk' ich,
Wofern ein unverhofftes Glück uns leuchtet,
Die erste Stadt ihm, die mein Heer erobert.
Und wahrlich, mit je hellerm Blick ich mich
In deiner Schönheit Rätselmacht versenke,
Je wen'ger kühn erscheint mir dieses Wort,
Denn zu nichts anderm als zu einem Sieg
Kann ich aus deinen Armen mich erheben.

Eine größere Anzahl Bürger, Frauen, Mädchen sind herzugekommen. Auch CAPPONI, BASINI, BENNOZZO. – *Schweigen.* – *Beatrice steht regungslos.*

HERZOG
   Nun, Beatrice, wart' ich deiner Antwort!
BEATRICE *schweigt. Erwartungsvolle Stille.*
FRANCESCO
   Der Herzog von Bologna hat, so denk' ich,
   Die Gnade, dieses Schweigen zu verstehn.
   Gebt Raum, Ihr Herrn!
   Zu Beatrice und Vittorino
                         Ihr kommt, der Priester wartet.
HERZOG *da alles ruhig bleibt*
   Gebt Raum! *Geschieht*
                  Und Ihr, verzeiht mir, Beatrice,
   Daß für so viel ich nur so wenig bot.
   Nehmt's nicht als niedre Schätzung, nicht als Geiz,
   Ich seh's, ich bin zu arm für Euch!
BEATRICE   Mein Fürst –
   Bewegung, wie Beatrice zu sprechen beginnt
   Es war zu wenig nicht, nur nicht das Rechte!
HERZOG *heftig, mit neuer Hoffnung*
   So sag' mir, was du willst! Vielleicht besitz' ich's!
BEATRICE
   Gewiß besitzt Ihr's. Denn ich will nur dies,
   Daß man mich morgen früh nicht schmähen darf
   Als Dirne!
HERZOG   Die ein Fürst umfangen hat,

Und war sie eines Narren Spaß zuvor,
Ist's nicht mehr! Und du denkst, es wagte einer,
Dich so zu schmähn?
BEATRICE Und sagen sie's nicht laut,
So flüstern sie's.
HERZOG Was kümmert's dich?
BEATRICE Und laßt Ihr
An's Kreuz sie schlagen, wär's die Wahrheit doch,
Daß Ihr mich kauftet – nur um hohen Preis!
Darum behaltet alles, Herr, es nützt mir nichts,
Doch nehmt zur Gattin mich!
Bewegung des Erstaunens ringsum.
HERZOG Wie? – Herzogin?
Er wendet sich zu seinen Rittern
Was meint ihr zu dem Kind?
MAGNANI Herr, was befehlt Ihr?
HERZOG
Was tätet Ihr?
MAGNANI Die Kühnheit strafen, Herr!
Sie und den frechen Bruder ins Gefängnis.
HERZOG *zu Guidotti*
Und Ihr?
GUIDOTTI Mein Fürst, die Strafen lieb' ich nur,
Daran zugleich sich andre recht vergnügen!
Drum dächt' ich, zeichne man auf offnem Markt
Ihr glühnde Mal' auf Stirn und Hals und Busen!
HERZOG *zu Malvezzi*
Und Eure Meinung?
MALVEZZI Wenn mein Fürst erlaubt –
Zuerst ins Schloß zu meines Fürsten Lust,
Dann in ein Freudenhaus zu andrer Freude,
Und dann zur Hochzeit mit dem Bräutigam!
COSINI
Mein Fürst entscheidet sich, ich bin gewiß,
Sich lachend abzuwenden und zu gehn!
HERZOG
Nun, hörst du, Beatrice, wie verwegen
Dein Sinnen allen diesen Rittern dünkt?
Mir aber scheint, sie seh'n und hören nicht,
Sonst senkten sie die Knie' vor Beatrice
Und flehten ihres unbedachten Worts

Zur rechten Zeit Vergessen und Verzeihn!
Laß endlich deine Hand vom Griff, Francesco!
Du, Beatrice, reiche mir die Stirn!
Ich nehme dich zum Weib, wie du verlangst!
BEATRICE *reicht ihm die Stirn; er küßt sie. – Ungeheure Bewegung.*
VITTORINO
Ist dies alles wahr? Träum' ich!
FRANCESCO
Nein, guter Vittorino, du träumst nicht.
VITTORINO Beatrice!
BEATRICE *wendet sich nach ihm und betrachtet ihn wie einen Fremden.*
HERZOG
Nun komme, Beatrice!
BEATRICE   Nein, mein Fürst!
Nun will ich Euer treu zu Hause warten,
Bis Gott aus Kriegsgefahren Euch entläßt!
HERZOG
Und folgst mir nicht als Braut noch heut ins Schloß?
BEATRICE
Das darf ich nicht. Die herzogliche Schwelle
Betret' ich nur als Herzogin.
HERZOG   So sei's!
Du sollst sie heut als Herzogin betreten!
Wachsende Bewegung
Cosini! eilt zum Bischof von Petron,
Er halte sich bereit! In einer Stunde
Tritt Herzog Lionardo Bentivoglio
Mit Beatrice vor den Traualtar!
COSINI *ab.*
HERZOG *zu den anderen*
Ihr rasch zum Schloß, daß man die Feier rüste!
Einige ab
Ihr andern durch die Stadt! Bolognas Adel
Lad' ich zu dieser Hochzeit ein. Doch merkt:
Für heut ist Schönheit Adel, nicht Geburt!
Ruft es so laut, daß es die Schläfer weckt,
Klopft an geschloßne Fenster an und klirrt,
Daß man sie öffne, und verträumte Augen
Erstaunt die edlen Boten schaun, und ruft:
Der Herzog lädt euch zu der Hochzeit ein,
Die er mit eurer schönsten Schwester feiert!

Kommt alle, ob ihr sonst in Treuen schlummert,
An eines Liebsten oder Gatten Brust,
Ob ihr in keuschen Betten einsam ruht,
Ob ihr von denen, die unstillbar Glühn
In jeder Nacht an neue Herzen drängt:
Kommt alle, nur seid schön! Ihr seid willkommen!
Wieder andere sind im Verlaufe dieser Rede abgegangen. Zu Magnani und Malvezzi
Ihr aber bleibt zurück! Ihr haftet mir
Für dieses Haus und Eures Fürsten Braut!
Zu den übrigen
Und ihr folgt mir ins Schloß! In einer Stunde
Bring' ich die Hochzeitsgaben, Beatrice,
Daß du geschmückt, so wie's Bolognas Herrin
Geziemt, vor Gott und Kardinal erscheinst!
Er geht mit Rittern und Fackelträgern ab. Die anderen bleiben in großer Erregung zurück. Beatrice steht regungslos, lächelnd.

BASINI Nun, was sagt' ich? Bin ich von Gott erleuchtet? Werden die Dinge wahr, die ich erlogen?

FRAU NARDI *zu Beatrice* Mein Kind, du glückliches Kind – wir glückseligen Eltern! *Zu Nardi* Verstehst du, was geschehen ist? Gibt dir das den Verstand nicht wieder? O Himmel! O Himmel!

NARDI Sehr hübsch habt ihr das gemacht, ihr Kinder! Wer war der schöne Knabe, der den Herzog spielte?

MAGNANI *zu Malvezzi* Dies ist Zauberei! Gebt acht, es nimmt ein böses Ende!

MALVEZZI Ah, sie ist schön – schön! Seht sie doch an!

MAGNANI Wir wollen auf der Hut sein!

FRAU NARDI Komm, Beatrice, komm! Ich will dir die Haare lösen, damit sie bis zur Erde herabwallen. Komm, Herzogin von Bologna!

BASINI Wozu der Jubel? Alle Laune und alle Gnade Eures Herzogs gilt nur, solang er lebendig ist, und morgen abend ist der Borgia in der Stadt.

FRAU NARDI Schweigt doch, sonst wird man Euch einsperren! Habt Ihr nicht gehört, was der Herzog sagte? In ihren Armen wird er ein Held, ein Sieger werden! Komm, mein Kind!

ROSINA *stand die ganze Zeit wie erstarrt und läßt jetzt ihren Blick auf Beatrice ruhen, der von tiefstem Haß erfüllt ist.*

NARDI *ist ins Gewölbe gegangen und man hört ihn sprechen* Wie dunkel!

Wie dunkel! Bringt mir doch Lichter!
Die Menge hat sich größtenteils zerstreut.
FRAU NARDI *zu einem Fackelträger* He du, leuchte doch den Eltern der Herzogin von Bologna! Nun, geh doch voraus!
Ein Fackelträger geht ins Gewölbe.
NARDI Wer lehnt denn hier in der Ecke? So steh doch auf! Wer ist es denn? Halte doch deine Fackel her! Ei, Vittorino! So steh doch auf! Bist du so müd'!?
FRANCESCO *der die ganze Zeit wie verstört dagestanden, wird aufmerksam und geht ins Gewölbe.*
MAGNANI Was sind das für Leute? Dieser Alte! Das geht nicht mit rechten Dingen zu!
FRANCESCO *kommt aus dem Gewölbe, hält Frau Nardi davon zurück, Beatrice ins Gewölbe zu führen. Er verbirgt etwas in der Hand.*
Bleib außen! Bleib außen, Beatrice!
Daß nicht dein Blut erstarre!
FRAU NARDI Was ist denn geschehn?
ROSINA *die rasch ins Gewölbe gegangen ist* Vittorino! Ohnmächtig liegt er in der Ecke!
FRANCESCO *einen Dolch zeigend, den er in der Hand hielt*
Der stak ihm in der Brust –
Er hat sich gut getroffen!
MAGNANI Was ist hier geschehn?
ROSINA *aufschreiend, mit einem ungeheuren Haß auf Beatrice* Er ist tot!
FRANCESCO Beatrice, unglückliche Schwester!
BEATRICE
Das bin ich nicht, Francesco, nein, und sagt' ich's,
So wär' es Lüge!
FRANCESCO   Beatrice!
Er sieht sie lange an, sie schaut ihm ruhig ins Auge
Ich will nicht Gast bei dieser Hochzeit sein!
Sie hebt so furchtbar an, wie ich von keiner
Jemals gehört. Der arme Vittorino
Ist tot, und diese, die ich so geliebt,
Verlor ich mehr, als wär' sie auch gestorben!
Denn einer Toten – Abschiedsworte rief ich
Ihr nach und küßt' ihr die verschloßnen Augen!
Für dich, o Beatrice, hab' ich nichts –
Kein Wort und keinen Kuß! So fremd,
Daß ich dich fliehen muß, bist du mir geworden!
Er eilt von dannen. Der Vorhang fällt.

DRITTER AKT

Im Hause des Filippo Loschi. Geräumiges Gemach. Rechts hinten ein alkovenartiger Raum, zu dem drei Stufen hinaufführen; schwere dunkelrote Vorhänge, halb gerafft, scheiden ihn von dem Hauptraum. Im Hintergrund ein großes Fenster, geschlossen, Blick auf die Türme der Stadt. Rechts vorn eine Türe, welche auf die Terrasse führt, offen. In der Mitte des Gemachs, etwas mehr gegen links, ein gedeckter Tisch, auf dem zwei Armleuchter stehen, jeder mit fünf Kerzen, die herabgebrannt sind; auf dem Tisch Reste eines Mahls; um den Tisch Stühle. Ein kleines Tischchen nahe dem Fenster. ISABELLA, LUCREZIA, DIE MUSIKANTEN, FILIPPO. Isabella sitzt auf einem Sessel am Tisch, schläft mit herunterhängenden Armen. Lucrezia liegt auf den Stufen, die zum Alkoven führen, den Kopf auf der obersten. Der erste Geiger liegt auf der Schwelle der Terrassentüre ausgestreckt. Der zweite Geiger schläft auf einem Sessel nahe dieser Türe. Der Lautenspieler auf einem Stuhl, den Kopf auf dem Tisch. Der Flötist liegt vor dem Tisch im Vordergrunde ausgestreckt. Filippo kommt eben die Stufen vom Alkoven herab, langsam durch den Saal nach vorn.

FILIPPO
Sie schlafen alle, Fraun wie Musikanten.
Hier auf dem Boden stumme Instrumente,
Die leeren Gläser da, noch feucht ihr Grund,
– So viel Gefäße ausgerauchter Freuden!
War nicht, wie Satan in den Zauberring,
In diese eine Stunde alle Lust
Der Welt geschlossen? Heiße Trunkenheit,
Musik, Umschlungensein von weichen Armen –
Was blieb zurück? Nichts als befreites Atmen,
Daß es vorbei, und Sehnsucht nach Alleinsein!
So wär' auch dieses ohne Sinn versucht,
Und nichts mehr weiß ich, was mich hält, zu gehn!
Nach einigem Sinnen
Doch eins! Ein Wort, im Anfang kaum vernommen.
Nun klingt es laut und lauter in mir fort,
Als griffe mit bewegtem Fingerspiel
Die Hoffnung selbst an meiner Seele Saiten.
Wenn's Wahrheit würde, und sie käme wieder,
Und dürft's doch nur, um hier mit mir zu sterben!
Dies wäre, und nur dies allein Besitz!
Pause

Ist dies nur meiner Feigheit neustes Kleid?
Herab mit ihm! Nun steht sie nackt und höhnt:
Du kannst allein nicht fort, noch jetzt verlangt's
Nach Beatrice dich; und wie ein Kind
Sich eine Puppe mitnimmt in sein Bett,
So willst du sie ins Nichts hinübernehmen,
Die dich nicht faßt, sich nicht und nicht das Nichts!
Pause. Nach einem Sinnen, wie erwachend. Ruft
Wacht auf! Die Nacht ist weit!

ZWEITER GEIGER *erhebt sich kerzengrade vom Sessel und knickt gleich wieder zusammen.*

DER FLÖTIST *auf dem Boden, greift nach seiner Flöte und bläst einen Lauf.*

DER LAUTENSPIELER *schläft weiter.*

ERSTER GEIGER *streckt sich, nimmt den Bogen, klopft auf den Fußboden, als wenn er das Zeichen zum Beginn gäbe* Also vorwärts! *Er erhebt sich* Entschuldigen Euer Gnaden, ich bin nur einen Augenblick eingenickt!

FILIPPO
Ein Augenblick? So schlieft Ihr stundenlang!
's ist Mitternacht vorbei!

DER ERSTE GEIGER *tippt dem Lautenspieler mit dem Bogen auf den Kopf* Auf, auf!

ALLE MUSIKANTEN *erheben sich und stellen sich auf der Terrasse auf, bleiben aber sichtbar.*

ISABELLA *ist erwacht, lächelt, schaut Filippo mit großen Augen an* Mein schöner Filippo!

FILIPPO
Ich hoff', Ihr ruhtet wohl und träumtet süß?

ISABELLA
Doch war nicht alles Traum, nicht wahr, Filippo!

FILIPPO
Ich weiß wahrhaftig nicht!
Die Musikanten spielen
Genug! Ich sagte schon: Das Fest ist aus!
Ihr sollt nach Hause gehn – Ihr alle mein' ich!
Er sieht mit einem flüchtigen Blick Isabella und dann Lucrezia an, die, gleichfalls erwacht, auf den Stufen des Alkovens sitzt und den Filippo betrachtet.

ISABELLA
Du schickst uns fort? Und mitten in der Nacht?

Bist du so jung und bist so rasch ermüdet?
Und wohin soll man gehn zu solcher Stunde?
DIE MUSIKANTEN *bereit, fortzugehen* Gute Nacht, gnädiger Herr!
Vielen Dank! Gute Nacht! Gute Nacht!
FILIPPO
Euch ist gewiß bekannt, wo man heut nacht
Noch fröhliche Gesellschaft findet. Führt
Die beiden Mädchen hin!
ISABELLA
Doch bringt uns in die lustigste Gesellschaft!
Zu Jünglingen, die gestern heimgekehrt
Aus einem Krieg und morgen wieder fortziehn –
Ich liebe Jugend nicht, die sparsam ist!
Zu Männern, die man morgen früh zum Tod führt,
Bringt mich, daß keine Scham die Lust verkürze!
FILIPPO
Dergleichen findst du heut genug!
ISABELLA   Doch wollt' ich,
Du wärst von diesen einer, mein Filippo!
LUCREZIA *ist herbeigekommen*
Ich weiß, warum du alle wegschickst!
FILIPPO   Wie?
LUCREZIA
Du willst mich ganz allein bei dir behalten!
FILIPPO
Was fällt dir ein? Geh mit den andern!
LUCREZIA   Nein!
Filippo, dies ist nicht dein Ernst!
FILIPPO   Gewiß!
So ernst, als das Gleichgült'ge immer sein kann!
LUCREZIA
Du bist kein Lügner, und dein Auge sprach:
Lucrezia, bleib!
FILIPPO   Wann hätten meine Augen das
Gesagt?
LUCREZIA Vor einer Stunde, da sie tief
In meine tauchten.
FILIPPO   So? Ich weiß nicht mehr.
Er wendet sich entschieden ab.
LUCREZIA *schmerzlich*
Du schickst mich nicht fort!

FILIPPO   Ganz gewiß, Lucrezia!
LUCREZIA
  Wohin?
FILIPPO   Törichte Frage! Geh, wohin du willst!
LUCREZIA
  Filippo, ich bin treuer als die andern!
FILIPPO
  Seit wann?
LUCREZIA   Seit ich dich sah! Laß diese fort sein,
  So wirst du sehn, wie treu!
FILIPPO   Für eine Nacht!
  Für einen Augenblick!
LUCREZIA   Und doch für immer!
Sie zieht ein kleines Fläschchen aus ihrem Busen.
ISABELLA *zu den Musikanten*
  Ich nehm' euch alle mit mir nach Florenz!
  Dort sollt ihr meine Hauskapelle sein!
  Zu Lucrezia gewendet
  Ich will so eine haben wie die Flavia!
  Lucrezia, du – bleibst du? Wir andern gehn!
FILIPPO
  Wart' nur, sie geht mit euch.
LUCREZIA *flehend*   Filippo, laß mich
  Bei dir! Sieh, was ich tu'!
  Sie leert aus dem Fläschchen einige Tropfen in ein Weinglas.
FILIPPO   Ein Liebestrank?
  Dies faßt' ich nie, daß solcher Sieg Euch freut!
LUCREZIA
  Den hätt' ich insgeheim ins Glas geleert.
  Das ist ein andrer.
FILIPPO *ernster*   Und was soll's damit?
LUCREZIA
  Behältst du mich nur diese Nacht bei dir,
  Beim ersten Graun der Früh' will ich ihn trinken,
  So glaubst du wohl, daß ich die Treu' dir halte.
FILIPPO *sieht sie an, greift nach dem Glas, als wollte er den Trank auf den Boden leeren. Im selben Augenblick ertönt die* STIMME ERCOLES *im Garten*
  Filippo!
ISABELLA Deinen Namen ruft man, hörst du?

FILIPPO *aufmerksam werdend*
    Ich höre. He! wer ist's?
    Er stellt das Glas auf das Tischchen neben dem Fenster.
ERCOLE *näher* Ich – Ercole!
    Er erscheint in der Tür.
FILIPPO *höchst erstaunt*
    Du bist's? Wo kommst du her? Was willst du hier?
ERCOLE *sich vor den beiden Mädchen verbeugend*
    Ich finde mehr, als ich gehofft. Filippo –
    Nun bin ich nah daran, dich zu verstehn!
FILIPPO
    Was willst du? frag' ich noch einmal. Wie kommst du
    Zu dieser Zeit, auf diesem Weg zu mir?
ERCOLE
    Nicht meine Schuld ist's, daß ich diesen wählte.
    Ich klopft' an deine Tür, es war vergeblich,
    Kein Diener tat mir auf.
FILIPPO   Ich hab' sie fortgeschickt!
    Heut nacht soll jeder leben, wie's ihn freut.
ERCOLE
    Das tun sie wahrlich in Bologna heut!
    Vor deinem Fenster rief ich dann – umsonst!
    Zur Tür des Gartens eilt' ich – fest verschlossen!
    So blieb mir nichts, als über deine Mauer
    Zu klettern, und ich tat's und bin bei dir!
FILIPPO
    Ist, was du bringst, so wichtig, daß sich's lohnt,
    Den Hals zu brechen?
ERCOLE
                    Wichtig? – Nicht für dich!
    Auch komm' ich nicht zu dir und bring' dir nichts;
    Den schönen Damen hier gilt mein Besuch.
ISABELLA *lachend*
    Was ist das für ein Mensch? Kennt Ihr uns denn?
    Und kennt Ihr uns, wer wies Euch denn hierher?
    Gewiß – Tibaldi war's!
ERCOLE   Den kenn' ich gar nicht!
ISABELLA
    Nigetti!
ERCOLE Diesen Namen hört' ich nie!
    Doch euch, ihr schönen Mädchen, kenn' ich gut.

ISABELLA
  Ich sah Euch nie!
ERCOLE
                    Ich erst in dieser Stunde.
  Doch weiß ich ganz gewiß, käm' Euch die Laune,
  All die zu Tisch zu laden, die Ihr liebtet,
  Ihr müßtet Stühle von den Nachbarn leihn.
ISABELLA *lachend*
  Ich hoff', Ihr seid nur mitternachts so frech!
ERCOLE *zu Lucrezia*
  Ihr aber, da Ihr dreizehn Jahre zähltet,
  Habt solche Fragen an die Nacht getan,
  Daß sie allein durch eines Jünglings Mund
  Euch die ersehnte Antwort geben konnte.
  Wagt nun zu sagen, daß ich Euch nicht kenne,
  Weil Eure Namen mir verschwiegen sind!
FILIPPO
  Ich kenne Leute von mehr Witz, die nicht,
  Ihn anzubringen, über Mauern klettern!
  Sag' endlich, was du willst!
ERCOLE   Tat ich's noch nicht?
  Zu einer Hochzeit lad' ich diese Schönen.
ISABELLA
  Nun drückt er sich auf einmal vornehm aus!
ERCOLE
  Ich spaße nicht. Zu unsres Herzogs Hochzeit
  Lad' ich Euch ein!
FILIPPO   Genug der Narrenspossen!
ERCOLE
  Wie? Possen? Nun – doch hört!
  Lärm auf der Straße.
ISABELLA   Was ist's für Lärm?
FILIPPO
  Betrunkne treiben auf der Straß' ihr Wesen,
  Wie manchmal auch im Haus.
ERCOLE *am Fenster, reißt es auf*   Nun hört Ihr's besser!
  Man hört Stimmen von der Straße; dazwischen klingt Frauenlachen.
DIE STIMMEN *einander ablösend*
  Der Herzog von Bologna lädt euch ein!
  Ihr schönen Frauen! Hochzeit gibt's im Schloß!
  Weit offen stehn die Tore, Saal und Garten –

Der Herzog von Bologna feiert Hochzeit –
Stimmen, Lachen verklingen.

ISABELLA
    So ist es wahr?

ERCOLE   Mein Mund kennt keine Lüge!

FILIPPO
    Was für ein Einfall? Heute nacht – beim Himmel –
    Das ist 'ne Art, die letzte hinzubringen!
    Und so lädt er die Gäste?

ISABELLA   Gehn wir hin!
    Mich dünkt, dort werd' ich finden, was ich suche!
Isabella am Fenster, Ercole bei ihr, Lucrezia tritt zu ihnen.

FILIPPO *für sich*
    Ob Beatrice auch den Ruf gehört?
    Gewiß! – Ob sie ihm folgte? – Warum nicht?
    Was darf unmöglich scheinen?

ISABELLA   Aber sagt,
    Wer ist die Braut?

ERCOLE   Nun kommt das ganz Verrückte!
    Die Tochter eines Wappenschneiders ist sie,
    Ein einfach Mädchen, sechzehn Jahr erst alt –
    Doch schön! – O schön!

FILIPPO   Ihr Name –?

ERCOLE   Beatrice Nardi!

FILIPPO
    Was sagst du? Sag's noch einmal!

ERCOLE   Beatrice –
    Doch was bewegt dich so?

FILIPPO *sich fassend*   Euch doch nicht minder?
    Ein einfach Mädchen – wie? – der Name war –
    Verstand ich's recht – Menardi?

ERCOLE
    Beatrice Nardi.
    Der Herzog sah sie gestern auf der Straße
    Und war entzückt von ihr und nahm sie sich.

FILIPPO *sich beherrschend*
    Nahm sie sich? Wie man eine Sklavin nimmt?
    Er winkte, und sie folgt' ihm? Sag' uns doch,
    Wie all dies sich begab! 's ist wunderbar!

ERCOLE
    Noch wunderbarer, als Ihr denken könnt,

Geschah dies alles. Er begegnet' ihr,
Im gleichen Augenblick, da sie – merkt auf! –
Zur Trauung schritt an des Verlobten Seite.
FILIPPO
Sehr wahr! Noch wunderbarer, als ich dachte!
Sprich weiter!
ERCOLE Nun, der Herzog hielt sie an –
Stimmen auf der Straße, näher als früher.
STIMMEN
Von tausend Lichtern glänzen Schloß und Garten!
Kommt, schöne Fraun, der Herzog lädt euch ein
Zur Hochzeit mit der schönen Beatrice!
FILIPPO
Er hielt sie an – und weiter –
ERCOLE Nun, sie sprach:
In Euer herzogliches Schlafgemach
Tret' ich als Herzogin, nicht anders ein!
ISABELLA Die Unverschämte!
FILIPPO
Und dieser Vit – – – wie hieß er nur – ich meine –
Der Bräutigam – er ließ all dies geschehn?
ERCOLE
Der arme Junge! Keiner denkt mehr sein.
FILIPPO
Gab sie gutwillig hin?
ERCOLE Sagt' ich's noch nicht?
Aus Gram hat er sich umgebracht.
ISABELLA Der Narr!
ERCOLE
Ein ärgrer, als Ihr meint! Der Herzog trug ihm
Als Gattin eine reiche Dame an.
FILIPPO
Und sie? Erstarrt' ihr nicht das Blut zu Eis?
ERCOLE
Sie scheint nicht von so weichlicher Gesinnung.
FILIPPO
Was tat sie, als er starb? Schrie sie nicht auf?
Schien sie sich elend nicht vor allen Frauen?
ERCOLE
Von einem Schrei ist nichts bekannt. Sie ward
Mit aller Pracht zur Hochzeit angetan,

Der Herzog kam mit herrlichen Geschenken,
Und halb Bologna folgte ihrem Weg,
Zur Kirche San Patron. In aller Form
Nahm dort der Kardinal die Trauung vor.

ISABELLA
Wart Ihr dabei?

ERCOLE   Gewiß. Und ein Gedränge
War in der Kirch' und auf dem Platz und solch
Ein aufgeregtes Hin und Her, das wuchs
Ins Ungemeßne, als der Himmel selbst
Ein sonderbares Zeichen sandte.

FILIPPO   Welches?

ERCOLE
Im selben Augenblicke, da Bentivoglio
Vor dem Altar mit Beatrice stand,
Fiel aus den Lüften unter alles Volk,
Das auf dem Markt sich drängte, schwarz geflügelt,
Ein angeschoßner Adler, schlug um sich
Mit schweren Schlägen und verendete alsbald.

ISABELLA
Ein böses Zeichen!

ERCOLE   Wohl! Das meinen alle!

FILIPPO
Und sahst du Beatrice selbst?

ERCOLE   Ich sah sie,
Da sie herab der Kirche Stufen schritt.
Sie war sehr bleich, doch von der besten Haltung.
s' ist die geborne Fürstin, sagten manche,
Doch andre sagten –

ISABELLA
                   Daß sie ihn verhext!

ERCOLE
's ist auch ein Wort wie 'n andres.
Schweigen.

FILIPPO *plötzlich lebhaft*
Nun seht, wie rasch der Ort sich fand, die Nacht
In größrer Lust zu enden, als sie anfing!
Dankt diesem guten Boten, laßt von ihm
Den Weg euch weisen und lebt wohl!

ERCOLE
So kommt! Willst du nicht mit uns gehn, Filippo?

FILIPPO
Dorthin – mit Euch?
Es blitzt einen Augenblick über seine Stirn, als dächte er an alle Möglichkeiten, die sein Erscheinen zur Folge haben könnte.
LUCREZIA *ganz nahe bei Filippo*
Hör' mein Gelöbnis, eh' ich geh', Filippo!
Da du der Treue Schwur verschmähst.
ISABELLA   Ich wette,
Sie schwört dir was! Das ist so ihre Art.
LUCREZIA   Mich wird
Kein Jüngling mehr umfangen, es sei denn
An seines Lebens letztem Tag! – Leb' wohl! –
Isabella, Lucrezia, Ercole und die Musikanten links ab.
FILIPPO *allein, in höchster Erregung*
Sie feiert Hochzeit mit dem Herzog und
Ich warte, daß sie wiederkommt! Von mir
Geht sie nach Hause, läßt von Vittorino
Zur Ehe sich bereden, geht mit ihm
Zur Kirche, trifft 'nen andern auf dem Weg,
Der Herzog ist, und läßt mit ihm sich trauen,
Indes der andre stirbt – ich aber warte!
Sie, jenen Sternen gleich, die einen Himmel
In einem Augenblick durchmessen, jagt
Durch eine ganze Welt, seit Abend wurde –
Und ich warte!
Die Tür rechts öffnet sich, ANDREA *steht da.*
FILIPPO *ihm entgegen; spricht gleich in höchster Erregung weiter*
Andrea, kommst du endlich? Mach' es rasch!
Ich bin höchst ungeduldig, daß es ende!
ANDREA *in großem Befremden*
Find' ich dich so bereit?
FILIPPO   Was zögerst du?
So weißt du nichts! Ich hab' ein Wort gebrochen!
ANDREA
Ich weiß –
FILIPPO   Doch weißt du nicht, warum und wie –
ANDREA
Du wirst mir's sagen. Darum kam ich her.
FILIPPO
So lausche gierig, wie die Rache selbst!
An deiner Mutter Bett, die sterben wollte,

Sank ich zu Teresinas Füßen hin;
Der ich dreifache Andacht weihen mußte,
Die meine Braut, die meines Freundes Schwester,
Die einer Mutter Atem angstvoll lauschte –
Mit heißen Lippen drängt' ich an ihr Ohr,
Und Worte, jedes so verrucht und wild,
Wie man sie Mädchen zuraunt in der Schenke,
Entströmten diesem Mund. Und als sie endlich
Mit einem Blicke nur mich gehn hieß und
Ich ging, war's nicht die Reue, die mich forttrieb,
Nur Zorn versagter Lust. – Und vor die Stadt,
Wo Spiel und Tänze waren, eilt' ich hin
Und warf mich weg, so ganz und so im Wahnsinn,
An eine, die so völlig andrer Art,
Daß ich wie einer bin, der hundert Jahre
In einem Zauberreich umhergeirrt,
Wo man ihm alles, was ihm von der Erde
Anhing, so nahm, daß fürder die Gemeinschaft
Der Menschen ihm verwehrt ist und nichts übrig,
Als was du bringst, – und also nehm' ich's hin.

ANDREA

Weißt du nicht **mehr**? – so weiß ich mehr als du,
Der nur den eignen Jammer kennt; **ich** fand
In stummem Wahnsinn Teresina wieder.

FILIPPO *entsetzt zurückfahrend*

Braucht es noch dies? Und säumst du immer noch?

ANDREA

Warst du gefaßt, von Mörderhand zu sterben?

FILIPPO

Nicht so ... ich kann's verstehn!
Er nimmt seinen Degen, der nah dem Alkoven an der Wand lehnt
                            Nun sieh! Es soll
Ein ehrlich Fechten sein – ich will mich wehren –
Und nicht zum Schein – gib acht –

ANDREA *hat den Degen gezogen*   Filippo – nein!
Nicht also darf ich dich von hinnen senden.

FILIPPO

Es will kein Gott, kein Priester meine Beichte.

ANDREA *hat den Degen gehoben, läßt ihn wieder sinken*

Was ist's, das mir den Arm mit einmal lähmt?
Beim Himmel! einen andern find' ich hier,

Als den mein Zorn gesucht: vor diesem da
Verlischt mein Haß, wie jählings ausgeblasen
Vom Sturmwind eines ungeheuren Wehs.
Wohl sucht' ich den, der unser Haus beleidigt,
In Wahnsinn meine edle Schwester trieb
– Doch den nicht minder – dem ich Freund gewesen.
Zwar töten wollt' ich den, der vieles nahm –
Doch den beweinen, der in frühern Tagen
Mehr gab, als er uns jemals nehmen konnte –
Wie's Menschen seiner Art von Gott geschenkt.
Wohl sucht' ich einen schuldigen Filippo –
Doch wollt' ich ihn so herrlich, als er war!

FILIPPO *erregt, fast gequält*

Was war ich denn? Von Augenblickes Gnaden
War über andern ich ein Mensch. Doch jetzt
Tauch' ich so tief hinab, daß ich zu Knechten,
Zu Bauern auf dem Feld, mühsel'gen Trägern
Aufwärts wie zu Gebenedeiten schau'!
Jetzt neid' ich, deren Tage, aufgereiht
An eines Vorsatz' starr gewebtes Band
Gleich Edelsteinen, sich zum Dasein fügen,
Nicht schlottern, falsch' und echte durchgeschüttelt
Auf lockrer Schnur. So einer möcht' ich sein,
Der festen Schritts und lächelnd vorwärts wandelt,
Derselbe aufsteht und zur Ruh' sich legt,
Nicht heute Gott und morgen Affe ist!
Den, der heut seine Hochzeit feiert, neid' ich,
Den Bentivoglio, der an jedem Tag
Sein Leben trinkt aus tausend klaren Quellen,
Und jede weckt den Durst und jede löscht ihn.
Ihn drückt der Stunde Last niemals zu schwer
Und nie so leicht, daß er sich fliegen däuchte!
Wär' ich wie der, und wär' ich über Menschen
Wie über feuchtes Gras dahingeschritten,
Daß mir der Fuß vom Tau des Lebens dampft',
Das ich zertrat, so wär' ich ohne Unrecht; –
Ich durft' es tun! Und trät' mir wer entgegen
Mit eines Rächers Ansehn, lacht' ich ihm
Als einem Toren ins Gesicht. Doch mir
Ziemt solche Kühnheit nicht. Und deine Milde
Gießt Scham wie glühndes Öl in meine Seele.

Als wer erscheinst du hier, wenn du nicht strafst?
ANDREA
Bist du so eilig, dein gequältes Herz
Dem Degen eines Freundes anzubieten,
So weiß ich eine beßre Sühne – komm!
FILIPPO *befremdet*
Wohin?
ANDREA   In eine gute, prangende Gefahr.
FILIPPO
Mit dir –?
ANDREA   Nicht weit von mir! Folgst du mir hin
Und siehst du noch der nächsten Sterne Glanz,
Dann will der Himmel selber nicht dein Ende!
FILIPPO
Soll ich zuletzt mit falscher Münze zahlen?
Es wär' nicht ehrlich, hinzuziehn mit Euch,
Mich dir und diesen Braven zu gesellen!
Ein herrliches Geschenk ist Euer Leben,
Wie mit hellgoldner Flut ein edler Becher
Zum Rand gefüllt mit tausend Möglichkeiten.
Drin wogen Abenteuer, hoher Ruhm,
Der Jugend Reichtum, alles Glück der Welt,
Und Unermeßnes trinkt der Boden auf,
Auf den's verschwendrisch fließt in blut'gen Bächen.
Daneben meine Neige anzubieten,
Wär' so beschämend als betrügerisch.
ANDREA
Jetzt eben Neige – morgen Überfluß,
Da du's für ein Unendliches dahingibst.
Und eh' du gehst, geleit' ich dich zu einer,
Der morgen sich des Klosters Türe auftut,
Um nie sich ihrem Ausgang zu eröffnen.
Vielleicht bringt deine Reu' und dein Entschluß
Verlornes Licht den kranken Sinnen wieder,
Die reine Hand erhebt sich, dich zu segnen,
Und dann, entsühnt, am Tore von Isaia
Harrst du – mit mir – des ungeheuren Tags!
FILIPPO
Andrea!
ANDREA   Komm!
FILIPPO   Was zeigst du mir, Andrea?

BEATRICENS STIMME *draußen rechts*
  Filippo!
FILIPPO *weicht von Andrea zurück, steht wie erstarrt.*
BEATRICE *von draußen*
  Hörst du, Filippo? Tu die Tür mir auf!
  Ich finde nicht zu dir! Der Gang ist dunkel.
ANDREA *höchst erstaunt, sieht Filippo fragend an.*
FILIPPO *schweigt.*
  Kurze Stille.
BEATRICE *von draußen*
Filippo, hörst du nicht?
FILIPPO   Ich komme!
ANDREA   Was ist dies?
FILIPPO
  Andrea, geh! Vergiß, was ich gesagt!
  Gab ich ein Wort? Erschien's dir so? Nun denn,
  Ich brach es noch einmal. In diesem Augenblick
  Geschieht so Ungeheures –
  Daß alles andre nichts wird. Geh! Leb' wohl!
ANDREA
  Filippo!
FILIPPO
  Sprich meinen Namen nicht mehr aus! Vergiß ihn!
BEATRICE *von draußen*
  Filippo!
FILIPPO
  Leb' wohl!
ANDREA   Auf immer?
FILIPPO   Ja. Hier durch den Garten –
ANDREA
  Filippo!
FILIPPO   Soll ich auf die Knie' vor dir?
  Dich bitten, daß du meinen Namen, mich
  Und jedes Wort vergißt, das ich gesprochen?
ANDREA
  Es ist geschehn!
  Er geht über die Terrasse ab.
FILIPPO *schließt ab.*
BEATRICE *ferner als früher*
  Filippo!
FILIPPO *öffnet die Tür rechts.*

BEATRICE *noch draußen*
    Dort ist's? Ich ging ganz irr. Nun bin ich da.
    Sie ist in der Tür sichtbar: Weißes Kleid, weißer Schleier um das Haupt
    Du ließest lang mich rufen.
FILIPPO *im höchsten Staunen*   Beatrice!
    Bist du des Herzogs von Bologna Gattin?
BEATRICE
    Ich bin's.
FILIPPO   Und bist bei mir?
BEATRICE   Du siehst es ja! –
    So nimm mich doch in deine Arme! Karg
    Ist uns die Zeit gemessen, mein Geliebter!
FILIPPO *zurückweichend*
    Hinweg! Wie dunkle Schleier liegt um dich
    Der letzten Stunden Rätsel, schwer gefaltet!
    Laß sie zur Erde gleiten, gleich wie den,
    Der dir das Haupt umhüllt!
    Der Schleier gleitet zu Boden.
BEATRICE   Sieh, ich bin da,
    Bereit, mit dir den letzten Weg zu gehn!
    Tut jetzt ein Fragen not?
FILIPPO   Du bist mir fremd,
    Wie solchen Wegs Genossin mir nicht sein darf.
BEATRICE
    Wie anders glaubt' ich mich von dir empfangen!
    Was kann dir alle Pracht und Buntheit sein
    Vergangner Stunden, da die letzte kommt!
    Sieh, wärst du, seit ich dich zuletzt gesehn,
    Mit hundert Teufeln durch die Luft geflogen,
    Ich fragte nicht darum. Und war ich selber
    An diesem Abend eine Königin,
    Der sich die Welten beugen, oder war ich
    Die Dirne eines Narrn, was kümmert's dich,
    Da ich nun bei dir bin, mit dir zu sterben?
FILIPPO
    Du kommst von deinem Hochzeitsfest! Sie werden
    Dich suchen!
BEATRICE   Weiß ja niemand, wo ich bin!
    Und niemand sah mich gehn und niemand folgt!
FILIPPO
    So sprich, wie sich's begab! Du kannst nicht mehr. –

Dem, was geschehn ist, in die tiefste Seele
Zu schaun, bin ich bestellt, daß ich's ergründe!
So sprich!

BEATRICE Es ist nun einmal so! Warum
Kannst du's denn nicht verstehn? Weißt du's nicht mehr?
Du hast mich fortgeschickt um einen Traum, –
Da war ich so allein, und Vittorino
Schien Zuflucht mir und Sicherheit und Ruh'.
Und als der Herzog kam und mich gewahrte,
Da dacht' ich: Nun erfüllt sich ja mein Traum.
Und herrlich däucht' es mich, die Fürstin sein
An eines Fürsten Seite, und so ward ich
Sein Weib.

FILIPPO Und warum bliebst du nicht? Warum
Entflohst du? Denke, was du tatest, – bist
Als Herzogin aus deines Gatten Schloß
Am Tag der Hochzeit, bist aus Pracht und Größe –
Aus Licht und Leben fortgestürzt zu mir!
Zu mir, den du vor kurzer Weile lächelnd
Und weinend – beides war um deine Lippen! –
Verlassen, bist zu mir zurück, wo dich
Ein kurzes und verderblich Glück erwartet!
Warum? warum?

BEATRICE Weil ich mich nach dir sehnte!
Mit solcher Sehnsucht, daß sie mächt'ger war
Als alles. Und je mehr die Stunde nahte,
Da ich dir ganz verloren war, so mächt'ger
Rang meine ganze Seele nur nach dir!
Mir war, nun gäb' ich alle Größe hin
Und alles Glück der Erde, Licht und Leben –
Nur einmal noch in deinem Arm zu sein!
Und wie Erlösung aus der tiefsten Not
Flog der Gedanke auf: ich kann dich sehen,
Ich muß nur fort von hier und hab dich wieder.
So eilt' ich fort.

FILIPPO Wie das?

BEATRICE Die Tafel war
Zu Ende; lärmend ist das Fest, im Garten
Die Lichter flackern, Schatten sehn wie Menschen
Und Menschen sehn wie Schatten aus, die Türen
Stehn alle offen, üb'rall drängen Leute,

Und dieser Schleier hüllt mich bis zur Stirn.
Nun auf die Straße, aus des Schlosses Nähe,
Rasch fort, und durch die wohlbekannten Gassen
Im Flug zu deinem Haus – und bin bei dir!
Und bin's! Siehst du, ich bin's! So ist's gekommen.
Und sieh: mir ist, es könnt' nicht anders sein.
Du fragst mich aber so und starrst mich an,
Als wär's weiß Gott wie wunderlich geschehn.

FILIPPO *sie lang betrachtend*
Nicht wunderlich, für dich nicht! – Nein! – Du bist
Zu staunen nicht gemacht. Niemals hat dich
Des Daseins Wunder namenlos erschreckt,
Nie bist du vor der Buntheit dieser Welt
In Andacht hingesunken, und daß du,
Die Beatrice ist, und ich, Filippo,
Sich unter den unendlich vielen fanden,
Hat nie mit tiefem Schauer dich erfüllt.
Und daß dein Vater toll, füllt nicht mit Bangen,
Daß Vittorino starb, der dich geliebt,
Nicht mit dem fürchterlichsten Graun dein Herz.
Und daß du Fürstin von Bologna bist,
Macht dich so wenig staunen, Beatrice,
Wie wenn sich eine Mück' auf deine Hand setzt.
Und wenn Gespenster aus dem Grabe kämen,

Beatrice zittert

Ich weiß, sie schreckten dich, – wie Fledermäuse –
Doch auch nicht mehr und nicht auf andre Art.
Und du hast recht. All dies, was dir geschehn,
Ist nichts. Des Lebens Unruh' und Verwirrung
Mit allem rätselvollen Licht und Lärm,
Mit aller Angst und allen Wonnen – nichts
Zu dem, was noch bevorsteht, Beatrice,
An diesem Ort, der keine Rückkehr schenkt.

BEATRICE
Den sucht' ich.

FILIPPO   Doch begreifst du's? Schau' um dich!
All dies ist Dasein – das bist du, das ich,
Hier unten ruht die Stadt, drin atmen Menschen,
Dort stürzt ins Weite Straß' und Straße hin
Ins Land, ans Meer, – und überm Wasser wieder
Menschen und Städte; – ober uns gebreitet

Dies blauende Gewölbe und sein Glanz,
Und alles dies ist unser, denn wir sind!
Und morgen schon gehört es uns so wenig,
Als alles Lichtes Wunderfülle Blinden,
Gelähmten aller Wege Lust und Fernen.
Bedenk': ein hundertjähr'ger Greis ist jünger,
An Hoffnung reicher, als wir beide sind –
Verstehst du das?

BEATRICE *nickt.*

FILIPPO *auf die Kerzen deutend*
      Sind diese hier erloschen,
So sind wir's längst – verstehst du's, Beatrice?
Dein schöner Leib, den ich umschlungen halte,
Durchrauscht von deinem heißen Blut, ist nichts
Als eine Sache, wen'ger als ein Stein;
Der bleibt, auch hingeschleudert, was er war,
Du aber, die jetzt duftet und erbebt,
Sehnsücht'ge Wünsche jedem, der dich sähe,
In allen Sinnen regte, bald bist du
Ein Ding, davor ihm graut, am nächsten Tag
Zum Ekel ihm, Gefahr am übernächsten,
Davor man sich bewahrt und tief dich eingräbt
Zu andern, die vermodern. Und mich selbst,
Mich würde schaudern, dich im Arm zu halten,
Der Haar und Kleid noch duftet, nicht der Atem!
Verstehst du's, Beatrice?

BEATRICE   Ja.

FILIPPO   Und dies:
Nur mit den armen Worten der Gewohnheit
Nennt unser Mund das Ewig-Unbegriffne;
Und so wie jene, die im Glanz des Lebens
Aufleuchten, uns ist auch der letzte Hauch,
Bevor er kommt, nichts als ein Augenblick.
Doch was er birgt an ungeheuern Schrecken,
Ob wir in tausendfacher Kraft und Qual
Das abgelebte Dasein neu durchfliegen,
Ob nicht ein neues kommt, ein niegeahntes –
Ob uns im freigewählten Hingang nicht
So nutzlos schmerzensvolle Sehnsucht anfällt,
Ins Licht zurückzukehrn, daß alle Pein,
Die wir jetzt denken können, uns erscheint

Wie Hauch der Lüfte – niemand hat's erzählt.
BEATRICE *sich an ihn schmiegend*
Nimm mich in deine Arme!
FILIPPO Doch nun – denke,
Daß Rettung möglich, wenn wir's kühn versuchen.
Schirmt uns das Schicksal, mag die Flucht gelingen
Hinaus ins Glück! Mit diesem einen Wort
Lass' ich die Welt aufs neue dir erstehn!
Die Sonne geht dir morgen auf wie heut,
Des Frühlings Blühn, der Erde üppig Weben,
Des Lebens Brausen ist um dich wie heut –
Ein Ja, wir wollen's wagen – sprich es aus!
BEATRICE
Wenn das gemeint war – laß mich lieber gehn.
FILIPPO
Warum?
BEATRICE
Nach solchem Tag zusammen leben,
Das könnten andre, doch nicht du und ich!
Du quältest mich zu sehr!
FILIPPO Doch lebten wir!
BEATRICE
Wie bald in Ekel sänken wir dahin,
Wohin wir jetzt erhobnen Hauptes schreiten.
Wir wollen sterben, darum kam ich her.
FILIPPO
Dank, Beatrice! So ist's gut. Nun seh' ich,
Du bist bereit. Ränn' unser Leben weiter,
Den Schmutz der letzten Stunden brächten wir
Nie wieder fort; und die Gewißheit nur,
Daß unser Ende nah ist, macht uns rein
Wie Kinder. Komm, laß uns des hohen Glücks
Auch ganz genießen!
Er führt sie an den Tisch, schenkt ein
Komm, wir wollen trinken!
Nun sind dies keines Mahles Reste mehr.
Denn zwischen jenem Mahl und dieser Stunde
Liegt ein Entschluß, der Ewigkeiten gilt.
Sie trinken
Was nimmer möglich, wenn wie Irrgestalten
Hoffnung und Angst in unsre klare Seele

Trügrische Schatten werfen, nun geschieht's!
Wir leben unser eignes Sein. Mit Willen
Dahinzugehn, ist Freiheit, und mich dünkt,
Die einz'ge, die uns Sterblichen gegönnt ist!
BEATRICE
Wo geht die Sonne auf?
FILIPPO   Dort überm Turm.
Und warum fragst du?
BEATRICE   Denkst du's nicht, Filippo?
War das nicht unsrer Abendküsse Sehnen,
Daß wir einmal vereint das Dämmern schaun,
Erwachend Mund an Mund und Herz an Herzen?
FILIPPO
Das ward uns nicht bestimmt.
BEATRICE   Warum –? Und heut,
Filippo? Niemand ahnt, wohin ich ging,
Und niemand folgte, niemand kann uns finden.
Die ganze Nacht ist unser, und im ersten
Aufglühn des Tags, Filippo, soll's getan sein!
FILIPPO
Das ist nicht mehr in unsrer Macht, Geliebte.
BEATRICE
Warum?
FILIPPO *sehr ruhig*
    Seit du dies Glas an deine Lippen führst,
Trinkst du den Tod.
BEATRICE   Trink' ich –
FILIPPO   In diesem Wein
Den Tod.
BEATRICE Den Tod –
FILIPPO   So, denk' ich, wird es leicht.
BEATRICE *in unsäglichem Schreck*
Das ist der Tod?
FILIPPO   Was schaust du so mich an?
Als wär' dir angst?
BEATRICE   Aus diesem Glas hab' ich
Den Tod getrunken?
FILIPPO   Ja, wie ich, Geliebte.
Er nähert sich ihr, sie weicht leicht zurück.
BEATRICE
Wie lang ist's Zeit?

FILIPPO Ich weiß es nicht. Sekunden,
   Minuten oder Stunden – doch es kommt.
   Das Graun der Frühe sehn wir nimmermehr.
   Sie schaun einander ins Auge.
FILIPPO *ihr näher*
   Komm, Beatrice!
BEATRICE Wer wird früher fort?
FILIPPO
   Weiß nicht!
BEATRICE So kann's geschehn, daß du vor mir –
   Daß du mich hier allein läßt?
FILIPPO Möglich.
   Doch nicht auf lang. Nun komme, Beatrice!
   Die wen'gen Augenblicke, die noch sind,
   Laß uns mit tiefster Seligkeit erfüllen!
   Nun will ich nicht, daß nur die dünnste Seide
   Mein Glühn von deinem scheide, deines Leibs
   Berauschte Wärme, eh' sie ganz entflieht,
   Ein letztes Mal will ich sie fühl'n, und durstig
   Den letzten Atemzug von deinen Lippen
   Mit meinen trinken, Beatrice!
   Er zieht sie nach rückwärts.
BEATRICE *wie er sie gleichsam erstarrt ansieht*
   Laß mich!
   Ich meine, hab' Geduld – sieh – meine Hände
   Sind noch ganz heiß – so ist der Tod noch fern!
   Ich will nicht, daß du so in Hast mich nimmst!
   Auch hab' ich dieses Glas nicht ganz geleert –
   Wer weiß, wie lang 's noch währt, wie lang
   Ich leiden muß – das will ich nicht! Hättst du
   Zu mir gesagt: Auf einmal trink es aus!
   Wozu Betrug? Ich kam doch, um zu sterben!
   Nun ist dies alles häßlich und verdorben!
   So wollt' ich's nicht!
FILIPPO Verstehst du's endlich ganz?
   Was dich umfängt, begreifst du, und begreifst
   Nun, da du stirbst, den Tod! Vorher war's nichts
   Als nur ein Wort wie andre!
BEATRICE Schmäh' mich nicht!
   Es mußte anders kommen! Aber so
   Ist's wie ein Morden aus dem Hinterhalt.

Nie glaubt' ich, daß du tückisch bist und feig –
Jetzt hass' ich dich!
FILIPPO   Genug des eklen Jammers!
Geh, wie du kamst, nur rat' ich dir zur Eile!
BEATRICE
Gibt's Rettung! Wohin soll ich? Sag' es schnell!
FILIPPO
Wohin du willst! Die ganze Welt ist offen!
Es war kein Quentchen Tod in diesem Wein,
Und wie zuvor ist alles Leben dein.
Mit einer guten Lüge kehre heim!
Bist du zu dumm, dir eine auszudenken,
Streu' ich dir einen Sack voll Lügen hin!
Sag', daß es dich ins Vaterhaus gelockt,
Den toten Vittorino zu betrachten!
Wie? Wär' dies nicht so glaublich, als es soll?
Sag', daß du in die Kirche gingst zu beten
Für deinen Gatten, für die Stadt, sag', daß
Dies ein Gelübde war, getan, als dich
Der Herzog freite! Sage, was du willst,
Nur kehr' zurück, eh' sie mit Fackeln suchen!
Du willst das Leben. Geh, da draußen wartet's,
Und nimmt dich gierig auf als sein Besitz!
BEATRICE *vernichtet*
Vergib mir!
FILIPPO   Wie? Was gibt's denn zu verzeihn?
Betrogst du mich? Ich hätte dich betrogen,
Hätt' ich die Laune, die dir kam, genutzt,
Und dich mit mir gelockt, wo du nicht hin willst!
Logst du? Du kannst es kaum so gut wie ich!
Nur ist's dein Wesen, daß mit jedem Pulsschlag
Durch deine Adern andre Wahrheit rinnt.
BEATRICE
Laß mich bei dir!
FILIPPO   Geh doch!
BEATRICE *auf den Knien*   Laß mich bei dir!
FILIPPO
Warum? Ich liebe dich nicht mehr. Du bist
Nichts andres mehr, als was mich sonst umgibt,
Wie Licht und Luft. Es wäre Eigensinn,
Dich mitzunehmen.

BEATRICE   Jag' mich nicht davon!
  Ich will von dir nicht so verachtet sein,
  Daß du mich unwert hältst, mit dir zu sterben,
  Und mich ins Leben heimschickst wie ein Kind,
  Das solcher Reise Sinn doch nicht verstünde.
  Zu deinen Füßen fleh' ich!
FILIPPO *ganz kalt*   Beatrice,
  Geh rasch! Mit jedem Laut, den du verschwendest,
  Wächst die Gefahr.
BEATRICE   Was willst du tun?
FILIPPO   So geh!
  Was kümmert's dich?
  Für sich, wie in Verzweiflung
              Ah, brachte mir nicht einer
  Auf seinen Händen alles Daseins Hoheit
  Und Kraft zurück, die schon verloren war,
  Und warf ich's nicht zum zweiten Male hin,
  Da ich die Stimme einer Fremden hörte
  Im Gange vor der Tür? *Erschauernd* Nun ist's genug!
BEATRICE
  Ich bleibe!
FILIPPO   Geh!
BEATRICE   Kannst du davon mich jagen?
FILIPPO
  Gib acht, wie rasch!
  Er nimmt das Glas, in das Lucrezia das Gift gegossen hat, und leert es rasch
              Ja – ja – das ist der Tod.
  Er wankt.
BEATRICE *schreiend*
  Filippo, das – ich will's ja tun!
  Sie reißt ihm das Glas aus der Hand
              Mit dir –
  Setzt das Glas an die Lippen.
FILIPPO *schlägt ihr das Glas verächtlich aus der Hand, stürzt zurück,
  fällt, so daß er auf die Stufen des Alkovens zu liegen kommt, den Kopf
  im Alkoven. Während er hinstürzt*
  Betrüg dich nicht! Entflieh! Das Leben wartet!
BEATRICE
  Filippo – du – ich will's ja tun – sieh her!
  Sie bückt sich nach dem Glas
  Sag' mir ein Wort! Ich will's ja tun! Stirb nicht!

Ich will mit dir – bleib da – Filippo – rede!
Starrt ihn an
Ist das der Tod? – Nein, nein! – Filippo! *Schreiend* Rede!
Sie erschrickt vor ihrer hallenden Stimme.
Lärm auf der Straße. – Fackelbeleuchtung, die auf einige Sekunden einen roten Schein ins Gemach wirft.

BEATRICE

Weh mir! Wie läßt du mich allein! – Sie kommen! –
Was ist das? – Ah –
Am Fenster; sie versucht, sich in einen Teil des Vorhangs zu hüllen.

STIMMEN – Zur Hochzeit unsres Fürsten
Mit Beatrice, eurer schönsten Schwester!
Geöffnet stehen Tore, Saal und Garten!
Verklingend.

BEATRICE

Sie wissen's nicht! Doch alle werden's wissen –
Sie bückt sich wieder nach dem Glas, riecht daran
O könnte der Geruch mich töten! Nichts –
Als wär' es ausgedampft! Nun wär's vorbei!
Ich läge da wie er. Und nun muß ich
Allein – – doch wie? – und hol' ihn doch nicht ein!
Im Garten will ich's tun, und so!
Gebärde, als wollte sie sich erdrosseln

                                    Es kann
So furchtbar nicht im weiten Raume sein,
Als hier!
Undeutliche Stimmen in der Ferne

        Sie holen mich! Sie werden mich erwürgen!
Was hab' ich denn getan! So schlimmen Tod
Verdien' ich nicht! *Stille* Vorüber! Niemand kommt
Mich suchen! Niemand weiß – ich kann zurück!
Wahrhaftig – kann zurück! Was bleib' ich denn?
Hältst du mich da? Als zög's an meinem Kleid!
Zurück zu Filippo
Läßt du mich fort? – du – du – sag' ich, Filippo –
Und bist's nicht mehr – bist wen'ger als ein Stein!
's ist ja nicht möglich! Alles Leben schenk' ich
Dahin, wachst du auf einen Augenblick
Nur auf! *Sie faßt seine Hand*

        So warm! Du atmest ja – du lebst!
Auch dies war eine Prüfung nur, zu sehn,

Daß ich dich liebe? Auf, Filippo, komm!
Wir wollen fliehn, zusammen fliehn! Das Glück
Wird uns gehorchen, und das Leben braust
Um uns, die Sonne geht uns wieder auf –
Komm doch, wir wollen fliehn und leben – leben!
Filippo –
Sie beugt sich über ihn, begreift jetzt, daß er tot ist, erhebt sich mit einem furchtbaren Schrei der Angst, reißt zugleich die Vorhänge des Alkovens herunter, so daß sie Kopf und Rumpf Filippos vollkommen überdecken, läuft hinaus und schreit im Hinauslaufen, wie von Sinnen:
Leben ! – –

Vorhang

VIERTER AKT

Ein Saal im Schlosse. Nach hinten zu vollkommen offen in den Garten führend. Zwei Reihen von je vier Säulen schließen den gedeckten Raum ab, so daß der Weg ins Freie gleichsam durch drei Tore offen steht. Rechts und links je eine Türe. Rechts außerdem ein Fenster, von dem angenommen wird, daß es in einen tieferliegenden Hof hineinschaut. Zu beiden Seiten des Säulenganges Freitreppen, welche in einer Windung zur Terrasse emporführen, die, dem Zuschauer natürlich unsichtbar, auf den Säulenpaaren ruhend gedacht wird. – Der Saal ist hell beleuchtet; der Garten durch Fackeln erhellt, welche unruhig brennen, so daß über dem großen Wiesenplan ein ungewisses Licht verbreitet ist und die Schatten der Bäume, von denen die Wiese umgeben ist, in wechselnder Größe erscheinen. Für Augenblicke scheint der Garten wie in Dunkel zu versinken. Man hört entfernte Musik. Über den Rasen sieht man Paare gleiten und wieder verschwinden. Im Hintergrund ist eine stete, aber undeutliche Bewegung. Im Augenblick, wie der Vorhang aufgeht, ist der Saal leer.

Es treten auf durch die Tür links: LUCREZIA *und* ISABELLA.

ISABELLA Wo ist unser Begleiter?
LUCREZIA Verschwunden.

MALVEZZI *und* ZAMPIERI *aus dem Garten.*

ZAMPIERI Heut wird erst offenbar, wieviel Schönheit Bologna birgt! Seid gegrüßt, schöne Damen!
ISABELLA Seid nicht gar zu stolz auf Eure Vaterstadt. Wir kommen aus Florenz.
MALVEZZI *zu Lucrezia* Aus Florenz? Ihr auch?
ISABELLA Sagt uns doch: sind wir hier wirklich im Schloß des Herzogs? Und ist es wahr, daß er seine Hochzeit feiert?
ZAMPIERI Ihr zweifelt? Hier könnt Ihr ihn selbst sehen. *Er weist in den Garten.*
ISABELLA Laßt uns näher hin. *Mit Zampieri in den Garten.*
MALVEZZI Warum so schweigsam?
LUCREZIA Was wollt Ihr?
MALVEZZI Euch gefallen!
LUCREZIA Wünscht es Euch lieber nicht!
MALVEZZI Nichts andres mehr, solang Ihr mir erlaubt, in Eurer Nähe zu bleiben.
LUCREZIA Ihr seid jung!
MALVEZZI Achtzehn vorüber. Alt genug, um vor Liebe zu sterben.
LUCREZIA Gebt acht, daß Ihr nicht die Wahrheit sprecht, ohne es zu wollen. *Beide in den Garten.*

Aus dem Garten rasch: ROSINA, ORLANDINO *folgt ihr.*

ORLANDINO Ist dies ein Wiedersehn!
ROSINA *hört nicht auf ihn.*
ORLANDINO Wer es geahnt hätte – abends, als wir einander vor Eurem Hause sahen! Wohin blickt Ihr denn?
ROSINA *in den Garten schauend, angstvoll* Nun geht er!
ORLANDINO Wer?
ROSINA Nein – er bleibt und spricht! Wer ist's, mit dem der Herzog spricht?
ORLANDINO Silvio Cosini, sein Geheimschreiber.
ROSINA *für sich* O, hätten seine Worte Kraft, ihn an den Boden zu nageln! *Zu Orlandino* Saht Ihr – – die Herzogin, meine Schwester?
ORLANDINO Ich hatte die hohe Ehre, ihr beim Mahl gegenüber zu sitzen.
ROSINA War sie schön?

ORLANDINO Da dürft Ihr niemand fragen, der Rosina liebt. –
ROSINA Sagt, Orlandino –
ORLANDINO Rosina?
ROSINA Wo ist das Schlafgemach der Herzogin?
ORLANDINO *nach links weisend* Es liegt auf jenem Flügel.
ROSINA Dort?
ORLANDINO Ja. Die schmale Treppe gegenüber dem Springbrunnen führt hinauf.
ROSINA *befremdet* Nicht dort? *Weist nach rechts.*
ORLANDINO Nein.
ROSINA *für sich* So ist sie vielleicht noch im Garten? Aber wie ist das möglich? Allein? – Nein! *Ab in den Garten.*
ORLANDINO *ihr nach* Wohin? Was wollt Ihr?
Der junge BRUNI *mit* MARGERITA *treten links auf.*
MARGERITA
   Die Augen brennen mich! Wo bin ich denn?
   Ich will zurück!
BRUNI   Bleibt doch! Noch saht Ihr nichts.
   Ich will Euch führen, zeigen all die Pracht!
MARGERITA
   Ich geh' nicht weiter – nein!
BRUNI   Schaut nur um Euch!
MARGERITA
   Ist's wahr? Hier wohnt der Herzog?
BRUNI   Saht Ihr nicht
   Schon oft das hohe Tor, durch das wir schritten?
MARGERITA
   Und Ihr, wer seid Ihr denn? Seid Ihr derselbe,
   Der an mein Fenster kam?
BRUNI   Ich bin's. Und ich
   Hab' Euch geladen in des Herzogs Namen.
   Seht nur, da sind noch viele so wie Ihr.
   Im Garten tanzen sie, auf der Terrasse
   Ergehn sie plaudernd sich mit jungen Herrn,
   Und alle schaun wie Ihr, mein schönes Kind,
   Und wie die Fürstin selbst, so vielen Glanz
   Zum erstenmal
MARGERITA   Ist's wirklich Beatrice,
   Des Nardi, des verrückten Nardi Tochter?
BRUNI
   Sie ist's.

MARGERITA
        Wie wunderbar! Und warum riefet
Ihr grade mich?
BRUNI   Weil Ihr mir längst bekannt.
Oft in der Dämmrung lehntet Ihr am Fenster.
Ich ging vorüber.
MARGERITA   Ja, Ihr seid es. Doch warum
Bin ich Euch hergefolgt?
BRUNI   Bat ich Euch nicht?
MARGERITA
Ich träumte schon, drum wurd' es Euch so leicht.
Und wißt Ihr, was ich dachte, als das Lärmen
In meine Kammer von der Straße drang,
Und Euer Antlitz starrte durch mein Fenster?
BRUNI
Was dachtet Ihr?
MARGERITA   Die Feinde wären da,
Der Borgia selber – ja, mir war zuerst –
So träumt' ich noch – Ihr wärt der Borgia –, Ihr!
BRUNI
Ich schwör's, der tät' Euch Schlimmres nicht als ich.
MARGERITA
Ich will nach Haus! Die Mutter wird sich ängsten!
BRUNI
Seht!
MARGERITA
    Was?
BRUNI   Dies ist der Herzog!
MARGERITA   Ja. So nah
Hab' ich ihn nie gesehn.
BRUNI   Nun kommt zum Tanz!
Wie aber nenn' ich Euch?
MARGERITA   Marg'rita heiß ich.
BRUNI
O schönste Margerita, kommt!
Beide in den Garten.

COSINI *von links;* ERSTER BOTE *von rechts*

COSINI Woher?
ERSTER BOTE Vom Tore San Martino.   *Pause.*

COSINI Es ist gut. Wart' im Schloßhof mit den andern.
Erster Bote ab.

ZWEITER BOTE *tritt auf von rechts.*

COSINI Was bringst du?
ZWEITER BOTE In der Sakristei der Kirche San Domenico haben wir einen Mann ergriffen, der sich dort offenbar verbergen wollte, und der unsere Sprache nicht zu verstehen schien. Man untersuchte ihn und fand Briefschaften in sein Wamms eingenäht.
COSINI Wo sind sie?
ZWEITER BOTE Mein Hauptmann hat sie in Verwahrung genommen und den Mann in Ketten legen lassen.
COSINI Wer ist dein Hauptmann?
ZWEITER BOTE Herr Campeggi.
COSINI Er möge selbst kommen und den Gefangenen sowie die Papiere mitbringen.
Zweiter Bote ab.

GUIDOTTI *kommt aus dem Garten.*

Ein prächtiges Fest, Herr Schreiber! Aber es ist nicht vollkommen, eh' wir dem Mariscotti den Kopf abgehauen haben.
COSINI Ich denke es gibt heute bessere Unterhaltung. Seht doch, hier sind die schönsten Frauen und Mädchen von Bologna.
GUIDOTTI Bester Herr Schreiber, was kümmert das uns! Was sind uns die schönsten Mädchen von Bologna! Ich bin dreiundsechzig. Ich muß mir ein anderes Vergnügen suchen.
COSINI Nun, ich weiß mich einer Nacht in Cypern zu erinnern – es sind noch keine drei Monat her –
GUIDOTTI Ja, mein Guter – Cypern – Cypern! Was vermag der Süden nicht alles!

MAGNANI *kommt aus dem Garten.*

Cosini – Guidotti – laßt uns doch einen letzten Versuch wagen!
COSINI Was für einen?
MAGNANI Unsern Herzog zu beschützen!
COSINI Wovor?

MAGNANI Mit Beatrice Nardi allein zu sein.
COSINI Magnani, wahrhaftig, Ihr seid nicht bei Sinnen!
MAGNANI Seid Ihr denn blind? Könnt Ihr glauben, daß all dies mit natürlichen Dingen zugegangen ist? Hier ist etwas im Spiel, das ich nicht auszusprechen wage. Und ich habe die Überzeugung, daß der Herzog einer großen Gefahr entgegen geht. Bedenkt doch! Ein Wesen, das er zum erstenmal sah – und auf einen Blick von ihr – bei Gott, es war nicht mehr als das! – macht er sie zur Herzogin von Bologna! Und das vor einem solchen Tag, wie der ist, der uns morgen bevorsteht!
COSINI Eben vor einem solchen – sonst hätt' er's nicht getan.
GUIDOTTI Was fürchtet Ihr denn eigentlich? Sprecht es doch deutlich aus! Glaubt Ihr an eine Art von Hexerei?
MAGNANI Laßt uns von diesem Worte absehen. Aber wer weiß, von welchen Mächten dieses Mädchen gelenkt wird, mit Willen oder ohne Willen. Ich bitt' euch, steht mir bei, wenn ich den Herzog zum letzten Male anflehe!
GUIDOTTI *lachend* Allein zu schlafen?
COSINI Es ist unmöglich, Magnani, seht's doch ein!
MAGNANI Es ist nicht unmöglich! Wenn seine Sehnsucht nach ihr so groß wäre, ginge er nicht, wie ich's eben sah, einsam unter den Bäumen auf und ab. Ich schwör' euch, es sind ihm die gleichen Gedanken aufgestiegen wie uns!
COSINI Nein, Magnani, das Zeichen, das der Himmel sandte, macht ihn so ernst.
MAGNANI Wurde denn Bonatto schon zu Rat gezogen? Hat er es gedeutet?
COSINI Ja. Und nicht anders, als wir alle im Stillen und der Herzog selbst. Das ist's, was ihn nachdenklich macht, denn ob er auch überzeugt war, daß der morgige Tag nichts Gutes bringen kann, – es macht schaudern, zu wissen, daß es in den Sternen schon beschlossen ist.
GUIDOTTI Der Teufel hol' Euch, Cosini, und den zeichendeutenden Bonatto nicht minder! Ich sag' Euch, dergleichen ist nicht so viel wert! Wißt Ihr, was mir geschah an dem Tag, bevor wir auf Reisen gingen? Vor meinen Fenstern wurde ein Erschlagener gefunden – mit siebzehn Wunden! Und wißt Ihr, wer mich am dringendsten beschwor, daheim zu bleiben? Unser armer Pitti! Und nun seht! – Ich bin heil nach Haus gekommen, und Pitti liegt draußen auf der Heerstraße,

genau so tot, als er es mir prophezeit hat. Es ist alles Unsinn. Es kommt, wie's will.

COSINI Mitternacht ist nah.

MAGNANI Ist es nun gewiß, daß der Herzog unserm Rate beiwohnen wird? Die Befehle befinden sich doch bereits alle in den Händen der Führer?

GUIDOTTI *als hätte er nachgedacht* Ich will Euch sagen, Magnani, was Ihr dem Herzog für einen Vorschlag machen sollt. Morgen früh, als würdigen Abschluß dieser Hochzeit, soll er seine junge Gattin, ob sie nun eine Hexe ist oder nicht, zum Fenster hinunterwerfen in den Graben, wo die Leoparden gehalten werden.

COSINI Was hättet Ihr davon? Sie sind ja gezähmt.

GUIDOTTI O, nichts leichter, als sie wild zu machen! Man schleudert einfach brennende Fackeln unter sie.

ARLOTTI *und* VALORI, *zwei Hauptleute, kommen.*

COSINI Guten Abend, Arlotti. Guten Abend, Valori.
Begrüßung.

ARLOTTI Sind wir im rechten Saal?

COSINI Gewiß.

VALORI Wer ist hierher beschieden außer uns beiden?

COSINI Der Graf Fantuzzi und Ribaldi.

ARLOTTI Warum sind wir hierher beschieden, Herr Cosini? Ist andres beschlossen worden?

COSINI Wie meint Ihr das?

ARLOTTI Nun, ich denke – *lachend* hat unser Herzog Lust, Hochzeit zu feiern, so gelüstet ihn wohl auch nach Honigwochen.

VALORI Sagt uns doch, Herr Cosini, ist denn auch alles wahr, was man in der Stadt erzählt?

COSINI Es kommt darauf an, was man Euch erzählt hat.

VALORI Ich wage es kaum zu wiederholen. Man spricht von dieser Feier wie von einem Maskenfest.

RIBALDI *kommt. Begrüßung.*

COSINI Nur der Graf Fantuzzi läßt noch auf sich warten.

MAGNANI Und der Herzog selbst.

GUIDOTTI Seht, hier wandelt er umher, als wenn es keinen Borgia, keinen Mariscotti, als wenn es nicht einmal eine Beatrice gäbe.

RIBALDI Ich bitt' Euch! Zeigt mir das Mädchen!
GUIDOTTI Das Mädchen? Was für ein Mädchen? Die Herzogin, meint Ihr?
RIBALDI Nun ja, die ausersehen ist, für eine Nacht die Herzogin zu spielen!
COSINI Was fällt Euch ein, Ribaldi! Sie ist so gut Herzogin von Bologna, als es jede andere wäre, die der Kardinal selbst dem Herzog angetraut hätte!
RIBALDI Der Kardinal? Wie? Ihr spaßt wohl?
ARLOTTI Nun seht Ihr ja, daß wir's wissen!
COSINI Was?
ARLOTTI Nun, man erzählt, es wäre durchaus nicht der Kardinal gewesen, sondern ein florentinischer Spaßmacher, und das Ganze, wie ich schon sagte, ein Maskenfest.
COSINI Ich bitt' Euch!
MAGNANI Wie kann man glauben, daß der Herzog von Bologna sich in solcher Weise an der Kirche versündigen würde.
RIBALDI Ei was, Sünde! Den Kardinal hat der Papst eingesetzt, der Papst will unser Verderben und Cesar ist sein Sohn! Es wäre gar keine üble Art gewesen, das ganze Gesindel zu verhöhnen.
GUIDOTTI Meiner Seel', Ihr habt recht! Nun tut's mir selbst leid, daß es ein echter Kardinal und eine echte Hochzeit war.
MAGNANI Laßt solche Worte, wenn's beliebt. Die Kirche bleibt heilig, wenn jetzt auch ihre oberste Macht in unwürdige Hände gelegt ist. Wir wollen nicht gehört haben, was Ihr sagtet!
COSINI Still, der Herzog!

Der HERZOG *kommt aus dem Garten. Alle neigen sich vor ihm.*

HERZOG Wo ist Andrea?
COSINI Er ist der Einzige, der noch fehlt.
HERZOG *zu Arlotti* Ihr steht am Tor von Saragossa?
ARLOTTI Jawohl, mein Fürst!
HERZOG Mit wie vielen?
ARLOTTI Sechshundert Armbrustschützen.
HERZOG Sechshundert?
ARLOTTI Es ist uns noch gelungen, mein Fürst, in der fünften Nachmittagsstunde zweihundert von Imola aus in die Stadt zu führen. Jetzt wär' es nicht mehr möglich, über diese Straße hierher zu gelangen.

HERZOG Ihr standet in mailändischen Diensten, Ribaldi?
RIBALDI Bis vor einem halben Jahre, mein Fürst. Aber dort gibt's nichts mehr zu tun.
HERZOG Ich kannte Euern Namen längst. Ihr habt unter dem jungen Sforza gefochten.
RIBALDI Dreimal! Gegen Pisa, Ravenna und gegen Rom.
HERZOG Ich fürchte, Ihr habt einen schlechten Tausch gemacht.
RIBALDI Mein Fürst, ich bin stolz, endlich einmal unter einem Bentivoglio fechten zu dürfen, selbst wenn ich bei dieser Gelegenheit das letzte Mal meine Kunst zeigen sollte.
HERZOG Wie steht's bei Euch, Valori?
VALORI Hoheit, die Zahl der Meinen wächst mit jedem Augenblick. Und es wird notwendig, einen Teil von denen, die sich freiwillig melden, an andere Führer zu weisen. Von allen Seiten kommen sie. Ganz junge Burschen, sogar Gewerbsleute scharen sich zusammen und verlangen nach Waffen. Sie sind berauscht von Haß gegen den Borgia und sehnen den Morgen herbei.

CAMPEGGI *tritt auf.*

COSINI Endlich!
HERZOG Wer ist's?
COSINI Der Hauptmann Campeggi.
CAMPEGGI Ich bin hierher befohlen, mein Fürst, um persönlich Papiere zu überbringen, die wir abends bei einem Verdächtigen gefunden haben, der sich in der Kirche San Domenico verstecken wollte. *Er überreicht die Papiere.*
HERZOG Laßt sehen! – Ohne Aufschrift. – *Erbricht das Siegel* Das sind Zeichen, die mir fremd sind – kennt Ihr sie, Cosini?
COSINI Diese hier sehen beinahe aus wie assyrische – nein – es sind völlig willkürliche – es ist zweifellos eine Geheimschrift.
HERZOG Was ist's mit dem Mann, dem sie abgenommen wurden?
CAMPEGGI Er verweigert jede Antwort, vielmehr, er tut, als wenn er unsere Sprache nicht verstünde – oder er versteht sie in der Tat nicht.
HERZOG Es wäre nicht das erste Mal, daß sich Cesar solcher Leute bedient. Wo ist der Mann?
CAMPEGGI Er wartet weitrer Befehle im Hof des Schlosses, mein Fürst.

HERZOG Von solch einem können wir freilich auf keine Weise etwas erfahren.
GUIDOTTI Laßt es mich versuchen, Herzog! Ich möchte meinen Kopf verpfänden, daß ich ihn unsere Sprache reden mache!
HERZOG Wenn Ihr dessen so sicher seid, Guidotti, – führt ihn zu dem Manne, Campeggi.
CAMPEGGI *und* GUIDOTTI *ab.*
HERZOG Im übrigen – was können uns diese Briefe Neues lehren? Was können sie an unseren Entschlüssen ändern?
MAGNANI Mein Fürst –
HERZOG Was wollt Ihr, Magnani?
MAGNANI Verzeiht Eurem treuen Diener ein kühnes Wort!
HERZOG Redet!
MAGNANI Hütet Euch vor der Herzogin!
HERZOG Ihr hegt mehr Treu' als Klugheit, Herr Magnani!

DRITTER BOTE *tritt ein.*

COSINI Hier kommt Botschaft vom Tor von Garisenda!
HERZOG Nun?
DRITTER BOTE Herr, schwere Nebel liegen im Tal; was hinter ihnen sich vorbereitet, darüber fehlt jede Vermutung. Nur eins ist gewiß: daß die feindlichen Truppen gegenüber der Vorstadt von Isaia noch näher herangerückt sind: – die uns am nächsten wären durch einen Pfeilschuß zu erreichen.
HERZOG *entläßt ihn durch ein Neigen des Kopfes. Dritter Bote ab.*
HERZOG
Wo bleibt Andrea? Sendet nach ihm aus!
Cosini gibt einen Auftrag.
Die übrigen sind etwas beiseite getreten
So haben meine Wünsche keine Kraft mehr!
Und gab doch eine Zeit, da, kaum gedacht,
Nicht ausgesprochen, jeder ward erfüllt.
Nicht Wunder nahm's mich, wär' Filippo Loschi
Mir auf dem Weg begegnet, den ich kam –
Nein, früher, in Neapel oder Rom –
Nun bin ich in Bologna, will ihn sehn
Und ruf' ihn, und er sagt: Ich will nicht kommen!
COSINI
Bewegt Euch das so sehr, mein Fürst?
HERZOG   Erzählt

Mir mehr von ihm, erklärt mir seine Weigrung!
COSINI
So gut ich's konnte, tat ich's. Doch ich weiß,
Es läßt sich klarer so als kürzer sagen
Mit diesem einen Wort: Er scheint mir närrisch!
HERZOG
Kurz – das ist wahr! Doch glaub' ich, Ihr, Cosini,
Und Euresgleichen könnt nicht ganz verstehn,
So klug Ihr seid, was solche Menschen treibt,
Den Kopf zu schütteln oder »ja« zu nicken, –
Wie erst so vieles andere! Mir ist manchmal,
Als ahnt' ich das Geheimnis solcher Seelen!
GUIDOTTI *kommt* Ein Spaß, Herzog, ein wahrer Spaß! Hört doch, wie er unsre Sprache reden kann, hört! *Er reißt das Fenster auf.*
STIMME DES GEFANGENEN *im Hof* Weh mir, weh mir, mein Aug'! mein Aug'!
HERZOG Was habt Ihr getan?
GUIDOTTI Nun, hört Ihr, daß er ein so guter Italiener ist wie wir alle! Erlaubt Ihr, Herzog, daß ich ihn frage? Meine Stimme soll ihm die Wahrheit aus der Kehle kitzeln!
HERZOG Fragt ihn!
GUIDOTTI Wem, du Schuft, solltest du die Briefe überbringen?
STIMME Weh, mein Auge!
GUIDOTTI *zum Fenster hinaus* Gib acht – du hast noch eines zu verlieren!
HERZOG Wer sandte dich?
STIMME *wimmernd* Der edle Herr Alberto Casca!
MAGNANI Der Sekretär des Cesar!
HERZOG Casca, sagtest du?
STIMME Alberto Casca!
HERZOG
Drei Wochen sind's, da saß er mir 'genüber,
An Alexanders Tafel – wißt Ihr's noch?
COSINI An meiner Seite!
HERZOG
An wen sind diese Briefe? Deinen Auftrag!
STIMME An den Herzog von Bologna!
HERZOG
Wie? Sag's noch einmal!
STIMME Die Briefe sind an den Herzog von Bologna!
COSINI Wie ist des Herzogs Name?

STIMME Weh, mein Auge!
GUIDOTTI Du Schuft – wie heißt der Herzog von Bologna?
STIMME Mariscotti!
Bewegung.
HERZOG
  Ah, war es so gemeint?
COSINI   Das ahnte Casca nicht,
  Daß noch der rechte Herzog heim wird finden!
HERZOG
  An meinen Erben schon der Brief gesandt!
  Und wir – mißtrauisch, daß wir früher flohen,
  Vertrauten dennoch so an jenem Tag –
  Ich will's wie eine schwerste Schuld gestehn –
  Doch war's kein Tag, nur eine Stunde – nein!
  Es war ein Augenblick, da mich's durchfuhr
  Wie eine Wahrheit: alle andern Fürsten
  Verachtet Borgia, ich allein erschien ihm
  Als seinesgleichen, wert sein Freund zu sein –
  Jawohl, es war ein Augenblick, doch g l a u b t' ich's!
  Und während wir an seiner Tafel saßen,
  Schrieb Casca an den Herzog Mariscotti!
GUIDOTTI Euere Hoheit, was soll weiter mit dem Mann geschehn?
HERZOG
  Mit diesem? Laßt ihn frei, nur ruft den Arzt,
  Daß er das wunde Aug' ihm erst verbinde!
  Doch Mariscotti –
GUIDOTTI *mit leuchtenden Augen* Mariscotti?
HERZOG
  Man öffne seinen Kerker, lass' ihn glauben,
  Er sei befreit, führ' ihn herauf in Luft
  Und Licht, behandle ihn mit größter Ehrfurcht,
  Als hätte sich sein Los gewendet, – dann
  Geleite man ihn höflich in den Garten.
  Dort aber – bind' man ihn an einen Baum,
  Inmitten aller dieser Lustbarkeiten.
  Das Lachen und die Seufzer wilder Lust
  Umtön' ihn, seine Blicke tauchen ein
  In üppiges Gewirr berauschter Leiber;
  Was Menschen seiner Art an Wonnen kennen,
  Im Flackerleuchten dieser roten Nacht

Tanz' es um ihn, daß wütende Begier
Ihm in die kettenlahmen Glieder fahre. –
Ihr aber, Guidotti, neben ihn
Stellt Euch mit bloßem Degen hin und wartet,
Bis Euch Befehl wird, in den Morgentau
Zertretnen Wiesengrüns sein Haupt zu schleudern!
Jetzt tritt er nach hinten, ruft in den Garten
Ihr andern, nützt die Zeit! Nehmt meinen Garten
Als duftend Lager eurer Freuden hin!
Zum Himmel weisend
Ein Baldachin ist herrlich aufgespannt
Und spottet mit den ew'gen Sternen, die
Vor fernen Zeiten stolzre Menschenpaare
In keuscher Freiheit sich umschlingen sahn,
Der letzten Scham. Ich aber, euer Fürst,
Jeglichem Bund, der heute nacht sich schließt,
Geb' ich die Weihe. Heiligt andre Ehen
Unlöslichkeit und Dauer, geb' ich diesen,
Was euch Beweglichen, Veränderungsfrohen,
Euch Menschen besser ziemt, das schnellste Ende:
Sie alle löst das erste Graun der Früh'.
Doch was aus der Entzückung dieser Stunde
Aufsprießen mag zu seiner Zeit, das trage
So wunderbaren Ursprungs Zeichen mit,
Solang es lebt. – Adlig geboren nenn' ich
Die Sprossen dieser Nacht, da euer Fürst
Mit Beatrice Nardi Hochzeit hält.
Ab nach links.

Die andern entfernen sich nach der andern Seite. Der Saal wird leer, auch dunkler; einige Lichter verlöschen; die Fackeln im Garten immer unruhiger, düsterer; auf der Wiese undeutlich wahrnehmbare Bewegung; Paare gleiten vorüber, umarmen sich, sinken hin, doch alles wirkt wie Schattenbilder; manchmal stürzen Frauen wie fliehend vorbei. Die nächsten Szenen sehr rasch.

ORLANDINO *und* ROSINA *aus dem Garten.*

ORLANDINO Rosina!
ROSINA Warum belügt Ihr mich? Dort ist kein Schlafgemach – gewiß nicht das Schlafgemach der Herzogin, denn es ist leer!

ORLANDINO Ihr wagtet es, dorthin – –? Was ist Euch, Rosina? Was wollt Ihr von Beatrice in diesem Augenblick?
ROSINA Nun ist es zu spät.
ORLANDINO Rosina!
ROSINA Ist's wahr, daß Ihr mich liebt?
ORLANDINO Rosina!
ROSINA Und wärt bereit, alles zu tun, was ich verlange?
ORLANDINO Versprecht Ihr mir das Gleiche?
ROSINA Alles – wenn Ihr –
ORLANDINO Was?
ROSINA *drängt sich an ihn* So – *sie unterbricht sich wieder* Ihr seid zu feig dazu – wie ich!
Ab in den Garten.
ORLANDINO *ihr nach.*

MARGERITA *eilt aus dem Garten in den Saal;* BRUNI *folgt ihr.*

MARGERITA
 Ich will nicht mehr zurück – die Luft ist glühend –
 Mir war's, die Flammen schlichen mir ans Kleid!
 Lebt wohl!
BRUNI Was fällt Euch ein, Marg'rita?
MARGERITA Schaut
 Wie heiß sie sich umschlingen! Niemals hab' ich's
 Im Tanze so gesehn!
BRUNI *küßt ihren Nacken*
 Wie lieb' ich Euch!
MARGERITA
 Mich schwindelt! – Seht, die Fackeln tanzen mit,
 Als lebten sie! – Laßt mich – ich bitt' Euch, laßt mich!
 Sie läuft, er folgt ihr in den Garten.

MALVEZZI *und* LUCREZIA *treten auf.*

LUCREZIA
 Nun wißt Ihr alles. 's ist ein hoher Preis.
MALVEZZI
 Ich nehm's als witz'gen Einfall. Ja, ich seh',
 Ihr wollt mich schrecken.
LUCREZIA Nein, es ist ein Schwur,
 So heilig, als Ihr jemals einen tatet.

MALVEZZI
Und wenn Ihr mich so sehr entzückt, Lucrezia,
Daß ich's drauf wage? Einmal Euch umschlingen –
Paare vorüber in den Garten.
LUCREZIA
Und dann vorbei für immer alle Freuden?
O, dankt mir, daß ich ehrlich bin mit Euch.
Ich sag' Euch, jede andre, die Euch sah
Und so begehrenswert Euch fand wie ich,
Verschwiegen hätt' sie ihren Schwur und Euch
Im Taumel eines Kusses ihre Nadel
Ins Herz gestoßen.
MALVEZZI   Doch bedenkt auch das:
Ich bin gewarnt, ich kann mich vor Euch hüten,
Geschmeidig bin ich, Euerm Arm kann ich,
Wann's mir beliebt, rasch mich entwinden.
LUCREZIA   Glaubt Ihr?

In diesem Augenblick läuft ISABELLA *vorüber, indem sie sich die Kleider vom Leibe reißt.*

ISABELLA *wie im Taumel* O, warum ist der schönste Jüngling nicht schön genug –? warum ist der stärkste Mann nicht stark genug –? warum ist die tiefste Wollust noch immer keine Lust? Ich sterbe vor Sehnsucht! *Vorbei in den Garten.*
LUCREZIA
Ist die nicht schöner, als ich bin? Ich bitt' Euch,
Nehmt sie an meinerstatt. Ihr dauert mich,
Seid jung und liebenswürdig.
MALVEZZI   Jedes Wort
Füllt mich aufs neu mit Glut! O kommt!
LUCREZIA   Wahrhaftig –
Mich schaudert vor der rätselhaften Macht,
Die aus Florenz in diese Stadt mich sandte,
Um Euch –
MALVEZZI   Zu lieben, herrlichste Lucrezia!
Beide in den Garten.

Einige JUNGE ADLIGE *in der Halle.*

ERSTER *in den Garten sehend* Wer ist die?

ZWEITER Ich kenn' sie nicht. Ich habe sie nie gesehen.
DRITTER Sie ist aus Florenz.
ERSTER Wie ihre Haut flimmert im Schein der Fackeln!
ZWEITER Ich habe nie geahnt, daß Frauen so schön sein können!
ERSTER Wie sonderbar! Nun wagt sich keiner hin; ganz allein steht sie da.
ZWEITER Sie sinkt hin – sinkt hin – *Alle in den Garten.*
ROSINA *kommt*

> War das nicht meiner Nächte heiße Sehnsucht,
> Von wilden Armen so umfaßt zu sein,
> Auf meinem Hals begier'ge Lippen fühlen
> Und meinen ganzen, wundgeküßten Leib
> Hingeben trunknen Augen so wie die!
> Und jetzt, da die erwünschte Stunde kam,
> Durchschauerts mich vor jeglicher Berührung,
> Und mein Verlangen ward zum Haß.

BENNOZZO *eiligst vom Garten kommend* Rosina!
ROSINA *fährt zusammen*

> Du bist's? Du wagtest dich herein?

BENNOZZO   Dich such' ich!

> Rosina, dich! Was ist das für ein Fest?
> Gott auf den Knien dank' ich, daß du hier!
> Wie bebt' ich, daß du eine warst von diesen,
> Die auf den Wiesen unter Bäumen liegen
> Und lachen, seufzen, schrein, und deren Antlitz
> Ich nicht erkennen wollte – Wohin starrst du?

HERZOG *kommt von links.*

ROSINA *hat ihn erblickt; der Herzog geht auf sie zu, Bennozzo weicht erschrocken zurück.*
HERZOG *ruhig zu Rosina*

> Du wirst mir sagen, wo sie ist!

ROSINA *sieht ihn starr an.*
HERZOG   Nun – hörst du?

> Wo Beatrice ist!

ROSINA   Sie ist nicht dort,

> Wo Ihr sie suchtet?

HERZOG   Deine Augen glänzen,

> Wie wenn ein arger Streich gelang. Ich fragte,
> Wo Beatrice ist – verstehst du mich?

ROSINA *wie jubelnd*
  Sie ist nicht dort? Ist's wahr, sie ist nicht dort?
HERZOG
  Du sollst mir sagen, wo sie ist!
ROSINA   Ich weiß nicht.
HERZOG
  Lüg nicht!
ROSINA   Ich lüge nicht.
HERZOG   Noch gestern schliefst du
  Mit Beatricen in der gleichen Kammer, –
  Wenn's eine wissen kann, bist du's!
ROSINA   Ich schwör' Euch
  Bei allen Heil'gen, Herzog: ich weiß nichts!
HERZOG
  Warum dies Lächeln dann, als hätt' ein Glück
  Ich dir verkündet?
ROSINA   Weil – Ihr's tatet, Herr!
HERZOG *nachdem er sie lange betrachtet*
  Und ahnst auch nicht –
ROSINA   Ahnt' ich's, so schwieg' ich nicht!

COSINI *ist eingetreten.*

HERZOG
  Cosini, ruf mir augenblicks den Bruder
  Der Herzogin herbei.
COSINI   Man sah ihn nicht.
  Er hielt sich fern.
HERZOG   Man such' ihn, bring' ihn her!
COSINI *ab; kommt bald wieder mit* MAGNANI.
HERZOG *zu Rosina*
  Und deine Mutter schaff' du mir zu Stelle!
  Den Vater auch!
ROSINA *zu Bennozzo*
              Sahst du die Eltern nicht?
BENNOZZO
  Gewiß. Sie stehen beide vor dem Tor,
  Man ließ sie nicht herein, die Wachen höhnten:
  So'n häßlich altes Weib, das dürfe nicht
  Ins Schloß! Und als sie rief: Ich bin die Mutter
  Der Fürstin! lachten alle.

ROSINA Geh und hol' sie!
Bennozzo ab.
HERZOG *zu Cosini und Magnani, die dastehen, ohne eine Frage zu wagen*
  Die Herzogin ist fort.
COSINI Ist fort? Wie das?
HERZOG
  Verschwunden.
MAGNANI Ist es möglich?
HERZOG So unsäglich
  Genarrt bin ich! Von wem? Von ihr? Von allen?
  Erweisen soll sich's bald! Man bringe
  Zum Schweigen die Musik! Das Fest ist aus!
  Musik verstummt. – In den Garten
  Hört Ihr? 's ist aus! Jagt diese Dirnen fort
  Aus Schloß und Garten! Diese Nackte dort
  Mit Peitschenhieben! Und ein Ende macht
  Mit Mariscotti.

Die alten NARDIS *sind gekommen; Wachen hinter ihnen, auch* BENNOZZO.

  Wo ist eure Tochter?
  Wo habt ihr sie versteckt? Wieviel bezahlt euch
  Der Borgia oder einer seiner Schurken
  Für diesen prächt'gen Spaß?
FRAU NARDI Euere Hoheit, Eure erhabene Hoheit – Gnade – Gnade! Ich bin unschuldig! Ich habe Beatrice nicht versteckt! Ich weiß nicht, wo sie ist, bei allen Heiligen schwör' ich, daß ich nicht weiß, wo das unglückselige Kind ist!
HERZOG *zum alten Nardi*
  Sprich du! Nun, hörst du nicht?
DER ALTE NARDI *klatscht in die Hände und lacht.*
HERZOG Spielt der den Narrn?
FRAU NARDI Eure Hoheit, wie würde er solches wagen? Mein Mann ist verrückt, wirklich verrückt, schon lang, seit vielen Jahren schon. Eure Hoheit – ich bin schuld daran, ich hab' ihn dazu gemacht. Seht, wie wahrhaftig ich bin, ich gestehe es ein, so wahrhaftig bin ich! Ich elendes Weib habe ihn dazu gemacht mit meinen Sünden, und er weiß so wenig wie ich, wo Beatrice ist!
HERZOG
  Kein Haar wird dir gekrümmt, was du auch sagst,

Sprich frei! Mein fürstlich Wort: dir droht nicht Strafe!
FRAU NARDI Ich kann nichts sagen – ich weiß nichts – auch auf
der Folter könnt' ich nicht mehr sagen! War denn jemals eine
Mutter so hochbeglückt als ich, da der Herzog meine niedre
Tochter zur Gattin wählte?

HERZOG
Weib! Du gebarst sie, zogst sie auf, du hast ihr,
Eh' sie zur Hochzeit ging, das Haar gekämmt –
Sie sprach zu dir! Was sprach sie, eh' sie ging?
Wo war sie gestern früh, wo gestern abend?
Nenn' mir die Menschen alle, die sie kennt!
FRAU NARDI Eure Hoheit, sie kennt niemand, als die Gewerbs-
leute, die in unserer Nähe wohnen, ihre Frauen und Kinder.
Lauter harmlose, brave Leute – da ist zum Beispiel einer, der
heißt Capponi, und ein anderer – – aber wie kann ich alle die
Namen nennen? Und sie lebte wie alle jungen Mädchen un-
seres Standes. Sie war ein braves Kind – beim Himmel, sie
war ein braves Kind! Nie ging sie allein fort!

ROSINA
Das ist nicht wahr! Gar oft ging sie allein.
FRAU NARDI Nun, und wenn sie allein ging? Wohin denn anders,
als vor die Tore, auf die Wiesen, spazieren, und wenn wir sie
suchten, brauchten wir nie weiter zu gehen, als bis zu dem
Hügel, wo das Kloster San Luca steht. Da lag sie im Grünen
vor den Mauern und manchmal war sie da eingeschlafen. Und
dann weckten wir sie –

HERZOG
Schwatz' nicht so unnütz! Du weißt mehr, Rosina!
ROSINA
O Herr, ich schwör' Euch, – wüßt' ich, wo sie finden,
Ich schleifte selbst sie her; daß Ihr die Schmach,
Die sie Euch zufügt, ahndet nach Gebühr!
HERZOG
Was ich zu tun gedenke, steht bei mir.
Wär' sie nur da! Ich muß sie wiederhaben!

GUIDOTTI *kommt aus dem Garten.*

Mein Fürst, es ist nach Euerm Wort geschehn.
HERZOG *sieht ihn an, ohne zu antworten; spricht dann weiter*
Was trieb sie fort, und welche Macht war wirksam –?

Hätt' ich sie doch gekannt! Hätt' ich die Stunde,
Die eine nur genutzt, so kannt' ich sie,
Und wüßte, wer sie ist, und was sie lockte;
Ob sie ein Kind noch war, ob sie vertraut
Mit Zärtlichkeit und Trug, ob sie verschlagen,
Ob ohne Falsch. Doch diese Fragen trinken
Den Sinn aus der Gewißheit eines Morgen –
Was kümmern sie in einer solchen Nacht?
Und jetzt dürst' ich nach Antwort so, als stünden
Endlose Reihen künft'ger Tage da;
Ins Unermeßne reckt sich meine Sehnsucht,
Und alles andre wird zu nichts. Gleichgültig
Seid ihr mir alle und was euch bedroht,
Gleichgültig meine Stadt; die Schlacht von morgen
Ein sinnlos blutiges Gezänk, da mir
So wenig Abscheu gegen Cesar blieb,
Als Liebe für Bologna und für euch!
Mein ganzes Leben ist zusamm'gepreßt
In dieses eine: – Wo ist Beatrice?
Was ist's, das so unsäglich mich verwirrt?
Nicht ird'sche Lust, alltägliches Verlangen
Nach einem schönen Weib hat so viel Macht –
Es kündet also höhere Bestimmung,
Des Schicksals Wille sich gebietrisch an.
Schafft Beatrice mir, so bin ich euer,
Wie ich's gewesen, und ich mach' euch frei!
Bringt sie mir wieder, und Bologna wird
Von allen Städten dieses Lands die erste!
Schafft Beatrice mir, so wird der Adler,
Der mit zerschoßnem Flügel niedersank
Vor San Petron, den Borgia selbst bedeuten,
Dem hier sein Ende wird – nicht mich!
EINIGE Die Herzogin!

BEATRICE *ist im Garten erschienen. – Ungeheures Erstaunen.*

HERZOG
                   Beatrice!
Schweigen.
BEATRICE *bleibt anfangs zwischen den Säulen stehen*
So war ich länger fort, als ich gedacht.

HERZOG
  Wo kommst du her?
BEATRICE   Ich komme aus der Kirche.
HERZOG
  Was tatest du?
BEATRICE *als spräche sie nach*
                Gebetet hab' ich dort
  Für Euch, für mich, für alle.
HERZOG   Hast gebetet?
BEATRICE *mit wachsender Sicherheit*
  Bei San Petron.
MAGNANI *zu Cosini* Das ist unmöglich!
COSINI   Schweigt!
HERZOG
  Du hast gebetet? Jetzt? In San Petron?
BEATRICE
  Unwiderstehlich zog es mich dahin.
ROSINA
  Du lügst!
HERZOG *zu Rosina*
            Laßt sie!
  Zu Beatrice   Was war es, das dich hinzog?
BEATRICE
  Es senkte wie Erleuchtung sich herab,
  An solchem Ort in solchem Augenblick
  Sei mein Gebet von tiefster Kraft erfüllt.
ROSINA
  Seht, wie sie zittert!
HERZOG *zu Rosina*   Schweige!
  Zu Beatrice   Du sprich weiter
  Und hab' nicht Furcht.
BEATRICE   Sie sehn mich alle an –
  Doch zittr' ich nicht. Es nahn die Morgenschauer,
  Die fühl' ich früher als die andern Menschen.
HERZOG
  Weht's aus dem Garten dich so fröstelnd an,
  So führ' ich dich in wohlverschloßnen Raum,
  Dort sollst du mir erzählen, mir allein,
  Was ich dich frage. Wahrlich, wie du bebst!
  Komm, Beatrice, nimm den Schleier um,
  Daß deine Haut die Schauer minder fühle.

BEATRICE *greift nach ihrem Hals, merkt, daß sie ohne Schleier ist, zuckt zusammen.*
HERZOG
  Wo ist er?
BEATRICE   Nun, ich ließ ihn wohl zurück.
ROSINA
  Nein, als du fortgingst, warst du drein gehüllt!
HERZOG
  Du sahst sie gehn?
ROSINA   Ja, doch ich ahnte nicht,
  Daß sie zur Kirche wollte.
BEATRICE   In der Kirche –
  Ja, ganz gewiß, dort liegt er – vorm Altar –
  Wenn er nicht auf der Straße mir herabglitt
  Von meinen Schultern!
MAGNANI   Herr!
COSINI   Schweigt doch!
MAGNANI   Verzeiht
  In Gnaden mir, mein Fürst, die Fürstin lügt!
  Bewegung.
HERZOG
  Was wagst du?
MAGNANI   Nach Vollzug der heil'gen Handlung
  Ließ ich die Türen sperren, denn mir ahnte,
  Daß frische Weihn dem Gotteshaus geziemten,
  Das diese hier betrat. Ich selbst als letzter
  Verließ die Kirche, dann die Sakristei –
  Die Herzogin kommt nicht von San Petron!
  Schweigen.
HERZOG
  Wo warst du? Rede! Und wo blieb der Schleier?
BEATRICE
  Ich weiß nicht, wo er ist. Nun ist er fort.
HERZOG
  Schaff' mir ihn her!
BEATRICE   Ich soll –
HERZOG   Du sollst mit mir
  Den Schleier holen, wo du ihn verlorst.
BEATRICE
  Ich kann nicht.
HERZOG   Wie? Ist, was mich dort erwartet,

So über alle Maßen schauervoll,
Daß du dich schwerern Grimms von mir versiehst,
Als wenn du weigerst, was ich dir befehle?
So höre, Beatrice, dir ist alles,
Wie ungeheuer deine Schuld sich zeigt,
Schaffst du den Schleier, ist es dir verziehn.
War's frevler Anschlag wider deinen Herrn
Im Bund mit meinen Feinden, war's ein Werk
Gottloser Zauberei, das du versucht,
War's frühe Untreu' wider deinen Gatten –
Ich bin bereit, so gänzlich zu verzeihn,
Daß du als Herzogin rückkehrst ins Schloß,
Wär's auch von einem höchst verruchten Ort.
Willst du noch mehr, so sprich!

BEATRICE Ich kann nicht hin!
HERZOG
  Bedenke, was du sagst!
BEATRICE
  Ich kann nicht hin!
HERZOG
  Verstandst du mich denn nicht? Dir droht nicht Strafe,
  Du bleibst die Fürstin und du bleibst mein Weib, –
  Und bin ich nicht mehr hier, liegt's diesen ob,
  Beim letzten Schwur, den ihre Treu' mir leistet,
  Dein Haupt wie ein unschuld'ges zu beschützen.
  Doch nun die Wahl: Schaffst du den Schleier nicht –
BEATRICE
  Ich kann nicht, Herr!
HERZOG So jag' ich dich davon!
BEATRICE *schaut ihn zuerst groß an, dann wendet sie sich, als wollte sie gehen.*
HERZOG
  Was willst du tun?
BEATRICE Ihr sagt's ja. Ich muß gehn.
HERZOG
  Nicht so! nicht gleich! Im Schein der ersten Sonne,
  Mit wüsten Haaren und zerrißnem Hemd –
  Als meine Hure, allem Volk zum Spott
  Lass' ich von Knechten übern Hof dich treiben!
BEATRICE
  Tut, was Ihr müßt. – Den Schleier hol' ich nicht.

MAGNANI
  Nicht Schmach ist's, was dergleichen Frauen schreckt.
HERZOG
  Bedenk's ein letztes Mal. Dich zu bestrafen,
  Gebricht's mir nicht an Macht. Erspar' es mir,
  Sie bis an ihre Grenzen auszudenken!
FRAU NARDI Beatrice – mein Kind! Der Fürst ist ja so gnädig!
BEATRICE
  Ich kann nicht hin!
HERZOG   Dein letztes Wort?
BEATRICE   Es ist's.
HERZOG *nach einer kleinen Pause*
  Somit erklär' ich Beatrice Nardi
  Verlustig ihres herzoglichen Rangs
  Und sende sie zurück, woher sie kam.
  Euch übergeb' ich sie, Carlo Magnani,
  Zu schleunigem Gericht und Urteilsspruch –
  Mir kündet die Vollstreckung früh am Morgen.
  Wendet sich zu gehen. Langsam links die Stufen hinauf.
MAGNANI
  Dank, Fürst, für den gesegneten Entschluß!
BEATRICE
  Wo geht er hin? Was soll mit mir geschehn?
FRAU NARDI Mein Kind, du sollst sterben! Verstehst du denn
  nicht, du sollst sterben!
BEATRICE *angstvoll* Sterben? Sterben?
MAGNANI *zu den ringsum versammelten Edlen*
  Ihr Herrn, uns bleibt kaum Zeit, die Form zu wahren,
  Und da mir unbeschränkte Vollmacht ward,
  So wähl' ich euch, ihr edeln Herren alle,
  Die Zeugen dieses unerhörten Falls,
  Als Richter, mir vom Schicksal beigesellt,
  Und klage diese: Beatrice Nardi
  Vor so berufnem Kreis und allem Volk
  Der Hexerei und des Verrates an,
  Und trage an, trotz des verjährten Brauchs,
  Der martervolle Bußen auferlegt,
  Der fürstlichen Vergangenheit gedenkend,
  (So kurz sie währte und so schlimmer Art
  Sie auch errungen ward, so bleibt sie fürstlich):
  Auf Tod durchs Schwert und noch in dieser Stunde.

BEATRICE *schreit*
> Ich will nicht sterben! Nein, ich will nicht sterben!
> Tot sein ist fürchterlich! Ich will nicht sterben!

MAGNANI
> Führt sie hinab!

BEATRICE   Ich will den Schleier bringen!
> *Zu den Knechten, die sie ergreifen wollen*
> Laßt mich!

MAGNANI   Führt sie hinab!
BEATRICE   Hört Ihr mich nicht?
> Ich will den Schleier holen! Ruft den Herzog!

MAGNANI
> Es ist zu spät.

FRAU NARDI   Es ist nicht zu spät! Man will eine Unschuldige umbringen! Eure Hoheit! Ich will schreien, daß die Mauern zusammenstürzen! Der Herzog soll wiederkommen!

MAGNANI   Der Teufel hol' die Alte!

GUIDOTTI *kommt aus dem Garten, in größter Erregung*
> Ihr Herrn, wer sah von euch das junge Weib,
> Das mit Malvezzi war vor einer Stunde?

ZAMPIERI
> 's war eine aus Florenz.

ANDERE   Was ist's mit der?
Ganz im Hintergrund des Gartens sieht man eine Leiche vorübertragen.

HERZOG *von der Terrasse aus, dem Publikum unsichtbar, sehr laut*
> Ist's Mariscotti, den die Leute tragen?
> Zur Mauer von Isaia mit dem Leichnam!
> Hinausgeschleudert das verruchte Haupt,
> Auf daß sie's finden, wenn die Sonne aufgeht!

GUIDOTTI
> Dafür hab' ich gesorgt. Doch dieses, Herr,
> Ist des Malvezzi Leich'.
> *Bewegung*   Im Grase lag er;
> Von dieser Nadel war sein Herz durchbohrt.

EINIGE
> Die Florentinerin!

ANDERE   Man suche sie!

EINER
> Kein Weib ist mehr im ganzen Schloß zu sehn.

ZAMPIERI
> Sie kam mit der, die man hinausgepeitscht.

ZWEITER ADELIGER
  Leicht kenntlich, denk' ich, wird die allen sein!
ERSTER ADELIGER
  Die stürzte hin am Tor – die sagt uns nichts mehr!
BEATRICE *ist in den Garten gestürzt, hat sich niedergeworfen, sieht zur Terrasse auf; flehend*
  O Herr!
HERZOG   Graunvolle Nacht!
  Er beginnt langsam die Stiege herunterzukommen.
BEATRICE   Ich habe Furcht –
  Sie töten mich – und ich will leben, Herr!
  Den Schleier hol' ich Euch – – ich will nicht sterben!
  O kommt, ich bitt' Euch!
MAGNANI   Herzog, hört sie nicht!
  Es bringt Gefahr – geht nicht!
HERZOG *ist auf den letzten Stufen.*
BEATRICE   Nehmt meine Hand!
HERZOG
  Was soll mir deine Hand?
BEATRICE   O bitte, nehmt sie!
  Ihr müßt sie halten – müßt sie immer halten!
  Das eine tut mir: laßt mich nicht allein,
  Wenn ich mit Euch dahin geh'! Und noch eins –
  Das fleh' ich – fragt mich nicht – ich fleh' Euch an –
  Fragt mich um nichts!
HERZOG   Bin ich erst dort mit dir,
  Was brauch' ich noch zu fragen!
BEATRICE   Schwört mir das,
  Daß Ihr nichts fragt, und haltet meine Hand!
HERZOG
  Ich halte sie.
BEATRICE   So kommt!
  Sie zieht ihn nach hinten; Magnani scheint folgen zu wollen.
HERZOG   Daß niemand folge!
  Hört Ihr? Bei Strafe seines Lebens – keiner!
  Alle bleiben wie gelähmt stehen.
In diesem Augenblick kommt FRANCESCO, *der mit größtem Erstaunen alles sieht und nach vorn stürzt, als wenn er jemanden etwas fragen wollte.*
ROSINA *schreit* Feiglinge! Feiglinge!
              Vorhang

FÜNFTER AKT

Szene des dritten. Ganz dunkel. Die Kerzen herabgebrannt. Der Schleier liegt wie leuchtend nicht ganz in der Mitte, mehr rechts, wo ihn Beatrice heruntergleiten ließ. Die Leiche des Filippo Loschi beinahe ganz unter den Vorhängen des Alkovens; man sieht gar nichts von ihr, wenn der Vorhang aufgeht. Die Szene ist eine Weile leer. Es ist anfangs still. Nach einiger Zeit Lärm auf der Straße, Lachen, das wieder verklingt. Wieder vollkommene Stille. Dann tritt durch die offene Tür rechts BEATRICE, *der* HERZOG *hinter ihr, ihre linke Hand mit seiner rechten haltend. Sie geht auf den Schleier zu, hebt ihn auf.*

BEATRICE
    Hier ist er! Und nun kommt!
HERZOG *bleibt regungslos stehen.*
BEATRICE   Ich bitt' Euch, kommt!
    Ihr seht, der Schleier ist's, den Ihr mir gabt.
    Ich hielt mein Wort, nun haltet Eures auch,
    Und laßt uns gehn.
HERZOG *regungslos.*
BEATRICE *in immer heftigerer Angst*
               Nach nichts zu fragen, schwort Ihr!
    So kommt, verlassen wir den Ort – ich bitt' Euch!
HERZOG *sehr ruhig, sie immer bei der Hand haltend*
    Sind's immer noch die Schauer nahen Morgens,
    Daß deine Finger beben?
BEATRICE   Gehn wir fort!
HERZOG
    Noch nicht.
BEATRICE   Dies ist der Schleier.
HERZOG   Ja, er ist's.
BEATRICE
    Und was ich auch getan, Ihr habt's verzieh'n!
HERZOG
    Das tat ich.
BEATRICE   Also fort – ich bitt' Euch, fort!
HERZOG
    Dies Haus gleich zu verlassen, schwor ich nicht.
BEATRICE
    Was wollt Ihr hier?
HERZOG   Das Licht des Tags erwarten!

BEATRICE
  Bis dahin währt's noch lang.
HERZOG
                    Die Dämmer steigen
  Dort überm Turm – siehst du nicht, Beatrice?
BEATRICE *sich erinnernd*
  Ja – überm Turm. – Nein, Sterne flimmern dort!
HERZOG
  Sie löschen aus, der Himmel ahnt den Tag.
BEATRICE
  Doch wenn er kommt –
HERZOG   Was dann?
BEATRICE   Dann öffnen sich
  Die Tore und Ihr zieht hinaus ins Feld –
  Indem sie ihrer Stimme einen verführerischen Ausdruck zu geben sucht
  Und diese Nacht, mein Fürst und mein Gemahl,
  Versank und kommt für uns nie wieder!
HERZOG   Nie! –
BEATRICE
  So gehn wir doch! Seht, sind wir erst daheim,
  Dürft Ihr mich fragen und dürft alles wissen.
  Nur fort von hier! – Bin ich nicht Euer Weib –?
  Und daß ich alles dies getan – nun ja –
  Ihr wißt nicht, was es war, doch ist es viel –
  Und war doch nur für Euch – das muß wohl sein –
  Ich lieb' Euch so! Und wenn der Tag erscheint,
  Geht Ihr von mir, und ob Ihr jemals heimkehrt,
  Wer weiß? Wer weiß? – Den Schleier halt' ich fest,
  Ich werd' ihn nicht zum zweitenmal verlieren!
  In immer stärkerer Erregung, wie dem Wahnsinn nah
  Nach Hause also! Sehnst du dich denn nicht
  Nach meinen Küssen? Denke, was du tatst,
  Mich zu gewinnen! Bist ein Herzog doch,
  Und nahmst mich gleich zum Weib, da ich's verlangte,
  Und schenktest mir so viel und gabst ein Fest,
  Und morgen früh mußt du davon und höre – höre –
  Wie mit einer letzten Anstrengung
  Ich liebe dich!
HERZOG   Sei ruhig, Beatrice,
  Dir ist verziehn, du bleibst die Herzogin,
  Und in die Arme schließ' ich dich als Weib.

BEATRICE
 So komm!
HERZOG Wohin? Das prunkende Gemach,
 Wo meine Väter ihre Hochzeit hielten,
 Und Parmas Fürstentochter mich empfing,
 Scheint mir für unsre Brautnacht nicht der Ort!
BEATRICE
 Nicht edel ist mein Stamm, ich weiß – doch seht,
 Ich bin sehr schön, und Ihr nahmt mich zum Weib!
HERZOG
 Du bist's! begreif es nur! Doch mich verdrießt's,
 Mit dir zurückzukehren in mein Schloß,
 Und unsrer Feier wähl' ich andern Ort!
BEATRICE
 Wo wollt ihr hin?
HERZOG
  Ich wüßte keinen bessern
 Als diesen hier, wo du den Schleier ließest.
BEATRICE
 Was – sagt Ihr?
HERZOG Keinen würd'gern, Beatrice,
 Und sucht' ich ganz Bologna danach ab.
 Ob dies ein Haus verruchten Zaubers ist,
 Ob du hier schwelgtest in geheimen Lüsten,
 – Ich frag' es nicht! – doch, wie es sei, nur hier
 Soll diese wunderbare Hochzeit enden!
 Hier, schöne Beatrice, wirst du mein!
 Was ist dir? Immer noch die Morgenschauer?
 Er berührt sie
 Daß Finger – Hände – Arme – Hals dir zittern?
BEATRICE *schaudernd*
 Laßt mich! Ich bitt' Euch, laßt mich!
HERZOG *um sich schauend* Mählich dringt
 Mein Blick ins Dunkle, ungefragt enthüllen
 Vorlaute Schimmer dieses Raums Geheimnis!
 Sieht die Vorhänge
 Hier wallt es faltenschwer zur Erde nieder –
 Komm, Beatrice, dort ist's aufgerichtet,
 Das solcher Ehren nimmer sich versah,
 – Das Brautbett wartet, Fürstin von Bologna!
 Er zieht sie mit sich.

BEATRICE
 Laßt mich!
HERZOG O, regt sich Scham ein letztes Mal?
 So denk', 's ist eine Gruft, so schwarz und stumm,
 Darin wir unsre Seufzer keusch begraben.
 Komm, Beatrice!
BEATRICE Laßt mich!
 Reißt sich los, steht abgewandten Gesichtes da.
HERZOG Welche Nähe
 Und welche Furcht gibt deiner Schwäche Kraft?
BEATRICE *in wachsender Verzweiflung*
 Nein, sag' ich Euch! Eh' Ihr mich anrührt, Herzog,
 Eh' Ihr dorthin geht – seht, wahrhaftig mein' ich's –
 Hier ist mein Herz! – Ich bitt' Euch, bringt mich um!
 Ich selber bin zu feig, Ihr wißt! Auch so
 Ist's furchtbar, wie sie's dort im Schlosse wollten.
 Doch Ihr sollt's tun – und gleich!
HERZOG Wo bin ich?
 Nun, blödes Auge, willst du nicht einmal
 Mit eignem Lichte schaun? Mußt du auch heut
 Vom letzten Tage noch den Strahl dir leihn?
BEATRICE
 Zu mir! Zu mir!
HERZOG *den Vorhang hebend, erblickt den Körper des* FILIPPO
 Ich sehe – sehe – sehe!
 Wach' auf! Schläfst du so fest? War eu'r Umschlingen
 So wild, war euer Rausch so tief, daß dich
 Mein Ruf nicht weckt! Wach' auf! Beschämt dich die nicht,
 Die unermattet kam aus deinen Armen
 Ins Schloß, wo eine Brautnacht ihrer harrte
 Und wieder her zu dir und aufrecht steht –
 Und du liegst wie'n Betrunkner hingestreckt?
 Seh' ich um deinen Mund ein Lächeln spielen?
 Kommt Licht aus deinen Locken, daß ich sehe?
 Bist du so stolz, daß deines Fürsten Braut
 Am Hochzeitsabend deine Hure war,
 Und träumst davon? Wie oder glaubst, daß dies,
 Was jetzt geschieht, ein Traum? Du irrst! Du wachst!
 Merkst du's und regt sich's unter deinen Lidern?
 Steh auf! Nicht länger mehr gelingt's, den Schlaf
 Zu heucheln! Früh' ist um dich, und ich sehe

Dein Lächeln sich in angstvoll Grinsen wandeln
Und Graun die Augen aus den Höhlen treiben!
So rühr' dich doch! Lähmt dich der Schrecken so,
Daß du nur starren kannst mit offnem Maul?
Ich will dir helfen! *Rüttelt ihn* Schrei' dir was ins Ohr,
Was einen, der nicht niedrer als ein Knecht,
Wehrloser als ein Lahmer, taub wie'n Leichnam,
So rasend macht, daß, hätt' er tausend Leben,
Er alle hinwirft, seine Wut zu stillen!
Ich spei' dir ins Gesicht, du feiger Hund!
Jetzt läßt der Herzog den Körper des Filippo los, der schwer zurückfällt. Der Herzog sieht nun, daß Filippo tot ist; er wendet sich zu Beatrice, die während der ganzen Anrede regungslos dagestanden ist. Wie der Herzog zu ihr tritt, scheint durch ihren Leib ein letztes Zittern zu gehen; von jetzt an ist sie völlig gefaßt und spricht ruhig.

HERZOG
  Du hast's gewußt?
BEATRICE   Ich hab's gewußt.
HERZOG
  Warum noch diese letzte Schmach, den Toten
  Mich schmähn zu lassen?
BEATRICE   Ja, dies war die letzte.

MAGNANI *tritt auf. Gleich hinter ihm* COSINI.

MAGNANI
  Mein Fürst, hab' ich mein Leben auch verwirkt,
  Nun nehmt es hin, da ich Euch lebend finde!
HERZOG
  Ihr auch, Cosini? Sagt mir, wo ich bin!
COSINI
  Ihr wißt's nicht? In Filippo Loschis Haus!
HERZOG
  In Loschis Haus? – Und dies –
  mit Cosini zum Leichnam.
COSINI   Beim heil'gen Gott!
HERZOG
  Filippo Loschi?
COSINI   Ja, er ist's gewesen!
HERZOG *zu Beatrice*
  Der starb um dich? Und den verrietest du?

Und mich um ihn? Und wied'rum ihn um mich?
Was bist du für ein Wesen, Beatrice?
Und all dies Ungeheure mußte sein,
Daß ich Filippo Loschi sehen durfte –
Ein einzigmal und so? Geheimes Walten!
In welche Tiefen muß ich untersteigen,
Die Wurzeln finden, wo sie sich verschlangen?

FRANCESCO *tritt ein; gleich hinter ihm die alten* NARDIS *und* ROSINA *in Ketten;* KNECHTE *mit ihnen.*

HERZOG
   Was hat dies zu bedeuten?
MAGNANI   Herr, vergebt,
   Zu eignem Handel trieb gebieterisch
   Der erste Ungehorsam, den ich wagte.
   Die hier ließ ich mir folgen, ungewiß,
   Wie weit auch sie in Schuld verstrickt, und ob
   Bei solchem Drang der Zeit nicht jedes Zögern
   Verzichten hieß auf Wahrheit und Gericht.
HERZOG
   In Ketten?
FRANCESCO   Herr, befehlt, daß man sie löse!
   Unschuldig sind sie!
HERZOG   Man befreie sie!
Den Nardis werden die Ketten abgenommen.
FRANCESCO
   Ich dank' Euch, Herzog! *Auf Beatrice weisend*
                    Schuldig ist nur die,
   Die meine brüderliche Innigkeit
   Seit je mit ahnungsvoller Angst umfing,
   Und die nun so von Schande trieft,
   Daß, bis auf ihren Namen, tausendmal
   In brünstige Gebete eingeschlossen,
   Jeglich Erinnern, daß sie Schwester war,
   Wie schmutz'gen Staub ich so mit Füßen trete!
ROSINA
   Elende!
COSINI *zum Herzog, der in Sinnen verloren dasteht*
   Mein Fürst, was ist Euch? Was befehlt Ihr, daß
   Mit diesem Weib gescheh'? Die Stunden fliehn.

MAGNANI
    Laßt jetzt des Amts mich walten; denn das Wort,
    O Herzog, daß Ihr dieser gabt, ist nichtig,
    Wie Eure Eh', vor jedem Tribunal,
    Vor Gott und Papst und allen Kardinälen.
ROSINA
    Vergißt der Herzog, daß hier eine steht,
    Die seine Gattin ist?
FRAU NARDI   So schweig, du Böse!
ROSINA
    Und die ihm fortlief in der Hochzeitsnacht
    Zu einem Liebsten!
HERZOG   Wo ist alles hin?
    Da stehn sie nun und harren meines Worts,
    Und übermächtig bannt sie das Geschehne
    Und lebt für sie und hat besondre Kraft.
    Mir aber ist, als tränk', wie weicher Boden
    Das Blut Erschlagner, dieser durst'ge Morgen
    Den dunkeln Inhalt der entschwundnen Nacht, –
    Und sie, so wie ein Leichnam, unbegreiflich,
    Liegt starr am Eingang meines letzten Tags.
    Was ist mir alles dies? Nur eins bewegt mich:
    Daß dieser einsam starb und jene floh
    Zurück ins Leben, fort von dem Geliebten,
    Indes er dalag wie ein toter Hund?
    Wie kam dies alles? Beatrice, sag's.
FRAU NARDI So sprich doch, Beatrice! Wirf dich auf die Knie
    vor Seiner Hoheit, dem Herzog! Er wird gnädig sein! Er
    wird dir das Leben schenken, wenn du dich auf die Knie
    wirfst und ihn darum anflehst!
BEATRICE
    Wär's nur darum, so spräch' ich nicht ein Wort!
    Wendet sich jetzt zu dem Toten und sieht ihn lange an.
HERZOG
    Warst du nicht, Beatrice, nur ein Kind,
    Das mit der Krone spielte, weil sie glänzte, –
    Mit eines Dichters Seel', weil sie voll Rätsel, –
    Mit eines Jünglings Herzen, weil's dir just
    Geschenkt war? Aber wir sind allzu streng
    Und leiden's nicht, und jeder von uns wollte
    Nicht nur das einz'ge Spielzeug sein – nein, mehr!

Die ganze Welt. So nannten wir dein Tun
Betrug und Frevel – und du warst ein Kind!
FRAU NARDI Beatrice, knie nieder vor dem Herzog, bitte um
Gnade!
HERZOG
Hier hast du deine Tochter – sie ist frei,
Und du laß alles Fürchten, Beatrice –
BEATRICE *an der Leiche*
Das ist vorbei! Und war doch das allein,
Was mich die fürchterlichen Wege jagte
Von Lüg' in Lüge, Schmach in Schmach, und mich
Hier neben dir *zu dem Toten* anbetteln ließ den andern,
Mich zu umarmen, – was mich dulden ließ,
Daß deinem Leichnam arger Schimpf geschah, –
Und alles, weil's mich graute, da zu liegen
Wie du. Jetzt aber bin ich müd', so müd',
Glaub' ich, wie nie auf Erden jemand war –
Warum gerade mir dies alles, sagt?
Und warum war ich ausersehn vor allen,
So vielen Leid zu bringen, und weiß doch:
Ich wollte keinem Böses! Staun' ich nun,
Daß ich es bin, der alles dies geschah,
Und macht mich dieses ungewohnte Staunen
So müd', daß nichts mehr in mir ist als Sehnsucht,
Daliegen, so wie du, und fertig sein!
Ich bitt' Euch, tut's! Ein Stich, und allen ward
Nach Willen – *zum Herzog* bitte, tut's, mein guter Herr! –
FRAU NARDI Mein Kind, was fällt dir denn ein! Um Gnade sollst
du bitten, und du bittest um deinen Tod!
HERZOG
Beatrice, –
Mein Dolch trägt kein Verlangen mehr nach dir!
FRANCESCO
Der meine um so heißres, Beatrice!
Er stößt ihr den Dolch ins Herz; sie sinkt nieder.
BEATRICE
Francesco – du?
HERZOG Francesco!
Er reißt ihm den Dolch aus der Hand.
FRAU NARDI Meine Tochter! Francesco!

FRANCESCO *mit dumpfer Entschlossenheit*
                              Ich mußt' es tun!
NARDI Was ist denn das? Um Himmelswillen – o, du ungeschickter Junge – sie blutet ja! Beatrice, hat er dir wehgetan?
FRAU NARDI Deine Tochter ist tot, verstehst du's. Unsere Tochter ist tot!
HERZOG *zu Francesco*
  Wagt deine Einfalt mehr, als sie begreift?
FRANCESCO
  Ging sie auch einen vielverschlungnen Weg,
  Dem ich nicht folgen kann durch seine Irren –
  Ich sag's: noch jetzt, da sie im Tod hier liegt,
  Füllt mich mit Grimm und Ekel, sie zu denken
  Ohn' alle Weihe heil'gen Sakraments,
  Schamlos zu flücht'ger Lust geworben
  In eines Mannes Bett. – O Schmach und Elend!
  Daß der sich selber auf den Weg gemacht,
  Den's mein Amt war, beizeiten ihn zu senden!
HERZOG
  Du Knabe, schweig! An diesen, der hier liegt,
  Kann deine Rache nicht heran!
  So wenig, als mein Zorn.
  Bewegung   Geschäh' ein Wunder
  Und würfen wir den Borgia in den Staub
  Und brächten Freiheit unsrer Stadt und zwängen
  Zehn, hundert andre – dieses ganze Land,
  Uns zu gehorchen, und ein Reich erstünde,
  So mächtig und geeint, wie's Rom gewesen,
  Zu Cosini
  Und jenes fernste, dessen Schutt wir sahn, –
  Und wenn's durch tausend Jahre herrlich blühte,
  Einmal fiel's doch in Trümmer, wie die andern.
  Ein Lied von dem, verweht's der Zufall nicht –
  Ist ew'ger als der kühnste unsrer Siege,
  Der wieder nur Vergängliches erringt!
  Dran werden Menschen einer späten Zeit,
  Der unsre Taten nichts als Worte sind,
  In kühlen Stein gegraben zum Gedächtnis,
  Wie wir, die Mitgebornen, sich erfreun
  Mit gleichem Lächeln und mit gleichen Tränen.
  Denn dieser war ein Bote, ausgesandt,

Das Grüßen einer hingeschwundnen Welt
Lebendig jeder neuen zu bestellen
Und hinzuwandeln über allen Tod.

Es ist nahezu licht geworden, während der letzten Worte kam ein BOTE, *der mit Cosini gesprochen hat.*

COSINI
Mein Fürst, der Bote bringt Bericht vom Turm.
HERZOG
Von Garisenda?
VIERTER BOTE   Wohl, erhabner Herr!
Es ist, wie wenn all die Tausende rings um die Stadt mit einem Mal durch einen Ruf erweckt worden wären. Die Straßen, soweit wir blicken können, die Felder, die Hügel stehen voll Gerüsteter, und von San Luca flattern nicht allein die Standarten der Borgia, auch die Fahnen von Neapel und Frankreich sahen wir wehen.
HERZOG *zu Magnani*
Nun?

FÜNFTER BOTE *ist unterdes gekommen.*

HERZOG
Und was will dieser?
COSINI   Fürst, er wagt es nicht,
Die Botschaft zu bestellen. Und ich selbst –
HERZOG
Ich dächte, was es immer Böses sei,
Zu klagen bleibt uns doch nicht lang mehr Zeit.
COSINI
Die Pfeile trafen schon.
HERZOG   So sagt – wer ist's?
FÜNFTER BOTE Herr, von denen, die auf der Mauer von Isaia stehen, sind drei zu Tode getroffen worden.
HERZOG
Die Mauer von Isaia – das ist die,
Wo Graf Andrea steht mit seiner Schar –
Er ist's?
FÜNFTER BOTE
Wir sahn ihn stundenlang zuvor

An gleicher Stelle stehn, hochaufgerichtet –
Er war das erste Ziel und fiel sogleich.
HERZOG
Auch du vor mir? *Pause* Francesco! gehe hin
Zum Tore von Isaia, dir vertrau' ich
Die frühverwaiste Schar – du sollst sie führen!
Was heute not tut, ward dir mehr als allen.
Francesco ab
Euch aber, denen diese Stadt vertraut ist,
Bis andre kommen, nicht mehr ich und die,
Trag' ich die Sorge auf, im ersten Glühn
Der Morgensonne, die zum Abschied grüßt,
Den Leichnam dieses sehr geliebten Dichters
Im Grab der Bentivoglio zu bestatten.
Und diese hier wie ihn! Die Spanne Zeit,
Die sie ums Licht des Lebens noch geflattert,
Bedeutet jetzt nichts mehr – sie starb mit ihm.
Er liebte sie, er starb, weil er sie liebte,
So ist sie hochgeehrt vor allen Fraun!
COSINI
Die Sonne steigt empor.
HERZOG   Der Tag ist da.
Und in den gleichen Glanz gehn wir hinaus,
Der uns vor einem Jahr ersehnte Fernen
Mit lichtem Schein umrandet hat, als baute
Der junge Morgen selbst das stolze Tor
Zum Eingang in die Welt, die uns empfing,
So festlich, wie der eignen Fülle jauchzend.
Heut weist kein unermeßner Weg ins Weite,
Und vor den Mauern endet unsre Fahrt.
Und dennoch – mir erglüht die Sonne heut
Verheißungsvoll wie damals, denn wir gehn
Von allen Abenteuern, die im Dunkel warten,
Dem neusten und gewaltigsten entgegen!
Glocken von allen Türmen
Das Zeichen tönt, und mächt'ge Neubegier
Wie nie zuvor beflügelt meinen Schritt.
Ich freue mich des guten Kampfs, der kommt;
Die frischen Morgenlüfte atm' ich durstig
Und preise dieses Leuchten aus den Höhn,
Als wär' es mir allein so reich geschenkt.

Das Leben ist die Fülle, nicht die Zeit,
Und noch der nächste Augenblick ist weit!
Er geht, andere folgen ihm.

Vorhang

SYLVESTERNACHT

Ein Dialog

Das geräumige Speisezimmer der Familie, in dem eben ein Souper zu vierundzwanzig Gedecken stattgefunden hat. Gläser mit Champagner, andere mit rotem und weißem Wein halbgefüllt, stehen auf dem Tisch. Die Sessel in Unordnung. ZWEI KELLNER, *die für den heutigen Abend gemietet worden sind, verschwinden durch die Ausgangstür. Eine andere Tür, die in den Salon führt, ist angelehnt. Gewirr von Stimmen dringt herein. Zwei Fenster sind geschlossen, das dritte steht weit offen.* FRAU AGATHE, *die ganz allein ist, blickt hinaus; der Schnee fällt dicht und lau; zahlreiche erleuchtete Fenster gegenüber. Unten fährt ein Wagen vorbei wie über einen Teppich. Stimmen tönen gedämpft herauf.* DER SOHN *des Hauses, jung und blond, kommt aus dem Salon und will das Speisezimmer passieren; da erblickt er Agathe und wendet sich zu ihr.*

EMIL Haben Sie nicht Angst, sich zu verkühlen, gnädige Frau?
AGATHE O nein; es ist ja ganz mild.
EMIL *eine Hand zum Fenster hinaushaltend* Merkwürdig – der Schnee ist beinah' warm. Der Frühling muß schon in der Nähe sein. Im übrigen, glückliches neues Jahr.
AGATHE Danke, gleichfalls. Sagen Sie mir, was wird denn jetzt eigentlich geschehen?
EMIL Inwiefern?
AGATHE Nun, es wird doch auf irgend eine Weise für die Unterhaltung gesorgt werden.
EMIL Selbstverständlich. Ich weiß allerdings nicht... aber die Stimmung ist ja schon durch den bedeutenden Augenblick gehoben. Bedenken Sie: ein neues Jahr beginnt.
AGATHE Freilich.
EMIL Wahrscheinlich wird man tanzen.
AGATHE Haben Sie einen Klavierspieler?
EMIL Fritz wird spielen – jedenfalls.
AGATHE Ihr Cousin?
EMIL Ja. Wir sind ja ganz unter uns: es ist nichts als ein erweiterter Familienkreis. Glauben Sie denn, gnädige Frau, Sie wären heute bei uns geladen, wenn nicht Ihr Gemahl der Cousin von Mama wäre?
AGATHE Ach ja.
EMIL In unserem Haus hält man noch an der schönen Sitte fest,

daß an solchen Abenden nur die Menschen zusammenkommen, die auch zusammengehören, die durch die Bande der Verwandtschaft miteinander verknüpft sind. Na ja, darum unterhält man sich auch so gut, daher die festliche und gerührte Stimmung. Haben Sie das gar nicht bemerkt?

AGATHE Gewiß. Auch hab' ich die Sitzordnung so sinnig gefunden: Ehepaare zusammen, Kinder neben den Eltern . . .

EMIL Ja. –

AGATHE Und was sollen die Leute tun, die nicht tanzen?

EMIL Nun, die Herren werden Karten spielen; Ihr Mann, Papa und Herr Friedmann haben bereits angefangen. *Klavierspiel im Nebenzimmer* Hören Sie, Fritz hat sich schon an den Flügel gesetzt.

AGATHE Darauf wird man schwerlich tanzen können.

EMIL O, er fängt immer mit Tristan und Isolde an, aber es wird immer wieder die Fledermaus. Darf ich Sie nicht hineinführen, gnädige Frau?

AGATHE Es hat Zeit; ich tanze nicht mehr.

EMIL O, gnädige Frau!

AGATHE Bitte, bemühen Sie sich nicht. Ich bin sechzehn Jahre verheiratet. Wenn Sie mir vielleicht mein Cape reichen wollten? Dort über der Lehne hängt es.

EMIL Hier, gnädige Frau.

AGATHE Danke. So – ich bleibe noch ein bißchen am Fenster; es ist so wunderschön. Aber stören Sie sich nicht um meinetwillen, ich bitte sehr. Sie wollten wahrscheinlich fortgehen.

EMIL O nein.

AGATHE Sie sind gewiß noch irgendwo eingeladen und werden wohl noch Ihre besondere Sylvesterfeier haben, in der richtigen Gesellschaft.

EMIL Das wäre nicht unmöglich . . . aber geladen bin ich nicht, wirklich nicht. Ich wollte nur in mein Zimmer gehen; denn in meinem Zimmer hab' ich ein Rendezvous.

AGATHE O! was für Zustände in diesem anständigen Bürgerhause!

EMIL Das anständige Bürgerhaus braucht sich nicht zu schämen; ich habe Rendezvous mit einer Unsichtbaren.

AGATHE Sehr interessant!

EMIL Hören Sie?

AGATHE Was denn?

EMIL Wie sich der König Marke allmählich in den Rentier

Gabriel Eisenstein verwandelt hat. *Trällert mit* »O je, o je, wie rührt mich dies...«
AGATHE Also was ist das für ein geheimnisvolles Rendezvous?
EMIL Das verhält sich folgendermaßen: ich bin hier, wie Sie bemerken, und sie –
AGATHE Die Unsichtbare...
EMIL Ja, die Unsichtbare ist in diesem Augenblick auch irgendwo, wo sie nicht hingehört oder wo sie nicht sein will, ebenso –
AGATHE Ebenso wie Sie. Das ist nicht sehr liebenswürdig, aber es ist wahr. Nun weiter. Wo Sie sind, weiß ich – aber die Unsichtbare...
EMIL Lassen wir das dahingestellt; vielleicht auch im Kreise ihrer Familie, vielleicht in einem andern Kreis – kurz, wir können zusammen nicht kommen, der Champagner ist viel zu tief.
AGATHE Ich bin gegen Witze.
EMIL Entschuldigen Sie, gnädige Frau. – Nun, und da haben wir uns einfach *zum Himmel weisend* da droben ein Rendezvous gegeben.
AGATHE Wo?
EMIL Bei den Sternen.
AGATHE Süß!
EMIL So haben wir uns verabredet: wenn der Festesjubel aufs Höchste gestiegen – hören Sie? *trällert wieder mit* »Die Majestät wird anerkannt...« Also, wenn der Jubel aufs Höchste gestiegen ist, wie zum Beispiel jetzt in diesem anständigen Bürgerhause, ziehen wir uns beide auf wenige Minuten zurück und treten beide einsam an ein Fenster –
AGATHE Ich wünsche Ihnen von Herzen, daß die Einsamkeit der Unsichtbaren ehrlicher sei als die Ihre...
EMIL Ich wage es zu hoffen – treten ans Fenster, schauen den großen Bären an – sehen Sie, dort ist er – und träumen voneinander, so lebhaft als nur möglich. Ja, das ist unser Rendezvous in der Sylvesternacht. Darum wollte ich eben in mein Zimmer gehen. Aber von hier aus sieht man den großen Bären gleichfalls, und nichts hindert mich, zu träumen – es sei denn, daß Sie so freundlich sein wollten, gnädige Frau.
AGATHE Nichts liegt mir ferner. Träumen Sie.
Auf der Straße gehen Leute; Gruppen begegnen einander, gedämpfte Rufe: »Prosit Neujahr!«, *Lachen, Versuche, zu singen; dann wieder Stille. – Agathe und Emil schweigen.*
AGATHE Ausgeträumt?

EMIL Ja.

AGATHE Nun erlauben Sie mir vielleicht, Ihnen zu sagen, daß Sie mir nicht im geringsten imponieren.

EMIL Nun ja, ich habe auch niemals den Ehrgeiz gehabt ... aber trotzdem, wie meinen Sie das?

AGATHE Warum sind Sie denn nicht bei ihr?

EMIL Gnädige Frau, das ist eben unmöglich, die Verhältnisse liegen nun einmal so.

AGATHE Und ich sage Ihnen, sie lieben die Unsichtbare nicht, sonst wäre es nicht unmöglich.

EMIL Aber gnädige Frau, ich versichere Ihnen ... wenn Sie ahnten, wo sie jetzt ist –

AGATHE Das ist ganz gleichgültig; keineswegs ist sie in Ketten geschmiedet und Sie sind es auch nicht.

EMIL Aber es gibt auch Ketten, die –

AGATHE Nein.

EMIL Wenn Sie wüßten, wo sie ist!

AGATHE Warum geht sie nicht fort? Warum gehen Sie nicht hin? Verkleidet, wenn es nicht anders möglich ist – als Kellner – als Irrsinniger – Warum holen Sie sie nicht?

EMIL Ich weiß gar nicht, was ich Ihnen antworten soll.

AGATHE Allerdings ist es gefahrloser, sich auf dem großen Bären ein Rendezvous zu geben.

EMIL Gnädige Frau, es ist eigentlich komisch, daß ich mich bei Ihnen entschuldigen muß – aber schauen Sie, man kann doch nicht wegen einer Viertelstunde – wegen eines Augenblicks soviel – alles – riskieren.

AGATHE Das ist eben der Irrtum. Wenn ich Ihnen erzählen würde, was einmal eine meiner Freundinnen wegen einer solchen Minute oder Stunde gewagt hat ...

EMIL Bitte, erzählen Sie, vielleicht kann ich was lernen.

AGATHE Ich versichere Ihnen, daß es mir darauf nicht ankommt. *Sie schweigt ...*

EMIL Ich bitte Sie!

AGATHE Was denn?

EMIL Die Geschichte Ihrer Freundin.

AGATHE Es war offenbar eine Nacht wie heute, es war sogar Sylvesternacht, das weiß ich. Meine Freundin –

EMIL Sie ist längst tot.

AGATHE Selbstverständlich. Aber damals lebte sie und war verheiratet.

EMIL Und hatte sieben Kinder.

AGATHE Was fällt Ihnen ein?

EMIL Ich sage das, um meinen Verdacht abzulenken.

AGATHE Sie hatte kein Kind – zu jener Zeit kaum einen Gatten. Aber sie waren nun einmal ein Paar, und so gaben sie gemeinschaftlich ein Fest, so eine Art Familienfest, wie heute in diesem Hause – ja. Aber er, der, den sie liebte, war nicht geladen.

EMIL Er gehörte eben nicht zur Familie.

AGATHE Niemand kannte ihn. Der Gatte und er hatten sich nie gesehen. Aber meine Freundin wollte mit ihm zusammen sein, gerade in dieser Sylvesternacht – und er mit ihr; denn sie liebten einander, und da es nun einmal ein Fest war, wollten sie es zusammen feiern. Und sie taten es auch.

EMIL Ja – aber wie?

AGATHE Auf die einfachste Weise von der Welt. Er wartete im Wagen, nicht weit vom Haustor, von Mitternacht an, und meine Freundin verließ das Haus, ihre Wohnung, ihre Gäste, ihren Mann, während man tanzte, spielte, trank.

EMIL Wie? Wie konnte sie das tun?

AGATHE Wie man alles kann –: indem man es tut. Sie eilte zu dem Wagen, in dem er wartete, und stieg ein.

EMIL Unglaublich! Und dann?

AGATHE Dann fuhren sie zusammen in den Prater. Es ... muß wunderschön gewesen sein. Eine Nacht etwa wie heute, Schnee, überall Schnee und alles still vor lauter Schnee. Und unten in der großen Allee sind sie wahrscheinlich ausgestiegen und Arm in Arm spazieren gegangen und waren ... wahrscheinlich glücklicher als man es auf irgend einem Sternbild sein kann. Und eine Stunde, nachdem sie fortgegangen, war die Frau wieder daheim unter ihren Gästen.

EMIL Ohne daß es jemand gemerkt hätte?

AGATHE Das will ich eben nicht sagen; vielleicht war ihre Abwesenheit dem Einen oder dem Andern aufgefallen – aber da sie nun doch zurückkam ...

EMIL Ja – sie kam zurück – und doch –

AGATHE Es hätte schlimm ausgehen können, meinen Sie?

EMIL Ja, das mein' ich allerdings. – Wenn der Gatte der Sache nachgeforscht – wenn er entdeckt hätte ...

AGATHE Ja – dann wäre es eben mißglückt. Er hätte sie davongejagt.

EMIL Ah! was für ein Mut! Was hat Ihre Freundin nicht alles aufs Spiel gesetzt!
AGATHE Ja, wenn man nichts aufs Spiel setzen will ...
EMIL Schade, schade ...
AGATHE Was?
EMIL Daß Ihre Freundin tot ist. Ich hätte eine solche Frau einmal sehen mögen; ich habe nicht geglaubt, daß es solche Frauen überhaupt gibt. Sie sind alle so bequem, so feig!
AGATHE Beinah' wie die Männer.
EMIL Ihre Geschichte hat mich sehr ergriffen, gnädige Frau – ja ... Sie sind gewiß nur deshalb hieher gekommen und sind am Fenster stehen geblieben, um sich an diese Freundin und an ihr sonderbares Abenteuer erinnern zu können.
AGATHE Nein. Wenn ich die Wahrheit sagen soll, ich hatte sie schon lang vergessen. Ich stehe hier am Fenster nur, weil die Luft mir wohltut. Und dann – da ich weder tanze, noch Karten spiele. –
EMIL Jedenfalls steht es fest: Auch Sie feiern Ihren Sylvesterabend nicht an dem rechten Ort. Auch Sie sind nicht – wo Sie eigentlich sein möchten –
AGATHE *lachend* Was fällt Ihnen denn ein!
EMIL Und ich sage noch mehr: Sie wären mit ihm, wenn er nicht sehr fern wäre!
AGATHE Er? Welcher Er?
EMIL Er, mit dem Sie in dieser festlichen Stunde am liebsten zusammen sein möchten.
AGATHE Sehr fern? ... da drin sitzt er und spielt Whist mit Ihrem Papa und Herrn Friedmann.
EMIL Wieso? Entschuldigen Sie ... das ist ja Ihr Mann.
AGATHE Natürlich.
EMIL Aber –!
AGATHE Nun ja; er ist's, mit dem ich Sylvester feiern möchte – und er spielt Whist mit Ihrem Papa und Herrn Friedmann. Übrigens wäre er nicht sehr geschmeichelt, wenn er jetzt Ihr Gesicht sähe. Ich bin nicht so romantisch, wie Sie glauben – und wie meine tote Freundin war.
EMIL O gnädige Frau, ich durchschaue Sie ja. Das ist einfach ein ehrenvoller Rückzug, nichts anderes.
AGATHE Sie irren sich sehr. Ich versichere Ihnen, daß es keinen Menschen auf der Welt gibt, der mir näher steht, als mein Mann – ja. Sehen Sie mich nicht so dumm an. Es ist nun ein-

mal so. Ich sage Ihnen, wenn zwei Menschen nur überhaupt zusammen bleiben, so kommt immer eine Zeit, wo sie einander wieder finden. Und man verzeiht einander sehr viel, hauptsächlich weil es gar nichts Unverzeihliches gibt, wenn es nur vorbei ist.

EMIL Nun – warum sind Sie dann eigentlich so melancholisch am Fenster gestanden? Sie werden Ihr Fest eben um zwei Stunden später feiern, das ist alles. Denn in zwei Stunden fahren Sie mit Ihrem Mann nach Hause. Ich hingegen bin und bleibe allein.

AGATHE Und doch ist ihre Sylvesterfeier die schönere. Denn bei jedem Fest kommt es auf das Morgen an. Und darum gibt es nur Feste, so lang man auch morgen noch jung ist.

EMIL Gnädige Frau, reden Sie doch nicht so – man kann Ihnen wirklich gar nicht zuhören. Sie reden vom Altwerden! Sie wissen ja gar nicht, wie jung Sie sind. Während Sie die Geschichte Ihrer verstorbenen Freundin erzählten – o gnädige Frau...

AGATHE *auf den Himmel weisend* Sie vergessen –

EMIL Nein, gnädige Frau; wenn Sie vom Alter reden, das ist wirklich...

AGATHE Koketterie – natürlich. Ja, ich weiß schon, wenn ich wollte –! o gewiß, es kostete mich nicht viel Mühe, einen jungen Mann vom großen Bären herunterzuholen – vielleicht nur ein Wort.

EMIL Ja, nur ein Wort, nur einen Blick. Diesen zum Beispiel. – Warum gestehen Sie mir's denn nicht ein, gnädige Frau? Sie sind es, Sie waren es, die in einer Nacht wie heute mit ihrem Geliebten durch den Schnee fuhr, während zuhause die Leute tanzten und Karten spielten. Und während Sie die Geschichte erzählt haben, glühten Ihre Augen in der Erinnerung jener Nacht.

AGATHE Sie irren Sich ganz gewiß. Im übrigen ist das ganz gleichgültig – ob eigene oder fremde Vergangenheit, es ist fern.

EMIL Aber es kann wiederkommen.

AGATHE Was fällt Ihnen ein. Nichts kommt wieder. –

EMIL Aber Neues kommt. Wie sagten Sie, gnädige Frau? Bei jedem Fest kommt es auf das Morgen an. So könnte das das schönste sein, das ich je erlebt habe.

AGATHE Aber!

EMIL *faßt ihre Hand* Sie wissen ja nicht, wie schön Sie sind! O glauben Sie mir! Wenn man von einem Wesen Ihrer Art geliebt würde, da wär' es wohl der Mühe wert, alles aufs Spiel zu setzen.
AGATHE Glauben Sie?
EMIL Ich weiß es, ich fühle es!
Sie sind nah nebeneinander; ihre Lippen begegnen sich, wie zufällig. – In diesem Moment hört das Klavierspiel im Nebenzimmer auf; Emil sieht besorgt nach der Tür.
AGATHE Nein, es hat's niemand gesehen.
EMIL *verlegen* O –
AGATHE Im übrigen – wir könnten beschwören, daß es gar nichts zu bedeuten hatte.
EMIL Nun ja . . . gnädige Frau . . . *er will wieder ihre Hand fassen.*
AGATHE *sie ihm leicht entziehend* Oder bilden Sie sich am Ende ein, daß Sie es waren, den ich geküßt habe?

Sie tritt vom Fenster weg, geht zur Türe, und ohne sich noch einmal umzuwenden, tritt sie in den Salon.

LEBENDIGE STUNDEN

Vier Einakter

I. LEBENDIGE STUNDEN

Ein Akt

ANTON HAUSDORFER, *pensionierter Beamter*
HEINRICH
BORROMÄUS, *Gärtner*

Wohlgepflegter kleiner Garten in einem Vororte Wiens. Kleines Haus im Hintergrund, mit Veranda, von der drei Stufen in den Garten herabführen. Vorn zwei Sessel, sowie ein behaglicher Lehnstuhl. Frühherbst. Der Abend ist nahe. Stille. BORROMÄUS, *der Gärtner, mit Umgraben beschäftigt. Er ist ein alter Mann mit ziemlich langen grauen Haaren.* ANTON HAUSDORFER *kommt langsam von der Veranda herunter; er ist nahe an sechzig, bartlos, straffes graues, kurzgeschnittenes Haar, junge Augen; dunkler Anzug, bequem, nicht nachlässig; breiter dunkler Strohhut.*

HAUSDORFER Guten Abend, Borromäus.
BORROMÄUS Guten Abend, gnädiger Herr. Der gnädige Herr sind wohl heut nachmittag in der Stadt drin gewesen, nicht wahr?
HAUSDORFER Nein, nein.
BORROMÄUS Ich hab' nur gedacht, weil der gnädige Herr nachmittag wieder nicht in der Laube den schwarzen Kaffee getrunken hat.
HAUSDORFER Nein, nein, ich war nicht in der Stadt. Ich bin drin auf dem Sofa gelegen. Ich hab' nämlich ein bißchen Kopfweh gehabt. Na, was tun Sie denn? Wir werden ja bald den ganzen Garten umgegraben haben.
BORROMÄUS Freilich, gnädiger Herr. Es ist auch notwendig. Über Nacht kann ein Frost da sein. Ich lass' mich von diesen milden Tagen nicht betrügen, wenn's einmal Oktober ist. Erinnern sich gnädiger Herr noch an den Herbst im Jahre 93? Am Abend ist man im Freien gesessen – ja, am 28. Oktober – und in der Früh' um drei ist der Frost dagewesen. Und 87 und 88 war ganz dieselbe Geschichte. Ah nein, mich betrügen die schönen Tage nicht.
HAUSDORFER Sie haben schon recht, Borromäus. *Schaut ihm zu* Nun, was setzen wir denn heuer ein? *Er versinkt in Nachdenken, hört die Antwort kaum an.*
BORROMÄUS Ja, davon hab' ich mit dem gnädigen Herrn grad reden wollen. Ich war nämlich heut nach Tisch beim Franz drüben. –

HAUSDORFER *zerstreut* Bei wem?
BORROMÄUS *etwas befremdet* Beim Gärtner vom Baron Weißeneck. Er ist hochmütig, ja, aber er versteht was. Ja, er kennt sich besser aus als ich. Ich muß es schon selber sagen. Er hat's auch in Büchern studiert. Zwanzig so Bänd' stehn bei ihm oben auf'm Kasten. Na, und darum genier' ich mich gar nicht, ihn um Rat zu fragen.
HAUSDORFER *hat nicht zugehört* Ja, ja, das müssen S' tun.
BORROMÄUS Was, gnädiger Herr?
HAUSDORFER Was er Ihnen gesagt hat. Ja; ich bin ganz einverstanden.
BORROMÄUS *immer befremdeter* Aber, gnädiger Herr, ich hab' ja noch gar nichts...
HAUSDORFER *wie oben* Es wird schon das Rechte sein.
BORROMÄUS *fast erschrocken* Erlauben, gnädiger Herr.
HAUSDORFER *wie erwachend* Was denn?
BORROMÄUS O, ich kann mir schon denken! Wenn ich mir erlauben darf zu fragen – gewiß geht's der Frau Hofrätin wieder schlechter? *Da Hausdorfer nicht antwortet, verlegener* Na ja, ich denk' halt, weil sie schon drei Wochen nicht mehr bei uns heraußen gewesen ist.
HAUSDORFER Lassen Sie doch. Sie ist tot. Ich dank' Ihnen für Ihre Teilnahme. Die Frau Hofrätin ist tot. *Er hat sich gesetzt.*
BORROMÄUS *ganz erschrocken, hat die Mütze abgenommen* Oh, oh! *Pause.*
HAUSDORFER Ja. Sie wird nimmer zu uns kommen, die Frau Hofrätin.
BORROMÄUS Ja, ist es denn möglich! O Gott! Ich hab' ja gar keine Ahnung gehabt, daß die Frau Hofrätin so krank war. *Schüttelt den Kopf* Und war doch noch eine jüngere Frau sozusagen.
HAUSDORFER Na, lieber Borromäus, jung... Allerdings, sieben Jahre jünger als ich; aber ich bin halt auch schon sechzig.
BORROMÄUS Ja, freilich!...
HAUSDORFER Man kann auch älter werden als die Frau Hofrätin, das ist schon wahr.
BORROMÄUS Ja, sehn Sie, gnädiger Herr, es mag auch daher kommen, daß ich die Frau Hofrätin doch beinah Tag für Tag gesehn hab' in diesen fünfzehn oder zwanzig Jahren, – also damals –
HAUSDORFER Ja, vor zwanzig Jahren waren wir alle jünger.

BORROMÄUS Aber auch in der allerletzten Zeit hat doch die Frau Hofrätin nicht einer alten Frau gleichgeschaut! Und grad heuer im Sommer, wie sie so blaß und mager worden ist, da hätt' man geschworen ... Ja, einmal wie ich spät am Abend aus der Allee dort herausgekommen bin und die Frau Hofrätin ist da gesessen – meiner Seel', ich hab' gemeint, es ist eine jüngere Schwester von der Frau Hofrätin – – entschuldigen der gnädige Herr.

HAUSDORFER *nach einer kleinen Pause* Also, Borromäus, was hat er denn eigentlich gesagt, dieser arrogante Franz vom Baron?

BORROMÄUS O nein, gnädiger Herr, o nein! Ich will jetzt nicht mehr von so gleichgültigen Sachen reden. *Er küßt ihm die Hand* Ich weiß, was das heißt – ich hab' auch einmal eine Frau gehabt und – begraben. *Er erschrickt gleich wieder über seine eigene Bemerkung* O, ich meine nur ...

HAUSDORFER Es ist schon gut, Borromäus. *Kleine Pause.*

BORROMÄUS Und der junge Herr? ...

HAUSDORFER Was? Wie?

BORROMÄUS Ich meine, der junge Herr Heinrich – es ist doch schrecklich! O Gott, o Gott! Wenn ich daran denk', wie er die Frau Hofrätin in der letzten Zeit immer herausbegleitet hat und abgeholt am Abend ...

HAUSDORFER Ja, er ist sehr zu beklagen.

BORROMÄUS Er ist gewiß selber krank worden, daß er nicht kommt.

HAUSDORFER Nein, nein. Ich erwarte ihn jeden Tag. Er ist nämlich fort – er ist abgereist. Aber er muß jeden Tag zurückkommen. Er erholt sich halt ein wenig. Na ja, er muß doch wieder arbeiten können.

BORROMÄUS Ja, ja, wenn man einen Beruf hat ...

HAUSDORFER Und gar einen solchen! – Ein Dichter! *Steht auf* Ein Dichter! Wissen Sie, was das heißt?

BORROMÄUS Aber gnädiger Herr! –

HAUSDORFER Nichts wissen Sie, gar nichts. Wir wissen das alle nicht, wir gewöhnlichen Menschen, die nichts weiter können als ihre Gärten bepflanzen ...

BORROMÄUS O, der gnädige Herr hat –

HAUSDORFER Na ja, Borromäus, Sie meinen, ich hab' früher auch noch was anderes getan – ja, ja. Aber doch nichts besseres als jetzt. In einem Bureau bin ich gesessen drin in der Stadt, tagtäglich von acht bis zwei, manchmal ist auch drei oder gar vier worden.

BORROMÄUS Es muß doch eine Plag' sein, täglich auf einem Fleck sitzen sechs Stunden lang. – Ich hab' den gnädigen Herrn oft bedauert in früherer Zeit, wenn er erst so spät am Abend aufs Land herausgekommen ist. Und gar im Winter –

HAUSDORFER Was soll man machen, Borromäus? Jetzt sitzt ein anderer auf meinem Platz, und wenn's der erlebt wie ich, kriegt er auch einmal seine Pension, und drin im Bureau sitzt wieder ein anderer! – Aber wer da drin auf meinem Platz sitzt, das ist ganz egal, das kann bald einer. Aber ein Dichter – das ist schon eine andere Art von Mensch wie unsereiner, Borromäus. Wenn so einer in Pension geht, kann's passieren, daß die Stelle recht lang unbesetzt bleibt. Ja, so einer muß auf sich schauen, das ist er der Welt schuldig – verstehen S', Borromäus?

BORROMÄUS Freilich.

HAUSDORFER Nichts verstehen S', gar nichts. Haben Sie denn gar nichts bemerkt am Heinrich? Haben Sie denn nie den Schein um seinen Kopf bemerkt? Na, sehn Sie!

BORROMÄUS *lacht zuerst, dann wird er wieder ernst.*

HAUSDORFER Haben S' keine Angst, Borromäus, – ich bin nicht verrückt. Ich red' von keinem wirklichen Schein, nur von einem figürlichen. Sie können ihn nicht sehen, Borromäus, – ich auch nicht; – aber die Frau Hofrätin hat ihn gesehen.

BORROMÄUS Ah, ich weiß schon, was der gnädige Herr meint. Ja, weil der Herr Heinrich, so jung als er ist, schon so viel in der Zeitung steht und die Leut' von ihm reden – ja, ja, das ist ... *Geste, als wollte er den Schein um den Kopf bezeichnen.*

HEINRICH *schwarz gekleidet, geht am Gartengitter vorbei. Er grüßt und verschwindet wieder.*

BORROMÄUS *ist dem Blick des Hausdorfer gefolgt.*

HAUSDORFER Ja, da kommt er. *Sitzt schweigend.*

BORROMÄUS Erlauben der gnädige Herr – ich hab' ja noch gar keine Gelegenheit gehabt, dem Herrn Heinrich mein Beileid auszusprechen ...

HEINRICH *tritt eben aus dem Innern des Hauses auf die Terrasse.*

HAUSDORFER Na, gehn Sie nur, gehn Sie nur, sprechen Sie ihm Ihr Beileid aus.

BORROMÄUS *geht dem Heinrich entgegen.*

HEINRICH *von der Veranda herunterkommend, ergreift die Hand des Borromäus* Ich danke Ihnen, lieber Borromäus – ich weiß ja – ich danke Ihnen sehr.

BORROMÄUS *ab.*

HEINRICH *nach vorn.*

HAUSDORFER *steht jetzt erst auf, geht ihm einen Schritt entgegen. Händedruck* Na, bist du wieder zurück?

HEINRICH Ja; früher als ich gedacht habe. Es ist doch noch besser daheim.

HAUSDORFER *nickt* Du bist also noch am selben Abend abgereist?

HEINRICH Ja. Ich bin vom Friedhof nach Hause, habe gepackt und bin fort. Ich hätte die Nacht zu Hause nicht mehr ertragen.

HAUSDORFER Das begreif' ich. Wo bist du denn eigentlich gewesen?

HEINRICH Zuerst bin ich nach Salzburg gefahren. –

HAUSDORFER So?

HEINRICH Das ist nämlich ein Ort, wo ich mich sonst immer wohl gefühlt habe. Eine Stadt des Trostes, wahrhaftig.

HAUSDORFER So? Gibt's solche Städte? Das wär' ja großartig.

HEINRICH Ja, unter gewissen Umständen gibt es solche Orte, und ich bin wirklich nicht aufs Geratewohl nach Salzburg gereist. Ich habe nämlich einmal etwas sehr Schweres oder wenigstens Trübseliges erlebt – vor sieben oder acht Jahren ... Wissen Sie, Herr Hausdorfer, so eine Geschichte, daß ich dachte, es wird überhaupt nie wieder gut ... Ja, und da bin ich fortgereist, eben nach Salzburg. Und schon am ersten Nachmittag, während eines einsamen Spazierganges in Hellbrunn, in dem reizenden Rokokogarten, linderte sich mein Schmerz und am Morgen darauf bin ich wie gesundet aufgewacht, habe sogar wieder arbeiten können.

HAUSDORFER Geh!

HEINRICH Allerdings war ich damals kaum zwanzig – überdies war Frühling; das muß man auch in Betracht ziehen.

HAUSDORFER Ja freilich, das muß man auch in Betracht ziehen.

HEINRICH Und diesmal nichts, keine Spur von Erleichterung. Im Gegenteil.

HAUSDORFER Also es gibt Fälle, wo Hellbrunn nicht wirkt. Wie lang bist du denn in Salzburg geblieben?

HEINRICH Am nächsten Tag bin ich fort. Nach München. Ich hoffte nämlich auf die beruhigende Wirkung der alten Bilder. Ich bin in die Pinakothek, in die alte, wo meine geliebten Dürer und Holbein hängen. Und wahrhaftig, dort hab' ich zum ersten Mal nach langer, nach sehr langer Zeit wieder aufgeatmet. *Pause* Sie erlauben doch, daß ich Ihnen das alles erzähle. Ich habe ein wahres Bedürfnis, mich Ihnen gegenüber auszusprechen.

HAUSDORFER Tu's nur, tu's nur. *Wird freundlicher, gibt ihm die Hand.*

HEINRICH Ich danke Ihnen. *Sitzt* Sehen Sie, Herr Hausdorfer, ich hab' es einigermaßen schmerzlich empfunden, daß wir einander im Lauf der letzten Jahre ... ich kann's nicht anders sagen – ein wenig fremder geworden sind.

HAUSDORFER Fremder – wieso denn?

HEINRICH Ja. Ich habe sehr gut gespürt, daß Sie mich nicht mehr so gern hatten, wie früher einmal, wie zu der Zeit, da ich ein Bub' war und hier auf der Wiese gespielt habe.

HAUSDORFER Gott, mein lieber Heinrich, das ist freilich schon recht lange her. Und schließlich wirst du ja auch zugestehen, daß du eigentlich derjenige warst – na ja, ich mein' nur so ... es ist doch natürlich, daß du deine eigenen Wege gegangen bist. Ein junger Mensch! Es war ja nicht sehr amüsant bei mir heraußen. Du hast deinen Kreis. Ich hab' dir doch mein Lebtag keinen Vorwurf gemacht – oder ja?

HEINRICH Aber! – Ich wollte Ihnen nur sagen, wie tief ich gerade jetzt, nach dieser mißglückten Reise – oder Flucht, empfunden habe, daß ich mit keinem Menschen so stark zusammenhänge als mit Ihnen. Sie werden mich verstehen. Wie dankbar muß ich Ihnen sein! Was sind Sie meiner armen Mutter gewesen! Wie haben Sie ihre letzten Lebensjahre verschönt!

HAUSDORFER *wehrt ab* Ja, ja ... Erzähl' doch weiter. Also in München bist du gewesen, die Bilder hast du dir angeschaut. Und da hast du Trost gefunden.

HEINRICH Solang ich eben in den kühlen, stillen Sälen war. Kaum bin ich auf die Straße hinausgetreten, so war alles vorbei. Und gar die Abende, diese endlosen einsamen Abende. Ich versuchte zu arbeiten, zu denken – unmöglich! Als wäre alles in mir vernichtet. *Pause. Ist aufgestanden* Wie lange wird das noch dauern!

HAUSDORFER Es muß schrecklich sein, wenn man eine Beschäftigung so gewöhnt ist ...

HEINRICH Gewöhnt? Ich bin's ja längst nicht mehr. Das ist es eben. Seit zwei, drei Jahren kann ich nichts mehr zustande bringen. Sie wissen ja ...

HAUSDORFER Ich weiß – freilich.

HEINRICH Aber es war auch eine vollkommene Unmöglichkeit. Ein geliebtes Wesen, eine Mutter leiden sehen, so leiden, und wissen, daß sie dem Tod entgegensieht, – und daß sie es ahnt! – Ja, das war das Furchtbarste. Diese Ahnung, die ich in ihren Augen schimmern sah, nachts, wenn ich an ihrem Bette saß und ihr vorlas. *Große Pause* Die Wohnung hab' ich aufgegeben.

HAUSDORFER So? Die wär' ja auch zu groß für dich allein.

HEINRICH Abgesehen davon; ich könnte in diesen Räumen doch nie wieder eine Zeile schreiben. Ich würde doch Nacht für Nacht das Stöhnen aus dem Zimmer nebenan zu hören glauben, das mir ins Herz geschnitten und mir jede Fähigkeit, jede Lust zu schaffen, ja zu leben zu Grund gerichtet hat. O Gott! *Pause* Und wissen Sie, was mir Doktor Heusser noch am Sonntag vor ihrem Tode gesagt hat?

HAUSDORFER Was denn?

HEINRICH Es könnte auch noch zwei bis drei Jahre dauern.

HAUSDORFER *beinahe auffahrend* Noch zwei bis drei Jahre? So? *Absichtlich ruhiger* Noch zwei bis drei Jahre hätte es dauern können?

HEINRICH Ja. Und die schlimmste Zeit wäre erst gekommen. Sie hätte das Zimmer nicht verlassen, hätte nicht einmal mehr die paar Stunden in der Woche haben dürfen – hier im Garten, wo ihr immer so wohl gewesen ist. *Blick auf den leeren Lehnstuhl.*

HAUSDORFER Vielleicht hätt' ich mich doch zuweilen entschlossen, hineinzufahren, glaubst du nicht?

HEINRICH *wie beschämt* Mein verehrter Herr Hausdorfer, ich rede da immer von mir, und ich bin noch jung, und es liegt doch noch irgendwas wie eine Zukunft vor mir. Was haben Sie verloren!

HAUSDORFER Viel, viel.

HEINRICH Ich weiß, was Ihnen meine Mutter bedeutet hat; ich hab' es immer gewußt, auch schon damals.

HAUSDORFER Damals?

HEINRICH Ich war ja kein kleines Kind mehr, als der, der mein Vater war, uns verließ.

HAUSDORFER Ja, ja.

HEINRICH Ich erinnere mich noch an den Tag, da mir die Mutter sagte, der Papa sei abgereist. Und als er nicht zurückkam, hab' ich mir eine Zeit lang eingebildet, daß er gestorben sei, und in der Nacht hab' ich manchmal bitterlich geweint. Aber kurz darauf bin ich ihm auf der Straße begegnet, und zwar mit jener andern, um derentwillen er meine Mutter verlassen hatte. Ich habe mich in ein Haustor versteckt, damit er mich nicht sieht, als ob ich kleiner Bub' mich vor ihm schämen müßte. Ja, ich hab' es früh verstanden, daß meine Mutter vollkommen frei war, so frei, als wenn sie verwitwet wäre.

HAUSDORFER Du hast uns also verziehen, scheint es.

HEINRICH *leicht verletzt* Entschuldigen Sie, ich habe mich wahrscheinlich ungeschickt ausgedrückt. *Wieder wärmer* Aber soll man denn nicht über einfache und natürliche Dinge einfach und natürlich reden können, besonders in einem solchen Augenblick? Es drängt mich, Ihnen wie einem Vater die Hand zu drücken, denn ich weiß, wie sehr meine Mutter Sie geliebt hat. *Es wird immer dunkler. Auf der Straße jenseits des Gitters werden Laternen angezündet.*

HAUSDORFER Geliebt – das wär' schon was besonderes. Was liebt sich nicht alles auf der Welt, wenn's jung ist. Freunde sind wir gewesen, Heinrich, alte Leute und Freunde. Verstehst du das? Oder hat das Wort für so junge Ohren noch keinen Klang? Aber wie sollt ihr das verstehn, ihr jungen Leute, vor denen noch die Zukunft liegt, denen die Welt offensteht, – und gar ein Mensch wie du, mit solchen Aussichten. Es ist ja kein Wunder.

HEINRICH Sie irren sich, Herr Hausdorfer: ich begreife das sehr gut. Wenn ich Ihnen ... uns meine arme Mutter wieder zurückrufen könnte – o Gott! Wenn ich sie nur noch einmal, nur für einen Abend wieder hier sitzen sähe, wie vieles gäb' ich dafür hin!

HAUSDORFER Vieles? *Bitterer* Was?

HEINRICH *zögernd* Es ist mir, als wenn ich meine ganze Zukunft, als wenn ich alles, was ich noch leisten, alles, was ich noch erreichen will, dafür hingeben könnte.

HAUSDORFER Sei nicht bös', Heinrich, das glaubst du selber nicht.

HEINRICH Wenn ich die Möglichkeit hätte, wenn es in meiner Macht stünde ...

HAUSDORFER Es ist nicht wahr, Heinrich. Auch wenn du die Macht hättest – ich kenne dich! Euch alle kenn' ich, ich weiß, wie ihr seid.

HEINRICH »Ihr?« Ich weiß nicht, für wen außer mir ich einzustehen habe.

HAUSDORFER Du mußt für niemanden einstehn. Wenn ich »ihr« sage, so weiß ich schon, wie ich das mein'. Da hab' ich nämlich einen jüngern Kollegen im Amt gehabt, das ist eine Geschichte von ungefähr zehn Jahren, der hat sich mit der Musik beschäftigt in seinen Mußestunden; es ist auch einmal bei einer Liedertafel vom Männergesangverein etwas von ihm aufgeführt worden; Franz Thomas hat er geheißen. Und dem ist sein einziges Kind gestorben, ein Bub', sieben Jahr war er alt, bildschön und aufgeweckt. Ich hab' ihn nämlich gekannt; er ist manchmal mit seiner Mutter gekommen, den Vater vom Bureau abzuholen. Also das Kind ist gestorben, an der Diphtheritis, in einer Nacht, und ich komm' hin Kondolenzvisit machen. Und er, der Vater nämlich, sitzt beim Klavier und spielt – ja, spielt. Dabei muß ich bemerken: das tote Kind ist im selben Zimmer aufgebahrt gelegen – und er spielt und hört nicht auf, wie ich komme, sondern nickt mir zu, und wie ich hinter ihm stehe, sagt er leise: »Hören Sie, Herr Hausdorfer, das ist für mein armes Buberl. Grad ist mir die Melodie eingefallen.« Und das tote Kind liegt daneben im Sarg. – Ja. Mir ist es über den Rücken gelaufen.

HEINRICH *hat mit sichtlichem Interesse und endlich mit einiger Befriedigung zugehört* Nun ja. Ich verstehe ganz gut, daß viele und gerade sehr vortreffliche Menschen solchen Dingen gegenüber eine Art Grauen empfinden mögen. –

HAUSDORFER Grauen – ja! Das wird schon das rechte Wort sein.

HEINRICH Aber sagen Sie selbst, Herr Hausdorfer: sind die Leute nicht eigentlich beneidenswert, denen es so schnell gelingt, sich hinauszuretten – in ihren Beruf, in ihre Kunst? die vielleicht sogar die wunderbare Fähigkeit haben, ihren Schmerz in ihrer Weise zu gestalten, statt ihn in nutzlosen Tränen hinströmen zu lassen?

HAUSDORFER Gestalten? Weckt das die Toten wieder auf?

HEINRICH So wenig als die Tränen. Ich sage auch nicht, daß die Freude an der Arbeit das Leid über ein entschwundenes Wesen aufwiegt. Aber ist es nicht endlich das Einzige, was uns übrig bleibt: arbeiten? Werden Sie nicht Ihren Garten pflegen wie zuvor? Und ich – ja, ich ersehne den Tag, da ich wieder fähig sein werde, etwas Ordentliches zu schaffen wie früher einmal. Ins Unabänderliche müssen wir uns fügen.

HAUSDORFER Ins Unabänderliche, das mag ja sein.

HEINRICH Es war unabänderlich.

HAUSDORFER Nein, nein.

HEINRICH *ein wenig befremdet* Gewiß. Mit welchen Gedanken

quälen Sie sich denn? Haben Sie nicht selbst erst vor sechs Wochen den Doktor gesprochen? Er hat Ihnen damals die Wahrheit nicht verschwiegen. Es hat so kommen müssen.

HAUSDORFER Nicht so früh! Noch nicht jetzt.

HEINRICH Wie können Sie das behaupten, Herr Hausdorfer? Sie nehmen doch nicht an, daß irgend etwas versäumt worden ist?

HAUSDORFER O nein, o nein, entschuldige. Nichts ist versäumt worden.

HEINRICH Nun also!

HAUSDORFER Aber hast du mir nicht selbst grad erzählt, daß sie noch zwei bis drei Jahre vor sich gehabt hätte?

HEINRICH Ach so. Das ist schon wahr. Aber der Doktor machte auch auf die Möglichkeit eines plötzlichen Todes aufmerksam, wie Ihnen sehr wohl bekannt ist.

HAUSDORFER Plötzlich? – Das wär' ja schon richtig. *Zögernd, aber dann entschlossen* Aber ob's auch natürlich zugegangen ist, das wär' noch eine andere Frage.

HEINRICH *betreten* Wie?! Warum diese ... Nein. Ich verstehe nicht, was Sie auf diese Vermutung bringt, zu der nicht der geringste ... Der Arzt hätte es doch merken müssen.

HAUSDORFER Warum denn? Man trinkt das Morphiumflascherl aus, in der Früh' wird man tot im Bett gefunden; die Angehörigen sind ja vorbereitet.

HEINRICH Sie sagen das mit einer so eigentümlichen Bestimmtheit ... Hat meine Mutter vielleicht eine Äußerung getan? ...

HAUSDORFER Laß es dir genügen – ich irr' mich nicht.

HEINRICH Da Sie mir so viel gesagt haben, Herr Hausdorfer, so werden Sie es wohl begreiflich finden ...

HAUSDORFER Ich weiß es – frag' mich nicht mehr!

HEINRICH Ach so. Der Brief auf ihrem Schreibtisch ...

HAUSDORFER *nickt* Ja.

Pause.

HEINRICH *betroffen* So, so ... Aber warum bin ich eigentlich erstaunt? Wie oft in diesen furchtbaren Nächten hab' ich mich gefragt – ja, ich gesteh' es Ihnen, auf die Gefahr, daß ich Ihnen wieder grauenhaft erscheine – was uns armselige Geschöpfe denn zwingt, so viel Elend, so viel Martern auf uns zu nehmen, wenn es doch in unserer Macht liegt, jeden Augenblick selbst ein Ende zu machen.

HAUSDORFER Heinrich!

HEINRICH Wenn meine Mutter getan hat, was Sie zu wissen behaupten, so hat sie recht getan.

HAUSDORFER Heinrich!

HEINRICH Das ist meine ehrliche Meinung.

HAUSDORFER Aber du weißt ja nichts, Heinrich – du weißt ja gar nichts! Sie hätte ja weiter gelitten und weiter gelebt, solang ihr der Herrgott das Leben schenkt – für mich hätt' sie weitergelebt und für sich – für die paar Stunden hier in dem Garten, der voll Erinnerungen an unsere Jugend und an unser Glück ist – gestorben ist sie deinetwegen – deinetwegen, Heinrich, daß du's weißt – für dich!

HEINRICH *immer erregter* Für mich ... für mich? ... Ich verstehe Sie absolut nicht! ... Für mich – was heißt das?

HAUSDORFER Verstehst du's wirklich nicht? Kannst du dir's denn nicht denken? Hast du nicht selbst eben davon gesprochen?

HEINRICH Wovon?

HAUSDORFER Hast du mir nicht selbst erzählt, was in dir vorgegangen ist? Und du bildest dir ein, deine Mutter hat nichts gemerkt?

HEINRICH Was hat meine Mutter gemerkt?

HAUSDORFER Daß dich ihre Krankheit in deinem Beruf gestört hat, daß du nichts mehr hast arbeiten können – daß du Angst bekommen hast, es ist für immer aus mit deinem Talent – daß du – du! der Gequälte, der Gemarterte, der Ruinierte warst – das hat sie gesehen und darum ...

HEINRICH Darum?! – Aber es ist ja nicht möglich!

HAUSDORFER Nicht möglich? Es war deine Mutter, so wird's schon möglich gewesen sein.

HEINRICH Nein, Herr Hausdorfer, Ihr Gram bringt Sie auf Vermutungen, die durch nichts gerechtfertigt sind. Ich weiß ja sehr wohl, daß meiner Mutter mein Seelenzustand kein Geheimnis bleiben konnte, so sehr ich mich bemüht habe – aber daß das der Grund gewesen sein sollte ... nein, das ist – –

HAUSDORFER *ihn heftig unterbrechend* Warum willst du mir denn nicht glauben? Meinst du, ich lüge dir was vor? Ja, warum denn? – Da! *Nimmt einen Brief aus der Tasche* Lies! lies! da! Der Brief ist bei klarem Bewußtsein geschrieben – das ist der, der auf dem Schreibtisch gelegen ist! Am letzten Abend hat sie ihn geschrieben. Und eine halbe Stunde nachher ... Ja, lies – da drin steht's ... weil sie dich leiden gesehen hat – sie dich

– sie dich – darum ist sie fortgegangen vor der Zeit – darum ist sie gestorben!

HEINRICH *durchfliegt den Brief* Mutter! Mutter! *Sinkt wie vernichtet nieder* Für mich! Um meinetwillen! Da bin ich ja ihr ... O Gott! O Gott! – Mutter! *Er vergräbt den Kopf auf dem Lehnstuhl.*

HAUSDORFER *sieht ihn an und nickt.*

Große Pause.

HEINRICH *erhebt sich* Ich will nun gehen. Ich begreife, daß Ihnen mein Anblick schmerzlich sein muß. Hier ist der Brief. *Er behält ihn noch in der Hand* Er ist bei klarem Bewußtsein geschrieben und enthält die Wahrheit. Ja, ich zweifle nicht mehr. *Nach einigem Zögern* Erlauben Sie mir nur, Sie auf diese Stelle aufmerksam zu machen.

HAUSDORFER Welche?

HEINRICH Diese hier. In der meine Mutter Sie beschwört – *mit dem Finger darauf weisend* »Ich beschwöre dich...« mir von dem Inhalt dieses Briefes nichts zu verraten und mich zeitlebens in dem Glauben zu lassen, daß sie eines natürlichen Todes gestorben sei. Dieser Brief war ausschließlich für Sie und ganz gewiß nicht für mich bestimmt.

HAUSDORFER Ich bestimm' ihn für dich! Ich bestimm' ihn für dich! Ich erlaube mir – ich erlaube mir. Du wirst es überleben.

HEINRICH Sie haben durch Ihre Verfügung den ganzen Sinn dieses freiwilligen, dieses Opfertodes zerstört. Ihr Wille war es nicht, daß ich mich als Mörder fühlen, als ein Verdammter auf der Welt herumgehen sollte! Und Sie werden vielleicht später selbst empfinden, daß Sie nicht nur an mir, sondern auch an ihr ein Unrecht begangen haben, das beinah das meine aufwiegt.

HAUSDORFER Ich nehm's auf mich, Heinrich. Ich hab' es dir sagen dürfen, dir schon. Du wirst dich nicht lang als Schuldiger fühlen – nein! Du wirst dich aufraffen! leben! gestalten!

HEINRICH Das ist mein Recht, vielleicht sogar meine Pflicht. Denn mir bleibt nicht anderes übrig als mich selbst zu töten – oder den Beweis zu versuchen, daß meine Mutter – nicht vergeblich gestorben ist.

HAUSDORFER Heinrich! Vor einem Monat hat deine Mutter noch gelebt, und du kannst so reden? Für dich hat sie sich umgebracht, und du gehst hin und schüttelst es von dir ab? Und in ein paar Tagen nimmst du's vielleicht hin, als wär' es ihre Schuldigkeit gewesen? Hab' ich nicht recht: seid ihr nicht einer wie der andere? Hochmütig seid ihr – das ist es: hochmütig, alle, die Großen wie die Kleinen! Was ist denn deine ganze Schreiberei, und wenn du das größte Genie bist, was ist sie denn gegen so eine Stunde, so eine lebendige Stunde, in der deine Mutter hier auf dem Lehnstuhl gesessen ist und zu uns geredet hat, oder auch geschwiegen – aber da ist sie gewesen – da! und sie hat gelebt, gelebt!

HEINRICH Lebendige Stunden? Sie leben doch nicht länger als der letzte, der sich ihrer erinnert. Es ist nicht der schlechteste Beruf, solchen Stunden Dauer zu verleihen, über ihre Zeit hinaus. – Leben Sie wohl, Herr Hausdorfer. Ihr Schmerz gibt Ihnen heute noch das Recht, mich mißzuverstehen. Im Frühjahr, wenn Ihr Garten aufs neue blüht, sprechen wir uns wieder. Denn auch Sie leben weiter. *Er geht über die Terrasse, aus der ein breiter Lichtstrahl von der Lampe in den Garten fällt.*

Vorhang

II. DIE FRAU MIT DEM DOLCHE

Schauspiel in einem Akt

PAULINE
LEONHARD
REMIGIO

Kleiner Saal einer Bildergalerie mit Werken der italienischen Renaissance. An der Rückwand ein Bild, das eine sehr schöne Frau in weißer Gewandung vorstellt, etwa in der Manier des Palma Vecchio. Die Frau hat einen Dolch in der erhobenen Rechten und sieht zu Boden, als läge dort einer, den sie ermordet hat. In der Mitte des kleinen Saals ein Diwan. Zuerst Stille; dann geht langsam ein Diener vorbei. PAULINE *tritt ein – elegante Pelzjacke, Katalog in der Hand – von rechts, geht quer durch den Saal, betrachtet ein Bild an der linken Wand. Einige Sekunden darauf tritt* LEONHARD *ein – eleganter junger Mann in schwarzem Überzieher –; er bleibt hinter Pauline stehen.*

LEONHARD Guten Morgen, gnädige Frau.
PAULINE *wendet sich um und lächelt* Guten Morgen. Ich bin eben erst gekommen. Saal neun – es stimmt doch?
LEONHARD Inwiefern?
PAULINE Nun, wir haben das letztemal bei Numero acht aufgehört.
LEONHARD Richtig. Ich wußte nicht, daß Sie das so genau nehmen. Ich wagte kaum zu hoffen, daß Sie heute kommen würden.
PAULINE Ich hab' es Ihnen doch versprochen.
LEONHARD Sie blieben gestern abend noch lange alle zusammen?
PAULINE Bis gegen Morgen. Ja. Sie sind früh verschwunden – schade. Es war ein schönes Fest.
LEONHARD Man hat ihn sehr gefeiert.
PAULINE War Ihnen das etwa unangenehm?
LEONHARD Die ganze Welt mag ihm zu Füßen liegen, das kümmert mich wenig. Aber Sie, Pauline, Sie haben ihn gestern abend mehr geliebt als je – Sie waren stolz auf ihn.
PAULINE Hab' ich keine Ursache dazu? Bewundern Sie ihn nicht selbst? Waren Sie nicht in der tiefsten Seele ergriffen und haben Sie nicht wie wahnsinnig applaudiert, als der Vorhang zum letzten Male fiel?
LEONHARD Sie haben es bemerkt?
PAULINE Ich hab' ja oft genug zu Ihnen hinuntergeschaut.
LEONHARD *küßt ihr die Hand.*
PAULINE *ihm die Hand leicht entziehend* Wollten Sie mir nicht heut ein Bild zeigen, das mir so ähnlich sein soll?
LEONHARD Ganz recht. Da ist es. Dieses hier.
PAULINE *vor der Frau mit dem Dolch* Dieses. – Ja, es hat entschieden einen Zug von mir.
LEONHARD Ah, mehr als das – es gleicht Ihnen geradezu. Abgesehen von dem Dolch.
PAULINE Warum »abgesehen«? *Lächelnd* Man kann nicht wissen ... *im Katalog blätternd* 'Numero siebenhundertsechsundzwanzig – »Frau mit dem Dolch« – unbekannter Maler – starb um 1530 ...
LEONHARD Es sind Ihre Augen.
PAULINE Sind –? Es könnten meine Augen sein. Bleiben wir doch ein wenig in diesem Saal; ich fühle mich hier sehr wohl.
LEONHARD Pauline –
PAULINE Ich glaube – nicht um Ihretwillen. Da drüben bei den

alten Deutschen und Niederländern neulich war mir gar nicht so behaglich, aber hier hab' ich eine Art von Heimatgefühl. Wahrhaftig, diese Leute muß ich alle schon einmal gesehen haben. Sehen Sie doch, wie bekannt mich zum Beispiel *auf ein Bild an der rechten Wand weisend* dieser Herr dort anblickt. Es würde mich nicht wundern, wenn er mich grüßte.

LEONHARD Wahrscheinlich hat er zu Beginn des sechzehnten Jahrhunderts in Ihrem Hause verkehrt.

PAULINE Warum nicht? Meine Mutter stammt aus Florenz. Jedenfalls hat man sich damals schöner getragen als heut, – womit ich nichts gegen Ihren neuen schwarzen Überzieher sagen will, der Ihnen vortrefflich steht.

LEONHARD *verbeugt sich.*

PAULINE Aber trotzdem, es ist nicht zu leugnen –

LEONHARD Was?

PAULINE *lächelnd* Wenn Sie mir in solch einer Tracht begegnet wären, ja dann –

LEONHARD Ich bin untröstlich, daß ich damals nicht das Vergnügen hatte.

PAULINE Was wissen Sie denn? – wir erinnern uns vielleicht nicht.

LEONHARD Ich versichere Sie, gnädige Frau, das hätt' ich nicht vergessen.

PAULINE *nachdenklich werdend* Vielleicht gehört nur ein fester Wille dazu.

Pause, in der sie ihre Blicke von einem Bild zum andern schweifen läßt.

LEONHARD Sie wissen wohl, daß man heute überall von Ihrem Gatten spricht.

PAULINE *wieder in der Gegenwart* Das kann ich mir denken.

LEONHARD *mit Bedeutung* Und von Ihnen.

PAULINE Nun ja. *Sie will weitergehen.*

LEONHARD Pauline!

PAULINE *sich wieder zu ihm wendend, etwas zerstreut* Nun, was wollen Sie?

LEONHARD Wie konnten Sie's ertragen, Pauline?

PAULINE *sieht ihn sonderbar lächelnd an.*

LEONHARD Jeder im Theater wußte, was für ein Schauspiel man aufführte. Es war einfach die Geschichte –

PAULINE *ihn rasch unterbrechend* Von der Prinzessin Maria, denk' ich.

LEONHARD So hieß es.

PAULINE Ja. Wer gestattet Ihnen zu vermuten, daß es ein anderes war?

LEONHARD Ich gestatte mir zu wissen, was die ganze Stadt weiß. Nur weiß ich noch etwas mehr.

PAULINE Das wäre?

LEONHARD Daß es gestern abend einen Augenblick gegeben hat, in dem Sie ihn haßten.

PAULINE Wen?

LEONHARD Den, für den Sie und Ihr ganzes Schicksal nichts anderes zu bedeuten hat, als eine Gelegenheit, seinen Witz oder meinethalben sein Genie zu zeigen.

PAULINE Vielleicht hat mein ganzes Leben gar keinen andern Sinn gehabt.

LEONHARD Und auch das gehört zum Sinn Ihres Lebens, daß seine Geheimnisse vor den Pöbel hingeworfen werden? *Nicht pathetisch* Prinzessin Maria! und jeder wußte, es ist die, die da oben in der Loge sitzt. Meister Gottfried! und jeder wußte, der hat das Stück geschrieben. Und alle Worte und Küsse unten auf der Bühne – und sein Verrat – und ihre Verzweiflung – und seine Rückkehr und ihr Verzeihen – und alle Erbärmlichkeit und alle Glut – alles wahr – und Herr Gottfried hatte daraus ein Stück gemacht – und Prinzessin Maria saß in der Loge und sah der Komödie zu. Ah Pauline, mir war gestern immer, als müßt' ich zu Ihnen – Sie holen, Sie befreien, Sie retten. Denn wie eine Sklavin kamen Sie mir vor, wehrlos und erniedrigt. Mitleid hatt' ich mit Ihnen und habe mich zugleich geschämt.

PAULINE Sie haben sich geschämt – Sie? warum?

LEONHARD Weil ich Sie liebe, Pauline.

PAULINE *sieht ihn ruhig an.*

LEONHARD Zürnen Sie mir nicht, Pauline. Ich weiß ja, daß mein ganzes Recht, so mit Ihnen zu reden, nur darauf beruht, daß mich nichts auf der Welt kümmert als Sie, daß ich bereit wäre, für Sie zu sterben, und daß ich jung bin.

PAULINE Das ist vielleicht nicht so wenig. Aber lassen wir das. Und gehen wir endlich weiter. Kommen Sie. *Abwehrend* Nichts mehr, nichts mehr, ich bitte Sie.

LEONHARD *dringender* Warum, Pauline, sagen Sie selbst, warum sind Sie heute gekommen? Warum waren Sie vorgestern hier, warum vor acht Tagen? Warum, Pauline, hat gestern, als ich schweigend neben Ihnen saß, Ihr Knie das meine berührt und gebebt? Warum werden Ihre Blicke feucht, während ich zu Ihnen rede, und warum verlangen Ihre Lippen nach den meinen, während wir hier ruhig nebeneinander stehen?

PAULINE Was sollen diese heftigen Fragen, Leonhard? Ich leugne nichts ab; denn das find' ich widerwärtig und feig. Aber die schlimmste von allen Lügen wäre doch, wenn ich Ihnen sagte, ich liebe Sie. Es hat keinen Augenblick gegeben, in dem ich es selbst glaubte; und doch gab es einen Augenblick, in dem ich bereit war, Ihre Geliebte zu werden. Sie haben ihn versäumt und er wird nicht wiederkommen. Nie werden Sie erraten, wann das war. Ja, es ist nun einmal so. Das ist keine Schande für mich und keine Ehre für Sie. Es ist millionenmal dagewesen. Nur sagen andere Frauen in meinem Fall: Ich hege für Sie die Liebe einer Schwester, einer Freundin – verlangen Sie keine andere. Ich, Leonhard, sage Ihnen, daß ich so ziemlich alles für Sie fühle, was Sie sich nur wünschen könnten, nur Freundschaft nicht, bei Gott, nein. *Hält inne, wie verloren* Hab' ich Ihnen nicht das schon einmal . . .?

LEONHARD *aufflammend* Nein! so haben Sie nie zu mir geredet!

PAULINE Sonderbar – mir war doch ganz . . .

LEONHARD Warum schweigen Sie plötzlich?

PAULINE Was ist mir . . .? wo bin ich . . .? *Verloren* Ich schweige. *Allmählich erwachend* Nun ja, was ist noch weiter zu sagen? Leben Sie wohl.

LEONHARD *befremdet* Was bedeutet das?

PAULINE Wir sehen uns heut zum letztenmal, das ist alles.

LEONHARD Zum letztenmal?

PAULINE Ja. Morgen früh reise ich mit meinem Gatten nach Italien.

LEONHARD Wann kommen Sie zurück?

PAULINE Ich weiß es nicht. Für Sie niemals.

LEONHARD Sie scherzen, Pauline! Davon war doch nie die Rede.

PAULINE Es konnte davon nicht die Rede sein. Ich weiß es selbst erst seit heute früh.

LEONHARD Pauline, was ist geschehen? Warum das alles?

PAULINE Warum? – Weil ich keine Lust habe, für – wie heißt das doch? für eine selige Stunde meine Ruhe, mein Lebensglück, vielleicht mein Leben selbst hinzugeben.

LEONHARD Und Ihr Gatte – was sagt er zu diesem plötzlichen Entschluß, nach Italien . . .?

PAULINE Mein Gatte? Ich hab' ihn selbst gebeten, mit mir fortzufahren.
LEONHARD Unter welchem Vorwand?
PAULINE Unter keinem Vorwand. Ich hab' ihm die Wahrheit gesagt wie immer.
LEONHARD Wie immer?
PAULINE Ich hab' ihm am ersten Tag geschworen, ihm jede Regung meiner Seele einzugestehen, wie er mir.
LEONHARD Und heute früh –?
PAULINE Hab' ich ihm gestanden, daß ich in Gefahr bin.
LEONHARD Und er?
PAULINE Hab' ich's nicht gesagt? Wir reisen fort.
LEONHARD Pauline! Und Sie glauben, er wird Ihnen jemals diese Regung verzeihen?
PAULINE Warum nicht? Ich hab' ihm mehr vergeben.
LEONHARD Er ist ein Mann, und wir alle sind eitel. Er ist ein Dichter und tausendmal eitler als wir alle. Er wird Sie Ihr Leben lang büßen lassen.
PAULINE Das muß ich tragen.
LEONHARD Er wird Sie so bitter peinigen, als wenn es geschehen wäre.
PAULINE Wär' es geschehen, so würde er mich umbringen.
LEONHARD Was fällt Ihnen ein. Er macht ein neues Stück daraus, und am Ende ist er Ihnen noch dankbar.
PAULINE Möglich. Er wäre der Mann, beides zu vereinigen.
LEONHARD Pauline, wann reisen Sie?
PAULINE Ich sagte es ja: morgen.
LEONHARD Morgen erst? So gehört das Heute noch uns.
PAULINE Sie sind verrückt.
LEONHARD Ich erwarte Sie heut abend, Pauline.
PAULINE Aber Sie sind nicht bei Sinnen.
LEONHARD Nie war ich so vernünftig als in diesem Augenblick.
PAULINE Leonhard! – Und gar jetzt, da er so viel weiß.
LEONHARD Ich sterbe tausendmal für Sie, Pauline. *Faßt ihre Hand.*
PAULINE Nein, nein! Leben Sie wohl. Es ist lauter Unsinn. Ich liebe Sie ja gar nicht. Adieu!
LEONHARD Pauline!
Die Mittagsglocken beginnen zu läuten.
PAULINE Lassen Sie mich gehen; ich muß nach Hause. Hören Sie doch, es ist schon zwölf Uhr. Er weiß ja auch, daß ich hier bin, um Ihnen Adieu zu sagen. Und wenn ich es wagte, heute

abend fortzugehen ...
LEONHARD Nun?
PAULINE Wir beide wären verloren.
LEONHARD Ich werde warten, Pauline, ich ... *sie stehen vor dem Bild der Frau mit dem Dolch.*
Die Glocken tönen fort.
PAULINE *näher blickend* Wer liegt hier im Schatten?
LEONHARD Wo?
PAULINE Sehen Sie nicht?
LEONHARD Ich sehe nichts.
PAULINE Sie sind es.
LEONHARD Ich, Pauline? Was für ein sonderbarer Scherz!
PAULINE *sieht sich um* Und alle diese ... nein ... Wer hat es gemalt?
LEONHARD Wir lasen ja eben: unbekannter Maler, starb um 1530.
PAULINE Unbekannt ...
LEONHARD Pauline, was haben Sie denn?
PAULINE Ich bin es – kennen Sie mich nicht?
LEONHARD Ich sagt' es ja, die Ähnlichkeit ist außerordentlich.
PAULINE Ich bin es, ich bin es selbst. Erkennen Sie mich nicht? Und hier im Schatten – der tote Jüngling – Sie –
LEONHARD Ich, Pauline? Was ist Ihnen?
PAULINE Erinnern Sie sich nicht, Leonhard? *Sie hält ihn bei der Hand; beide setzen sich langsam auf den Divan, den Blick dem Bilde zugewendet.*
LEONHARD Erinnern ...?
PAULINE Lionardo, erinnerst du dich nicht?
Plötzliche Verdunkelung der Bühne. Sehr rasche Verwandlung. Bis es wieder licht wird, tönen die Glocken weiter, dann verstummen sie plötzlich.

Das Atelier des Meisters Remigio. Morgengrauen. Links eine kleine Türe, rechts eine schwer geraffte dunkelrote Portiere. Großes Bogenfenster im Hintergrund. Im Saale einige Kopien nach antiken Plastiken. Bilder an der Wand, der Zeit entsprechend. Auf einer Staffelei rechts ziemlich vorn ein verhängtes Bild. – Nah der Portiere auf dem Boden liegt LIONARDO *(Leonhard) im Dunkel, nicht schlafend. Vollkommene Stille. Nach einigen Sekunden tritt* PAOLA *(Pauline) auf, in weißem Nachtgewand, ganz dem Bilde gleichend, das man in der vorigen Szene sah. Sie geht an Lionardo vorbei, ohne ihn zu sehen, langsam bis zur Staffelei, entfernt leicht den Schleier von dem Bild. Es ist das gleiche, wie in der vorigen Szene, nur noch nicht vollendet, insbesondere fehlt der ausgestreckte Arm und die*

Hand, die den Dolch hält. Natürlich wird das Bild erst deutlicher sicht-
bar im Verlauf der Szene, wenn es lichter wird.

PAOLA *betrachtet das Bild lang.*
LIONARDO *ist ihr ziemlich nahe, auf dem Boden zu ihr, küßt den Saum*
ihres Kleides.
PAOLA *zuckt leicht.*
  Was fällt Euch ein? Verließt Ihr nicht das Haus?
LIONARDO
  Paola, nein! ich blieb vor Eurer Tür.
PAOLA
  Jetzt aber eilt.
LIONARDO Der Duft von Euren Küssen
  Ist noch in meinem Haar. Ich gönn' ihn nicht
  Dem Wind der Nacht, der ihn ins Weite trägt.
PAOLA
  Wie wenig klug. Der Morgen graut heran,
  Ein Diener wacht vielleicht und sieht Euch gehn.
LIONARDO
  So bleib' ich denn, des Tages hier zu warten,
  steht auf
  Und meiner Arbeit glüht sein erstes Licht.
PAOLA
  Wozu die Müh'? Daß Ihr's nicht lassen könnt!
  Wärt Ihr des jüngeren Bassano Schüler,
  Auch des Andrea Galbi oder Franco,
  Dann könnt ich Euern Eifer wohl verstehn.
  Doch hier, von Unerreichbarkeit geblendet,
  Wie kommt's, daß Euch der Pinsel nicht entgleitet,
  Daß Ihr nicht täglich das Entworfne löscht
  Und hoffnungslos, ohnmächtig und zerbrochen
  Auf den geweihten Boden niedersinkt,
  Drauf einer wandelt, dem kein andrer gleicht?
LIONARDO
  Ich weiß, daß ich ein Stümper bin, Paola,
  Nicht wert, zu atmen, wo der Meister schafft.
  Und mancher Morgen schlich so zag hervor
  Aus dem Gewölk der Nacht, daß mich's versuchte,
  Mein eignes Dasein lieber abzutun.
  Heut aber ist ein andrer Tag, Paola,
  Und nicht für allen Ruhm des Unverglichnen

Geh' ich die trunkene Erinnrung preis,
Daß seine Gattin mein war heute nacht.
Fragt doch Remigio, wenn er wählen dürfte,
Was er sich wählte.
PAOLA *ernst*   Niemand hat die Wahl,
Nicht er, noch ich, noch Ihr – es fällt uns zu.
LIONARDO
Und jedem ward nach Willen und Gebühr.
PAOLA *vor sich hin*
Ihr denkt? . . .
LIONARDO   Denn er erkennt in Euch
Kaum, was Ihr seid, ich aber mehr als Euch:
Erfüllung jeder Schönheit, die ich ahnte,
Durchflimmert Euern Leib, aus Euerm Aug'
Erglänzt mir alles Lebens Sinn zurück.
Ihm ist Euer tiefstes Wesen nichts als Anlaß
Und Stachel seiner Kunst, verrätrisch lockt
Aufs Antlitz Euch sein Kuß der Seele Glut
Zur Fördrung eines Bildes, das Euch gleicht.
Und glaubt mir, wenn dies letzte ihm gelang,
Das unvollendet seiner Rückkunft harrt,
Schwand all sein Lieben hin.
PAOLA   Das weiß ich gut;
Denn ich bin dann nichts mehr, bin ausgeschöpft,
Und mein Lebend'ges bebt in jenem Bild.
Vor dem Bild
Ein Rätsel, blick' ich selber mir ins Antlitz,
Nie schaut ich also, doch so könnt' ich schaun. –
Es ist, als wär' mir etwas aufbewahrt,
Das besser oder schlimmer ist als alles,
Was jemals ich gedacht und je getan,
Und eine lebensdurst'ge Möglichkeit
Verbirgt sich unter halbgeschloßnen Lidern.
Wär' er doch wieder da – wär' er doch da!
Was sehnt sich so? – Dies Bild in mir?
Ich in dem Bild? – Du warst zu lange fort, –
Zu lang, Remigio! Ach ein Jahr währt ewig!
LIONARDO
Ihr träumt, Paola! Seit er Euch verließ,
Verstrich kein Monat.
PAOLA   Sehnsucht mißt die Zeit

Nicht nach der Tage Zahl. Doch heute kommt er.
Heut endlich.
LIONARDO Wieder irrt Ihr. Wenn er gestern
Florenz verließ, wie seine Absicht war,
So kommt er morgen um die Mittagszeit.
PAOLA
Nein, heut!
LIONARDO Unmöglich ist's, Paola. Nicht
mit einigem Hohn
Die Luft durchflatternd auf der Sehnsucht Schwingen,
Nein, vorgemeßnen Weg auf ird'schem Roß,
Dem ärmlichen Gesetz des Schlafs, der Nahrung
Wie wir gemeinern Leute untertan,
Reist er nach Haus.
PAOLA Erst morgen! Ach, warum
beinahe schmerzlich
Darf ich die Stunden nicht, die unnütz leeren,
In meiner Hand wie taube Nüsse knacken?
Ihr sagt: ein Tag – er brach noch kaum herein,
Doch gäb' ich willig alles Leben hin,
Das mir noch übrig, käm' er jetzt und gleich!
LIONARDO
Paola!
PAOLA *gleichgültig*
Was?
LIONARDO *heftig*
Paola, sieh mich an!
Er hat ihre Hand erfaßt, die er nun hält.
PAOLA *die Hand in der seinen, aber ohne sich zu ihm zu wenden*
Wozu? Ich kenn' dich doch! Nun ja, du bist
Der junge Lionardo. – Ja – ich weiß,
Und bist ein Farbenreiber. Nein? Was denn?
Ein Page etwa an des Fürsten Hof?
Wie? oder Prinz von Arragonien?
Verzeih – kein Page, Prinz und Farbenreiber,
Ein Maler – ja – mit Namen Lionardo.
Und bist sehr hübsch, ich weiß. Weshalb verlangst du,
Daß ich dich ansehn soll? Geschloßnen Augs
Sag' ich dir mehr, und alles, was du willst.
Dein Haar ist braun und kraust sich an der Stirn,
Blau ist dein Aug', die Brauen dunkeln tief,

Dein Hals ist weiß, wie eines Mädchens Hals,
Und gertengleich geschmeidig deine Glieder.
Dein Arm ist stark ... Nun, sagt' ich nicht genug?
Muß ich dich sehn? Gib doch die Hand mir frei!
Entzieht ihm die Hand.

LIONARDO
Paola, spielst du so mit mir? Paola!

PAOLA *ohne Blick für ihn*
Ob in Florenz ihm neuer Auftrag ward?
Ist's so, dann geh' ich nächstesmal mit ihm.
Denkt, Lianardo, seit ich Mädchen war,
Hab' ich Florenz nicht mehr, des Cosmo Hoheit,
Hab' meine Brüder seither nicht gesehen.
Doch ist's nicht Heimweh, das mich plagt. Die Damen
Am Hof der Medici sind sehr galant.
Und ganz besonders, hab' ich sagen hören,
Wenn solch ein Künstler aus der Fremde kommt,
So harren sie vor seinem Schlafgemach,
Bis sie die Reihe trifft.

LIONARDO   Was geht's dich an,
Mit wem Remigio schläft?

PAOLA *mit einem raschen Blick* Wahr – Lionardo!
Zusammen wach sein, das allein bedeutet.
Und dennoch, wie Erfahrung lehrt, begibt sich's
Zuweilen, daß ein nächtlich Abenteuer,
So nichtig und so wesenlos es schien,
Zudringlich nachläuft in den hellen Tag
Und sich wie was Lebendiges gebärdet.

LIONARDO
Paola, heute nacht warst du –

PAOLA   Die Deine!?
Versuch' es auszusprechen, da es tagt!
Hab' ich mit süßem Wort dir schöngetan?
Hab' ich geflüstert wie die andern Fraun:
»Ich liebe dich und dein hab' ich gewartet«?
Vernahmst du andern Laut von diesen Lippen,
Als den beklommnen Aufschrei wilder Lust?
Es ist nicht mehr und also war es nie!

LIONARDO
Paola, nein! es war und darum ist es!
Und wird sein, und mein Recht auf dich besteht!

PAOLA
 Ein Recht? auf mich ein Recht! Begreifst du nicht,
 Daß es erlosch mit dieser Nacht Gestirnen,
 Und daß du jedes Rechtes ledig bist
 Trotz aller Jugend, Schönheit, Kraft und Mut,
 Als wärst du häßlich wie ein Ungetüm,
 Wie Knaben unreif oder lahm wie Greise?
LIONARDO
 Paola, sag', daß diese schlimmen Worte
 Nur Proben meiner Zärtlichkeit bedeuten!
 Laß es genug sein!
PAOLA   Still! Der Morgen kam.
LIONARDO
 Doch wieder kommt die Nacht!
PAOLA   Die unsre nie!
 Bescheidet Euch! Zurück an Euern Platz.
LIONARDO *auf den Knien*
 Dies ist der meine – oder 's ist das Grab!
PAOLA
 Weh euch, wenn Ihr es wagt, mich zu berühren!
LIONARDO
 Was droht mir dieser unheilvolle Blick,
 Und was versprach und hielt er diese Nacht!
PAOLA
 Genug, genug! Bei Gott! steht Ihr nicht auf,
 Verfahr' ich so mit Euch, wie mein Remigio
 Mit dieser roten Peregrina tat,
 Die auch gelaufen kam und jammerte
 Und sich im Staube wälzte, so wie Ihr:
 »Ich lieb' Euch so« und »Ach, wie lieb' ich Euch!«
 Und: »Ihr habt mich geherzt« und: »Denkt Ihr noch«
 Und »Heute nacht« und »Ach! –«
LIONARDO   Und Euer Mann?
PAOLA
 Hinausgejagt hat er die freche Dirne!
 Große Pause.
LIONARDO *erhebt sich langsam, dann in ganz anderem Tone*
 Nein, nicht wie Peregrina bin ich – nein.
 Denn wäre Peregrina, wie ich bin,
 Sie hätte so getan, wie ich nun werde.
 Lebt wohl!

PAOLA Du willst dich töten? Ich bin's wert.
LIONARDO
Ihr seid's, Paola, darum muß ich's tun –
Vor Eurer Tür, mit Eurem Dolch, Paola.
Er nimmt den Dolch von einem kleinen Tischchen
So wird ein jeder glauben, auch Remigio,
Daß ich's aus Gram verschmähter Liebe tat.
Ich will es tun, Paola, ja – für mich
Vor allem, denn es brennt die Schmach zu heiß,
Doch auch für Euch ein wenig, dünkt mich sehr.
PAOLA
Für mich?
LIONARDO Von schlimmer Angst Euch zu befrein,
Daß ich mit einem Blicke mich verriete,
Und eure Schuld sich also offenbart.
PAOLA
Was sagst du? Angst? Was, denkst du, daß ich fürchte?
LIONARDO
Was manche Frau von dem erlitten hat,
Den sie betrog. Paola – atmet frei; –
Ich treffe Eurer Sorge gut ins Herz!
Wendet sich zum Gehen.
PAOLA
Bleibt Lionardo! Sprecht's noch einmal aus,
Daß meine Feigheit in den Tod Euch sendet!
LIONARDO
Ihr seid nicht feig, Paola; Ihr wollt leben.
Ist solches nicht des Schuldbeladnen Mut?
PAOLA
Des Schuld'gen Mut ist, seine Schuld gestehn!
Ihr bleibt!
LIONARDO Paola! Euerm Gatten –
PAOLA   Still!
Hufschläge im Hof. Beide lauschen.
PAOLA
Hört Ihr?
LIONARDO Er ist's!
PAOLA   So war sein Sehnen doch
Von tiefrer Macht als irdische Gesetze.
Er ist zurück!
Am Fenster Er steigt vom Pferd, er gibt

Dem Knecht die Zügel. Komm! ich bin bereit!
LIONARDO
  Was wollt ihr tun?
PAOLA   Ich sagt' es!
LIONARDO   Nein, Paola!
  Ich bitt' Euch sehr, steht ab von diesem Wahn!
  Wagt's nicht! Zu sehr vertraut Ihr seiner Größe.
PAOLA
  Sein lächelnd Auge sucht mich.
  Hinabwinkend   Sei gegrüßt!
  Ich fürchte sehr, du lächelst heut nicht mehr.
LIONARDO
  Doch treibt Gewissen Euch, die Schuld zu beichten,
  So klagt mich an zuerst, und mich allein!
  Sagt, daß ich einen Liebestrank Euch reichte,
  Daß ich an Euerm Leben Euch bedroht –
  Doch Euern Anteil an der Schuld verschweigt!
  Mehr als die Gattin liebt er seinen Stolz,
  Und was er hinwarf wie in keckem Scherz
  Beim Abschiedsmahl an unsres Fürsten Tafel –
  Ich hört' es wohl, ich saß Euch gegenüber,
  Und da er sprach, fiel Euer Blick auf mich –
PAOLA
  Denkt Ihr noch dran?
LIONARDO   Ich schwör' Euch, daß er's tut!
  Und daß er, wie er's lachend schwur beim Fest,
  Gleich einem durst'gen Tier in Eure Kehle
  Die Zähne gräbt! – Ich fleh' Euch an, Paola,
  – Sein Tritt ist auf der Stiege – spracht Ihr's aus,
  Gibt's keinen Widerruf, nur sichern Tod!
  Verzeiht mein vorschnell Wort, ich fleh' Euch an!
  Nie wieder wird Euch mein verhaßter Anblick, –
  Noch heut vor Abend flieh' ich diese Stadt –
  Ich war ein Schatten an der Wand und schwinde.
  Nicht mir gehört Ihr, doch auch diesem nicht,
  Allein das Leben hat ein Recht auf Euch!
  Gebt's nicht dahin. Mehr als gemeines Unglück,
  Es wäre Sünde wider Licht und Frühling!
  O lebt! Ihr seid zu herrlich, um zu sterben,
  Und ihr verlaßt zu vieles, wenn Ihr geht!
  Im Vorgemach die Türe gleitet leis –

Ich glaub' an Euern Mut, Paola, ja!
Seid gnädig und vergebt mir! Ich gelobe,
Daß ich in einer Stunde nicht mehr bin.
– Die Schnalle hält er in der Hand – Paola!

REMIGIO *tritt ein, heiter auf Paola zu.*

PAOLA *abwehrend*
Gib acht, daß du nicht vorschnell mich umarmst.
Der hier war mein Geliebter heute nacht.
Große Pause.
REMIGIO
Geh, Lionardo.
LIONARDO   Tötet mich, Remigio!
Ich nehme keine Gnade von Euch an!
REMIGIO
Nicht Gnade ist's, die dir die Türe weist,
So wenig als dir Zorn den Weg versperrte;
Nichts regt sich mir, das Lionardo gilt.
Ich brauche deiner nicht, drum sollst du gehn.
LIONARDO
So bitt' ich Euch, Remigio: tötet mich!
REMIGIO
Wer haßt, mag töten, – töten mag, wer liebt!
Gleichgültigkeit greift nach der Waffe nicht.
Das Glas zersplittr' ich nicht, das ärmlich schlechte,
Daraus ein Kind verbotenen Trank genoß.
Daß dir die Gabe des Bewußtseins ward,
Macht mir aus dir nichts andres, als du bist,
Erbärmliches, zufäll'ges Instrument.
LIONARDO
Ich bat um Tod, doch jetzt verlang' ich ihn!
REMIGIO
Mir gilt dein Wunsch so wenig als dein Flehn.
LIONARDO
So zwing' ich Euch dazu!
REMIGIO
                       Mich zwang noch keiner!
LIONARDO
Ich stell' mich auf den Markt und schrei' es aus,
Daß ich heut nacht Paolas Gunst genoß!

REMIGIO
  So wird man's eine Stunde früher wissen.
LIONARDO
  Im Angesicht des Hofes höhn' ich Euch,
  Der aus Bequemlichkeit den Großen spielt!
  'nen Schurken nenn' ich Euch und lüge laut,
  Daß Euer Weib ins Schlafgemach mich lockte!
REMIGIO
  Begrabne schmähn wird man Euch übelnehmen.
LIONARDO
  Noch einmal: – tötet mich! Es könnte sein,
  Daß Ihr die rechte Zeit dazu versäumt,
  Denn neue Lust zu leben regt sich mir,
  Und mich bedünkt, ich hab' noch was zu tun,
  Da ich Euch hasse, wie noch nie ein Mann
  Auf Erden einen andern Mann gehaßt!
  Wohl tat ich's immer, doch ich weiß es erst,
  Seit Eures Hochmuts gift'ger Regenschauer
  Auf das gebeugte Haupt herniederschlägt.
  Ich hass' Euch so, daß ich Euch töten will,
  Wo immer in der Welt Ihr mir begegnet,
  Und hass' Euch tausendfach, weil aller Tod
  Von meiner Hand Euch doch nicht töten kann,
  Der Ihr der Welt fortlebt in Euerm Werk,
  In ihrer Sehnsucht Euerm Weib, und mir
  In meinem Haß, der stärker als der Tod!
  Und dennoch töt' ich Euch; denn daß es nutzlos,
  Jagt meinen Willen wie mit Peitschen auf!
  Laßt mich nicht fort, Remigio! So gewiß
  Als hätten Tausend Euren Tod gelobt,
  Seid Ihr im gleichen Augenblick verloren,
  Da diese Türe hinter mir sich schloß!
REMIGIO *geht zur Tür und öffnet sie*
  Weit offen steht sie – gehe deinen Weg.
  Er wendet sich wieder; Lionardo geht zur Tür.
PAOLA
  Laß ihn nicht fort! Er hält den Schwur, Remigio!
LIONARDO *sich wendend*
  So wahr ich lebe!
PAOLA   Ja, so wahr du lebst!
Sie eilt auf ihn zu und sticht ihm den Dolch in den Hals.

LIONARDO *sinkt sterbend zu Boden.*
In diesem Augenblick sieht Paola genau so aus, wie auf dem Bild in der ersten Szene, den Dolch in der Hand und den Blick auf den toten Lionardo gerichtet.
REMIGIO
    Paola!
Sehr große Pause, Paola bleibt regungslos bis zum Schluß der Szene stehen.
REMIGIO *betrachtet sie lang; allmählich verändern sich seine Züge, werden gefaßt, beinahe heiter*
    War dies der Sinn? Ist mein Gebet erhört,
    Daß für mein Bildnis mir Erleuchtung werde?
    Ja, so vollend' ich's! Der du dies gefügt,
    O Himmel, eine Stunde lang gewähre
    Der Seele Frieden, Ruhe dieser Hand.
Er geht zu der Türe, sperrt sie ab; dann geht er zur Staffelei.
PAOLA *steht regungslos wie früher.*
    Rasche Verwandlung. – Plötzlich tönen die Glocken wieder, wie am Schlusse der ersten Szene. – Der kleine Saal wie im Anfang.
PAULINE Erinnerst du dich –?
LEONHARD Wo sind Sie? – Pauline?
PAULINE *noch wie im Traum* Kommt alles wieder, was wir einst erlebt ... Lionardo – Muß es wiederkommen?
LEONHARD Pauline ... was ist Ihnen –?
PAULINE *wie erwachend* Leonhard –? *Sieht um sich.*
LEONHARD Sie waren einen Augenblick lang wie verloren.
PAULINE Einen Augenblick –?
LEONHARD Wo waren Sie?
PAULINE Wo ich war? *Ihn lange betrachtend* Da Sie's nicht wissen, können Sie's auch nicht verstehen. – *Steht auf,* Leben Sie wohl! ... *Entfernt sich von ihm.*
LEONHARD Pauline – auf immer –?
PAULINE Auf – immer –!?
LEONHARD Und heut abend ...
PAULINE Heut abend ...? Heut abend –? *In ihren Zügen drückt sich allmählich die Überzeugung aus, daß ein Schicksal über ihr ist, dem sie nicht entrinnen kann. Sie reicht Leonhard die Hand, sieht ihm ernst und fest ins Auge und sagt, nicht mit dem Ausdruck der Liebe, sondern der Entschlossenheit* Ich komme. – *Dann geht sie rasch ab.*

Vorhang

III. Die letzten Masken

Schauspiel in einem Akt

KARL RADEMACHER, *Journalist*
FLORIAN JACKWERTH, *Schauspieler*
ALEXANDER WEIHGAST
DR. HALMSCHLÖGER } *Sekundaärzte im Wiener*
DR. TANN } *Allgemeinen Krankenhaus*
JULIANE PASCHANDA, *Wärterin*

Ein kleinerer Raum – sogenanntes »Extrakammerl« – im Allgemeinen Krankenhaus, in Verbindung mit einem großen Krankensaal; statt der Türe ein beweglicher Leinenvorhang. Links ein Bett. In der Mitte ein länglicher Tisch, darauf Papiere, Fläschchen usw. Zwei Sessel. Ein Lehnstuhl neben dem Bett. Auf dem Tisch eine brennende Kerze.

KARL RADEMACHER, *über 50 Jahre, sehr herabgekommen, ganz grau, auf dem Lehnstuhl, mit geschlossenen Augen.* FLORIAN JACKWERTH, *etwa 28 Jahre, sehr leuchtende, wie fieberische Augen, glatt rasiert, mager, in einem Leinenschlafrock, den er gelegentlich in bedeutende Falten legt. Die Wärterin,* JULIANE PASCHANDA, *dick, gutmütig, noch nicht alt, am Tisch mit einer Schreibarbeit beschäftigt.*

FLORIAN *schlägt den Vorhang zurück, kommt eben aus dem Saal, der von einer Hängelampe schwach beleuchtet ist, tritt zur Wärterin* Immer fleißig, das Fräulein Paschanda.
WÄRTERIN Ja, sind Sie schon wieder aufgestanden? Was wird denn der Herr Sekundarius sagen! Gehn S' doch schlafen.
FLORIAN Gewiß, ich denke sogar einen langen Schlaf zu tun. Kann ich Ihnen nicht behilflich sein, schönes Weib? Ich mein' nicht beim Schlafen.
WÄRTERIN *kümmert sich nicht.*
FLORIAN *schleicht zu Rademacher hin* Schaun Sie, Fräulein Paschanda – so schaun S' doch her!
WÄRTERIN Was wollen Sie denn?
FLORIAN *wieder zu ihr* Meiner Seel', ich hab' gemeint, er ist schon tot.
WÄRTERIN Das dauert schon noch eine Weile.
FLORIAN Glauben Sie, glauben Sie? – Also gute Nacht, Fräulein Juliane Paschanda.

WÄRTERIN Ich bin kein Fräulein, ich bin Frau.

FLORIAN Ah so! Habe noch nicht die Ehre gehabt, den Herrn Gemahl kennen zu lernen.

WÄRTERIN Ich wünsch' es Ihnen auch nicht. Er ist Diener in der Leichenkammer.

FLORIAN Danke bestens, danke bestens. Habe keinerlei Verwendung. Sie, Frau Paschanda, *vertraulich* haben Sie das Fräulein gesehn, das mir heute nachmittag die Ehre ihres Besuchs erwiesen hat?

WÄRTERIN Ja; die mit dem roten Hut.

FLORIAN *ärgerlich* Roter Hut – roter Hut ... Es war eine Kollegin von mir – jawohl! Wir waren zusammen engagiert im vorigen Jahr – in Olmütz. Erste Liebhaberin jenes Fräulein – jugendlicher Held der ergebenst Unterzeichnete. Schaun Sie mich an, bitte – ich brauche nicht mehr zu sagen. – Jawohl, ich habe ihr eine Korrespondenzkarte geschrieben ... einfach eine Karte – und sie ist gleich gekommen. Es gibt noch Treue beim Theater. Und sie hat mir versprochen, sie wird sich umschaun, mit einem Agenten wird sie sprechen – damit ich ein Sommerengagement krieg', wenn ich aus diesem Lokal entlassen werde. Deswegen kann ein Fräulein ein sehr gutes Herz haben, wenn sie auch einen roten Hut trägt, Frau von Paschanda. *Immer gereizter, später hustend* Sie kommt vielleicht noch einmal her – ich werd' ihr halt schreiben, sie soll sich nächstens einen blauen Hut aufsetzen – weil die Frau Paschanda die rote Farb' nicht vertragen kann.

WÄRTERIN Pst! pst! die Leute wollen schlafen. *Lauscht.*

FLORIAN Was ist denn?

WÄRTERIN Ich hab' geglaubt, der Herr Sekundarius –

Die Krankenhausuhr schlägt.

FLORIAN Wie spät ist's denn?

WÄRTERIN Neun.

FLORIAN Wer hat denn heut die Nachtvisit'?

WÄRTERIN Der Doktor Halmschläger.

FLORIAN Ah, der Doktor Halmschläger. Ein feiner Herr, nur etwas eingebildet. *Sieht, daß Rademacher wach wurde* Habe die Ehre, Herr von Rademacher.

RADEMACHER *nickt.*

FLORIAN *kopiert den Doktor Halmschläger* Nun, mein lieber Rademacher, wie befinden Sie sich heute? *Tut, als ob er den Überzieher ablegte und ihn der Wärterin reichte* Ach, liebe Frau Pa-

schanda, wollen Sie nicht die Güte haben ... Danke sehr.
WÄRTERIN *wider Willen lachend* Wie Sie die Leut' nachmachen können.
FLORIAN *andrer Ton; als ginge er von einem Bett zum andern* Nichts Neues? Nichts Neues? Nichts Neues? Gut – gut – gut ...
WÄRTERIN Das ist ja der Herr Primarius. Wenn der das wüßt'!
FLORIAN Na warten Sie nur, das ist noch gar nichts. *Er läßt sich plötzlich auf einen Sessel fallen, sein Gesicht scheint schmerzverzerrt, und er verdreht die Augen.*
WÄRTERIN Ja, um Gotteswillen, das ist ja –
FLORIAN *einen Augenblick die Kopie unterbrechend* Na, wer?
WÄRTERIN Der vom Bett siebzehn, der Engstl – der Dachdecker, der vorgestern gestorben ist. Na, werden Sie nicht aufhören! Sie versündigen sich ja.
FLORIAN Ja, meine liebe Frau Paschanda, meinen Sie, unsereiner ist umsonst im Spital herin? Da kann man was lernen.
WÄRTERIN Der Herr Sekundarius kommt.
Ab in den Saal. – Wie sie den Vorhang zurückschlägt, sieht man Halmschlöger und Tann in der Tiefe der Bühne.
FLORIAN Jawohl, Herr Rademacher, ich mache hier nämlich meine Studien.
RADEMACHER So?
FLORIAN Ja, für unsereiner rentiert sich das, im Spital zu liegen. Sie meinen, ich kann das nicht brauchen, weil ich Komiker bin? Gefehlt! Das ist nämlich eine Entdeckung, die ich gemacht habe, Herr Rademacher. *Wichtig* Aus dem traurigen, ja selbst dem schmerzstarrenden Antlitz jedes Individuums läßt sich durch geniale schauspielerische Intuition die lustige Visage berechnen. Wenn ich einmal einen sterben gesehn hab', weiß ich akkurat, wie er ausschaut, wenn man ihm einen guten Witz erzählt hat. – Aber was haben Sie denn, Herr Rademacher? Kourage! Nicht den Humor verlieren. Schaun Sie mich an – ha! Vor acht Tagen war ich aufgegeben – nicht nur von den Herren Doktoren, das wär' nicht so gefährlich gewesen, aber von mir selber! Und jetzt bin ich kreuzfidel. Und in acht Tagen – gehorsamster Diener! So lebe wohl, du stilles Haus! Womit ich mir erlaube, Euer Hochwohlgeboren zu meinem ersten Auftreten ergebenst einzuladen. *Hustet.*
RADEMACHER Wird wohl kaum möglich sein.
FLORIAN Ist es nicht sonderbar? Wenn wir beide gesund geblieben wären, so wären wie vielleicht Todfeinde.

RADEMACHER Wieso denn?

FLORIAN Na, ich hätt' Komödie gespielt, und Sie hätten eine Rezension geschrieben und mich verrissen, und Leut', die mich verreißen, hab' ich nie leiden können. Und so sind wir die besten Freunde geworden. – Ja, sagen Sie, Herr Rademacher, hab' ich auch so dreing'schaut vor acht Tagen wie Sie?

RADEMACHER Es ist vielleicht doch ein Unterschied.

FLORIAN Lächerlich! Man muß nur einen festen Willen haben. Wissen Sie, wie ich gesund geworden bin?

RADEMACHER *sieht ihn an.*

FLORIAN Sie brauchen mich nicht so anzuschaun – es fehlt nicht mehr viel. Ich hab' die traurigen Gedanken einfach nicht aufkommen lassen!

RADEMACHER Wie haben Sie denn das gemacht?

FLORIAN Ich hab' einfach allen Leuten, auf die ich einen Zorn gehabt hab', innerlich die fürchterlichsten Grobheiten g'sagt. Oh, das erleichtert, das erleichtert, sag' ich Ihnen! Ich hab' mir sogar ausstudiert, wem ich als Geist erscheinen würde, wenn ich einmal gestorben bin. – Also da ist vor allem ein Kolleg' von Ihnen, in Olmütz – ein boshaftes Luder! Na, und dann der Herr Direktor, der mir die halbe Gasch' abgezogen hat fürs Extemporieren. Dabei haben die Leut' überhaupt nur über mich gelacht und gar nicht über die Stück'. Er hätt' froh sein können, der Herr Direktor. Statt dessen – na wart', wart'! Ich hätt' ja ein Talent zum Erscheinen – oh, ich hätt' auch im Himmel mein anständiges Auskommen gehabt. – Ich hätt' nämlich ein Engagement bei den Spiritisten angenommen.

DR. HALMSCHLÖGER *und* DR. TANN *kommen, und die* WÄRTERIN.

TANN *junger, etwas nachlässig gekleideter Mensch, Hut auf dem Kopf, nicht brennende Virginia im Mund* Jetzt bitt' ich dich aber, Halmschlöger, sei so gut, halt' dich da nicht auch wieder so lang auf.

HALMSCHLÖGER *sorgfältig gekleideter junger Mensch mit Zwicker und kleinem blonden Vollbart; Überzieher umgeworfen* Nein, ich bin gleich fertig.

TANN Oder ich geh' voraus ins Kaffeehaus.

HALMSCHLÖGER Ich bin gleich fertig.

FLORIAN Habe die Ehre, Herr Doktor.
HALMSCHLÖGER Warum liegen Sie denn nicht im Bett? *Zur Wärterin* Paschanda!
FLORIAN Ich bin ja so ausgeschlafen, Herr Doktor; es geht mir ja famos. Ich erlaube mir, den Herrn Doktor zu meinem Wiederauftreten ...
HALMSCHLÖGER *einen Moment amüsiert, wendet sich dann ab* Ja, ja. *Zu Rademacher hin* Nun, mein lieber Rademacher, wie befinden Sie sich?
FLORIAN *macht der Wärterin ein Zeichen, das sich auf seine frühere Kopie bezieht.*
RADEMACHER Schlecht geht's mir, Herr Doktor.
HALMSCHLÖGER *die Tafel zu Häupten des Bettes betrachtend; Wärterin hält das Licht.* 39,4 – na! Gestern haben wir doch 40 gehabt. *Wärterin nickt* Es geht ja besser. Na, gute Nacht. *Will gehen.*
RADEMACHER Herr Doktor!
HALMSCHLÖGER Wünschen Sie was?
RADEMACHER Ich bitte, Herr Doktor, wie lang kann's denn noch dauern?
HALMSCHLÖGER Ja, ein bißchen Geduld müssen Sie noch haben.
RADEMACHER Ich mein's nicht so, Herr Doktor. Ich mein': Wann ist es aus mit mir?
TANN *hat sich zum Tisch gesetzt, blättert gedankenlos in den Papieren.*
HALMSCHLÖGER Aber was reden Sie denn? *Zur Wärterin* Hat er seine Tropfen genommen?
WÄRTERIN Um ½8, Herr Sekundarius.
RADEMACHER Herr Doktor, ich bitte recht schön, behandeln Sie mich nicht wie den ersten Besten. Oh, entschuldigen Herr Doktor –
HALMSCHLÖGER *etwas ungeduldig, aber freundlich* Leiser, leiser.
RADEMACHER Ich bitte, nur noch ein Wort, Herr Doktor. *Entschlossen* Ich muß nämlich die Wahrheit wissen – ich muß – aus einer ganz bestimmten Ursache! –
HALMSCHLÖGER Die Wahrheit ... Ich hoffe zuversichtlich – – Nun, die Zukunft ist in gewissem Sinn uns allen verschlossen – aber ich kann sagen – –
RADEMACHER Herr Doktor, – wenn ich nun aber noch etwas sehr Wichtiges vorhätte – irgendwas, wovon das Schicksal anderer Leute abhängig ist – und meine Ruhe – die Ruhe meiner Sterbestunde ...
HALMSCHLÖGER Aber, aber! – Wollen Sie sich nicht näher

erklären? *Immer freundlich* Aber möglichst kurz, wenn ich bitten darf. Ich habe noch zwei Zimmer vor mir. Denken Sie, wenn jeder so lang – Also bitte.

RADEMACHER Herr Doktor, ich muß noch mit jemandem sprechen.

HALMSCHLÖGER Nun, Sie können ja dem Betreffenden schreiben, wenn es Sie beruhigt. Morgen nachmittag zwischen vier und fünf dürfen Sie empfangen, wen Sie wollen. Ich habe gar nichts dagegen.

RADEMACHER Herr Doktor – das ist zu spät – das kann zu spät sein – ich fühl's ... morgen früh ist vielleicht alles vorbei. Noch heute muß ich mit – dem Betreffenden reden.

HALMSCHLÖGER Das ist nicht möglich. Was soll das Ganze? Wenn Ihnen so viel darauf ankommt, hätten Sie ja schon gestern ...

RADEMACHER *dringend* Herr Doktor! Sie sind immer sehr gut zu mir gewesen – ich weiß ja, daß ich ein bißchen zudringlich bin – aber sehen Sie, Herr Doktor, wenn es einmal ganz sicher ist, daß einen morgen oder übermorgen die gewissen Herrn im weißen Kittel hinuntertragen, da bildet man sich halt ein, man kann keck werden und mehr verlangen als ein anderer.

TANN Also, Halmschlöger, was ist denn?

HALMSCHLÖGER Moment. – *Etwas ungeduldig* Also bitte, in Kürze, was wünschen Sie?

RADEMACHER Ich muß unbedingt einen Freund von mir sprechen. Einen gewissen Herrn Weihgast – Alexander Weihgast.

HALMSCHLÖGER Weihgast? Meinen Sie den bekannten Dichter Weihgast?

RADEMACHER Ja!

HALMSCHLÖGER Das ist ein Freund von Ihnen?

RADEMACHER Gewesen, gewesen – in früherer Zeit.

HALMSCHLÖGER Also schreiben Sie ihm eine Karte.

RADEMACHER Was hilft mir das? Er findet mich nicht mehr. Ich muß ihn noch heut sprechen – gleich ...

HALMSCHLÖGER *bestimmt* Herr Rademacher, es ist unmöglich. Und Schluß. *Mild* Um Sie zu beruhigen, werde ich Herrn Weihgast, den ich zufällig persönlich kenne, noch heute ein Wort schreiben und ihm anheimstellen, Sie morgen zu einer beliebigen Stunde aufzusuchen.

RADEMACHER Sie kennen den Herrn Weihgast, Herr Doktor? *Plötzlich* So bringen Sie ihn her – bringen Sie ihn her!

HALMSCHLÖGER Na, hören Sie, hören Sie, Herr Rademacher, da weiß man wirklich nicht mehr –

RADEMACHER *in großer Aufregung* Herr Doktor, ich weiß ja, es ist unverschämt von mir, – aber Sie sind ja doch ein Mensch, Herr Doktor, und fassen die Dinge menschlich auf. Nicht wie manche andere, die nur nach der Schablone urteilen. Und Sie wissen, Herr Doktor – da ist einer, der morgen sterben muß, und der hat noch einen Wunsch, an dem ihm ungeheuer viel liegt, und ich kann ihm den Wunsch erfüllen ... Ich bitte Sie, Herr Doktor, gehn Sie zu ihm hin, holen Sie mir ihn her!

HALMSCHLÖGER *schwankend, sieht auf die Uhr* Ja – wenn ich für meinen Teil mich dazu entschließen wollte – ich bitte Sie, Herr Rademacher, wie kann ich es verlangen – um diese Zeit ... wahrhaftig, es ist eine so sonderbare Zumutung! Überlegen Sie doch selbst.

RADEMACHER Oh, Herr Doktor, ich kenne meinen Freund Weihgast. Wenn Sie dem sagen: Sein alter Freund Rademacher stirbt im Allgemeinen Krankenhaus und will ihn noch einmal sehen – oh, das läßt er sich nicht entgehen. – Ich beschwöre Sie, Herr Doktor – für Sie ist es einfach ein Weg, – nicht wahr? Und für mich – für mich ...

HALMSCHLÖGER Ja, das ist es eben! Für mich hat es natürlich nichts zu bedeuten. Aber für Sie – jawohl, für Sie könnte die Aufregung von schlimmen Folgen sein.

RADEMACHER Herr Doktor – Herr Doktor! Wir sind ja Männer! – Auf eine Stund' früher oder später kommt's doch nicht an.

HALMSCHLÖGER *beschwichtigend* Na, na, na! *Nach kurzer Überlegung* Also ich fahre hin.

RADEMACHER *will danken.*

HALMSCHLÖGER *abwehrend* Ich kann natürlich keine Garantie übernehmen, daß ich ihn herbringe. Aber da Ihnen so viel dran zu liegen scheint, – *da Rademacher wieder danken will* Schon gut, schon gut. *Wendet sich ab.*

TANN Na endlich!

HALMSCHLÖGER Lieber Tann, ich werd' dich sehr bitten, – schau' du indes auf die andern Zimmer, es ist nichts Besonderes – zwei Injektionen – die Wärterin wird dir schon sagen – –

TANN Ja, was ist denn, was ist denn?

HALMSCHLÖGER Eine sonderbare Geschichte. Der arme Teufel bittet mich, ihm einen alten Freund herzuholen, dem er offenbar etwas Wichtiges anzuvertrauen hat. Weißt du, wen? Den Weihgast, diesen Dichter.

TANN Na, und du gehst hin? Ja, sag', bist denn du ein Dienstmann? Na, hör' zu, die Leut' nützen hier einfach deine Gutmütigkeit aus.

HALMSCHLÖGER Lieber Freund, das ist Empfindungssache. Meiner Ansicht nach sind gerade solche Dinge das Allerinteressanteste in unserm Beruf.

TANN Auch eine Auffassung.

HALMSCHLÖGER Also willst du so gut sein?

TANN Natürlich. Mit dem Kaffeehaus ist heut nichts mehr?

HALMSCHLÖGER Ich komm' vielleicht noch hin.

HALMSCHLÖGER, TANN, WÄRTERIN *ab.*

FLORIAN *kommt wieder herein* Ja, was haben denn Sie so lang mit dem Doktor zu reden gehabt?

RADEMACHER *erregt, fast heiter* Ich krieg' noch einen Besuch – ich krieg' noch einen Besuch.

FLORIAN *interessiert* Was? Einen Besuch? Jetzt? Mitten in der Nacht?

RADEMACHER Ja, mein lieber Jackwerth – geben Sie nur acht, da gibt's wieder was zu lernen ... an meinem Besuch nämlich. Den Herrn müssen Sie sich anschaun, wenn er hereinkommt zu mir, und nachher, wenn er wieder von mir fortgeht ... Ah! *Immer erregter* Wenn ich's nur erleb' – wenn ich's nur erleb'! – Geben S' mir ein Glas Wasser, Jackwerth – ich bitt' recht schön. *Geschieht; er trinkt gierig* Dank schön – dank schön. – – Ja, so lang wird die Maschine schon noch halten ... *beinahe mit Angst* Wenn er nur kommt ... wenn er nur kommt ...

FLORIAN Von wem reden Sie denn?

RADEMACHER *vor sich hin* Ihm schreiben? ... Nein, davon hätt' ich nichts ... Nein, da muß ich ihn haben – da – mir gegenüber ... Aug' in Aug', Stirn an Stirn – ah! ...

FLORIAN *wie besorgt* Herr Rademacher ...

RADEMACHER Haben Sie keine Angst um mich – es ist ganz überflüssig. Es wird mir ganz leicht, meiner Seel', ich fürcht' mich nicht einmal mehr vorm Sterben ... Es wird gar nicht so arg sein, wenn der erst dagewesen ist ... Ah, Florian Jackwerth, was kann ich für Sie tun?

FLORIAN *erstaunt* Wieso?

RADEMACHER Ich möchte mich Ihnen dankbar erweisen. Sie haben mich nämlich auf diese Idee gebracht – jawohl. Ich

werde Sie zu meinem Erben einsetzen. Der Schlüssel von meinem Schreibtisch liegt unterm Polster. – Sie glauben, das ist nichts Besonderes? – Wer weiß? Sie könnten sich täuschen... Da sind vielleicht Meisterwerke aufbewahrt! Mir wird immer leichter – meiner Seel'... Am Ende werd' ich wieder gesund!
FLORIAN Aber sicher!
RADEMACHER Wenn ich gesund werde – ich schwör's, wenn ich je wieder den Fuß aus dem Spital setz', so fang' ich von frischem an – ja. Ich fang' wieder an.
FLORIAN Was denn?
RADEMACHER Zu kämpfen – jawohl, zu kämpfen! Ich probier's wieder. Ich geb's noch nicht auf – nein. Ich bin ja noch nicht so alt, – vierundfünfzig... Ist das überhaupt ein Alter, wenn man gesund ist? Ich bin wer, Florian Jackwerth – ich bin wer, das können Sie mir glauben. Ich hab' nur Malheur gehabt. Ich bin so viel wie mancher andere, der auf dem hohen Roß sitzt, mein lieber Herr – und ich kann's mit manchem aufnehmen, der sich für was Besseres hält wie ich, weil er mehr Glück gehabt hat. *Fiebrisch* Wenn er nur kommt... wenn er nur kommt... Ich bitt' dich, mein Herrgott, wenn du mich auch vierundfünfzig Jahre lang im Stich gelassen hast, gib mir wenigstens die letzte Viertelstunde noch Kraft, daß es sich ausgleicht, so gut, als es geht. Laß mich's erleben, daß er da vor mir sitzt – bleich, vernichtet – so klein gegen mich, als er sich sein Leben lang überlegen gefühlt hat... Ja, mein lieber Jackwerth, der, den ich da erwarte, das ist nämlich ein Jugendfreund von mir. Und vor fünfundzwanzig Jahren – und auch noch vor zwanzig – waren wir sehr gut miteinander, denn wir haben beide auf demselben Fleck angefangen – nur daß wir dann einen verschiedenen Weg gegangen sind – er immer höher hinauf und ich immer tiefer hinunter. Und heut ist es so weit, daß er ein reicher und berühmter Dichter ist, und ich bin ein armer Teufel von Journalist und krepier' im Spital. – Aber es macht nichts, es macht nichts – denn jetzt kommt der Moment, wo ich ihn zerschmettern kann... und ich werd' es tun! Wenn er nur kommt – wenn er nur kommt! Ich weiß, Herr Jackwerth, heute nachmittag war Ihre Geliebte bei Ihnen – aber was ist denn alle Glut, mit der man ein geliebtes Wesen erwartet gegen die Sehnsucht nach einem, den man haßt, den man sein ganzes Leben lang gehaßt hat und dem man vergessen hat, es zu sagen.

FLORIAN Aber Sie regen sich ja fürchterlich auf, Herr Rademacher! – Sie verlieren ja Ihre Stimm'.

RADEMACHER Haben Sie keine Angst – wenn er einmal da ist, werd' ich schon reden können.

FLORIAN Wer weiß, wer weiß? – Hören Sie, Herr Rademacher, ich werd' Ihnen einen Vorschlag machen. Halten wir doch eine Probe ab. – Ja, Herr Rademacher, ich mach' keinen Spaß. Ich kenn' mich doch aus. Verstehen Sie mich: Es kommt ja immer drauf an, wie man die Sachen b r i n g t, nicht wahr? Was haben Sie denn schon davon, wenn Sie ihm sagen: »Du bist ein niederträchtiger Mensch, und ich hasse dich« – das wirkt ja nicht. Da denkt er sich: Du schimpfst mir lang gut, wenn du daherin liegst im Kammerl mit 39 Grad und ich geh' gemütlich spazieren und rauch' mein Zigarrl.

RADEMACHER Ich werd' ihm noch ganz was anderes sagen. Darüber, daß einer niederträchtig ist, tröstet er sich bald. Aber daß er lächerlich war sein Leben lang für die Menschen, die er vielleicht am meisten geliebt hat – das verwindet er nicht.

FLORIAN Also reden Sie, reden Sie. Stellen Sie sich vor, ich bin der Jugendfreund. Ich steh' da, ich hab' den Sack voller Geld, den Kopf voller Einbildung – *Spielend* »Hier bin ich, alter Freund. Du hast mich zu sprechen gewünscht. Bitte.« Na also.

RADEMACHER *fiebrisch, sich immer mehr in Wut hineinredend* Jawohl, ich hab' dich rufen lassen. Aber nicht, um von dir Abschied zu nehmen, in Erinnerung alter Freundschaft – nein, um dir etwas zu erzählen, eh' es zu spät ist.

FLORIAN *spielend* »Du spannst mich auf die Folter, alter Kumpan. Was wünschest du mir mitzuteilen?« Also – also!

RADEMACHER Du meinst, daß du mehr bist als ich? – Mein lieber Freund, zu den Großen haben wir beide nie gehört, und in den Tiefen, wo wir zu Haus sind, gibt's in solchen Stunden keinen Unterschied. Deine ganze Größe ist eitel Trug und Schwindel. Dein Ruhm – ein Haufen Zeitungsblätter, der in den Wind verweht am Tag nach deinem Tod. Deine Freunde? – Schmeichler, die vor dem Erfolg auf dem Bauch liegen, Neidlinge, die die Faust im Sack ballen, wenn du den Rücken kehrst, Dummköpfe, denen du für ihre Bewunderung gerade klein genug bist. – Aber du bist ja so klug, um das zuweilen selbst zu ahnen. Ich hätte dich nicht herbemüht, um dir das mitzuteilen. Daß ich dir jetzt noch was anderes sagen will, ist möglicherweise eine Gemeinheit. – Aber es ist nicht zu glauben, wie wenig einem dran liegt, gemein zu sein, wenn kein Tag mehr kommt, an dem man sich darüber schämen müßte. *Er steht auf* Ich hab' ja schon hundertmal Lust gehabt, dir's ins Gesicht zu schreien in den letzten Jahren, wenn wir einander zufällig auf der Straße begegnet sind und du die Gnade hattest, ein freundliches Wort an mich zu richten. Mein lieber Freund, nicht nur ich kenne dich, wie tausend andere – auch dein geliebtes Weib kennt dich besser als du ahnst und hat dich schon vor zwanzig Jahren durchschaut – in der Blüte deiner Jugend und deiner Erfolge. – Ja, durchschaut – und ich weiß es besser als irgendeiner ... Denn sie war meine Geliebte zwei Jahre lang, und hundertmal ist sie zu mir gelaufen, angewidert von deiner Nichtigkeit und Leere und hat mit mir auf und davon wollen. Aber ich war arm und sie war feig, und darum ist sie bei dir geblieben und hat dich betrogen! Es war bequemer für uns alle.

FLORIAN »Ha, Elender! Du lügst!«

RADEMACHER Ich? – *Wie erwachend* Ach so ... Sie, Jackwerth, Sie haben den Schlüssel. Wenn er mir's nicht glaubt – im Schreibtisch sind auch die Briefe. Sie sind mein Testamentsverweser. – Überhaupt, in meinem Schreibtisch, da sind Schätze mancherlei – wer weiß, vielleicht ist nichts anderes nötig, um sie zu würdigen, als daß ich gestorben bin. – Ja, dann werden sich die Leute schon um mich kümmern. Insbesondere, wenn es heißt, daß ich in Not und Elend gestorben bin – denn ich sterbe in Not und Elend, wie ich gelebt habe. An meinem Grab wird schon einer reden. Ja, geben Sie nur acht, – Pflichttreue – Tüchtigkeit – Opfer seines Berufes ... Ja, das ist wahr, Florian Jackwerth, seit ich einen Beruf habe, bin ich sein Opfer – vom ersten Augenblick an bin ich ein Opfer meines Berufes gewesen. Und wissen Sie, woran ich zugrund geh'? Sie meinen an den lateinischen Vokabeln, die da auf der Tafel stehn –? Oh nein! An Gall', daß ich vor Leuten hab' Buckerln machen müssen, die ich verachtet hab', um eine Stellung zu kriegen. Am Ekel, daß ich Dinge hab' schreiben müssen, an die ich nicht geglaubt hab', um nicht zu verhungern. Am Zorn, daß ich für die infamsten Leutausbeuter hab' Zeilen schinden müssen, die ihr Geld erschwindelt und ergaunert haben, und daß ich ihnen noch dabei geholfen hab' mit meinem Talent. Ich kann mich zwar nicht beklagen: Von der Verachtung und dem Haß gegen das Gesindel hab' ich immer meinen Teil abbekommen – nur leider von was anderm nicht.

WÄRTERIN *kommt* Der Herr Sekundarius.

RADEMACHER *erschrocken* Allein?

WÄRTERIN Nein, es ist ein Herr mit ihm.

RADEMACHER *dankerfüllter Blick.*

FLORIAN Jetzt nehmen Sie sich zusammen. Schad', daß ich nicht dabei sein kann. *Schleicht sich dann hinaus.*

HALMSCHLÖGER *und* WEIHGAST *kommen.*

HALMSCHLÖGER Also hier ist der Kranke.

WEIHGAST *elegant gekleideter, sehr gut erhaltener Herr von etwa 55 Jahren, grauer Vollbart, dunkler Überzieher, Spazierstock* So – hier. *Zu Rademacher hin, herzlich* Rademacher – ist es möglich? Rademacher – so sehn wir uns wieder! Mein lieber Freund!

RADEMACHER Ich danke dir sehr, daß du gekommen bist.

HALMSCHLÖGER *hat gewinkt; die Wärterin brachte einen Sessel für Weihgast* Und nun erlauben Sie mir, Herr Weihgast, daß ich als Arzt die Bitte an Sie richte, die Unterredung nicht länger als eine Viertelstunde auszudehnen. Ich werde so frei sein, nach der angegebenen Zeit selbst wiederzukommen und Sie hinab zu begleiten.

WEIHGAST Ich danke Ihnen, Herr Doktor, Sie sind sehr liebenswürdig.

HALMSCHLÖGER Oh, zu danken habe ausschließlich ich. Es gehört wirklich kein geringer Opfermut dazu . . .

WEIHGAST *wehrt ab* Aber, aber . . .

HALMSCHLÖGER Nun, Herr Rademacher, auf Wiedersehen. *Droht ihm ärztlich freundlich, er möge sich nicht aufregen. Dann wechselt er einige Worte mit der Wärterin und geht mit ihr ab.*

WEIHGAST *die Wärterin hat ihm den Überzieher abgenommen; er hat sich gesetzt; sehr herzlich, beinahe echt* Nun, sag' mir einmal, mein lieber Rademacher, was ist das für eine Idee, sich hierher zu legen – ins Krankenhaus –!

RADEMACHER Oh, ich bin zufrieden, man ist hier sehr gut aufgehoben.

WEIHGAST Ja, gewiß bist du in den besten Händen. Doktor Halmschlöger ist ein sehr tüchtiger junger Arzt und, was mehr ist, ein vortrefflicher Mensch. Wie man ja den Menschen an sich überhaupt nie von dem Berufsmenschen trennen kann. Aber trotzdem – du entschuldigst schon – warum hast du dich nicht an mich gewandt?

RADEMACHER Wie hätt' ich ...

WEIHGAST Wenn du dich auch eine Reihe von Jahren um deinen alten Freund nicht mehr gekümmert hast, du kannst dir wohl denken, daß ich dir unter diesen Umständen in jeder Weise zur Verfügung ...

RADEMACHER Laß doch das, laß doch das.

WEIHGAST Nun ja – bitte. Es war wahrhaftig nicht bös' gemeint. Immerhin, es ist auch jetzt nicht zu spät. – Doktor Halmschlöger sagt mir, es ist nur eine Frage der Zeit, der guten Pflege ... in ein paar Wochen verläßt du das Spital, und was eine Nachkur auf dem Lande betrifft ...

RADEMACHER Von all diesen Dingen ist nicht mehr die Rede.

WEIHGAST Auch von dieser Hypochondrie hat mir Doktor Halmschlöger Mitteilung gemacht – ja. *Er verträgt den auf ihn gerichteten Blick Rademachers nicht gut, schaut aber nicht fort* Also, du hast mich rufen lassen, wolltest mit mir sprechen. Nun, ich bin bereit. Warum lächelst du? – Nein, es ist der Schimmer von dem Licht. Die Beleuchtung ist hier nicht ganz auf der Höhe. – Nun, ich warte. Ich werde Herrn Doktor Halmschlöger erklären, daß du von den ersten fünf Minuten keinen Gebrauch gemacht hast. Nun? –

RADEMACHER *hatte schon einige Male die Lippen geöffnet, halb, als wollte er reden. Auch jetzt; aber er schweigt wieder. – Pause.*

WEIHGAST Wie ist's dir denn immer ergangen? *leicht verlegen* Hm, die Frage ist etwas ungeschickt in diesem Moment. Ich bin ein wenig befangen, ich will es dir gestehn; denn, äußerlich betrachtet, möchte man wohl glauben, daß ich derjenige bin, dessen Los besser gefallen ist. Und doch – wenn man die Sache so nimmt, wie sie ja doch eigentlich genommen werden muß – wer hat mehr Enttäuschungen erlebt? Immer der, der scheinbar mehr erreicht hat. – Das klingt paradox, und doch ist es so. – Ah, wenn ich dir erzählen wollte ... nichts als Kämpfe – nichts als Sorgen – Ich weiß nicht, ob du die Bewegung der letzten Zeit so verfolgt hast. Nun stürzen sie über mich her ... Wer? Die Jungen. Wenn man bedenkt, daß man vor zehn Jahren selbst noch ein Junger war. Jetzt versuchen sie, mich zu entthronen ... Wenn man diese neuen Revuen liest ... Ah, es ist, um Übelkeiten zu bekommen! Mit Hohn, mit Herablassung behandeln sie mich. Es ist ja jämmerlich! Da hat man nun redlich gearbeitet und gestrebt, hat sein Bestes gegeben – und nun ... Ah, sei froh, daß du von all den Dingen nichts weißt. Wenn ich heute wählen könnte, – heute mein Leben von neuem beginnen ...

RADEMACHER Nun?

WEIHGAST Ein Bauer auf dem Land möcht ich sein, ein Schafhirt, ein Nordpolfahrer – ah, was du willst! – Nur nichts von der Literatur. – Aber es ist noch nicht aller Tage Abend.

RADEMACHER *sonderbar lächelnd* Willst du an den Nordpol?

WEIHGAST Ah nein. Aber in der nächsten Saison, zu Beginn, kommt ein neues Stück von mir. Da sollen sie sehen, da sollen sie sehen! Ah, ich lass' mich nicht unterkriegen! Wartet nur! wartet nur! – Nun, wenn alles gut geht, so sollst du dabei sein, mein alter Freund. Ich verspreche dir, dir Billette zu schicken. Obwohl euer Blatt im allgemeinen verflucht wenig Notiz von mir nimmt. Ja, meine letzten zwei Bücher wurden bei euch direkt totgeschwiegen. Aber du hast ja mit dem Ressort nichts zu tun. Na! – Übrigens, was für gleichgültiges albernes Zeug ... So erzähle mir doch endlich. Was hast du mir zu sagen? Wenn dir das laute Sprechen Mühe macht ... ich kann ja auch ganz nahe rücken. – Hm ... *Pause* Was meine Frau dazu sagen wird, wenn ich ihr erzähle, daß unser alter Rademacher im Allgemeinen Krankenhaus liegt ... Dein Stolz, mein lieber Rademacher, dein verdammter Stolz ... Na, wir wollen nicht davon reden ... Übrigens ist meine Frau augenblicklich nicht in Wien – in Abbazia. Immer etwas leidend.

RADEMACHER Hoffentlich nicht ernst?

WEIHGAST *drückt ihm die Hand* Gott sei Dank, nein. Mein Lieber, dann stünd' es auch mit mir schlecht. Wahrhaftig, bei ihr find' ich mich selbst – den Glauben an mich selbst wieder, wenn ich nah daran bin, ihn zu verlieren – die Kraft zu schaffen, die Lust zu leben. Und je älter man wird, um so mehr fühlt man, daß dies doch der einzige wahre Zusammenhang ist, den es gibt. Denn die Kinder ... o Gott!

RADEMACHER Was ist's mit ihnen? Was machen sie?

WEIHGAST Meine Tochter ist verheiratet. Ja, ich bin schon zweifacher Großvater. Man sieht's mir nicht an, ich weiß. Und mein Bub' – Bub'!! – dient heuer sein Freiwilligenjahr – macht Schulden – hat neulich ein Duell gehabt mit einem jungen

Baron Wallerskirch – wegen eines Frauenzimmers ... Ja, mein Lieber, immer dieselben Dummheiten. So wird man alt, und das Leben nimmt seinen Lauf.

RADEMACHER Ja, ja. *Pause.*

WEIHGAST Nun, die Zeit verrinnt. Ich warte. Was hast du mir zu sagen? Ich bin bereit, alles, was du wünschest ... Soll ich vielleicht bei der Konkordia Schritte tun? Oder kann ich vielleicht in der Redaktion des »Neuen Tags« für den Fall deiner baldigen Wiederherstellung ... Oder – du entschuldigst, daß ich auch von solchen Dingen spreche – kann ich dir irgendwie mit dem schnöden Mammon ...

RADEMACHER Laß, laß. Ich brauche nichts – nichts ... Ich hab' dich nur noch einmal sehen wollen, mein alter Freund, – das ist alles. Ja. *Reicht ihm die Hand.*

WEIHGAST So? Wahrhaftig es rührt mich. Ja. – Nun, wenn du wieder gesund bist, so hoff' ich, wir werden einander wieder öfter ... na!
Peinliche Pause. – Man hört das Ticken der Uhr aus dem Nebensaal.

HALMSCHLÖGER *kommt* Nun, da bin ich wieder. Ich bin hoffentlich nicht zu pünktlich?

WEIHGAST *erhebt sich, sichtlich befreit* Ja, wir sind bereits zu Ende.

HALMSCHLÖGER Nun das freut mich. Und ich hoffe, unser Patiet ist beruhigt – nicht wahr?

RADEMACHER *nickt* Ich danke.

WEIHGAST Also auf Wiedersehen, lieber Freund. Wenn der Herr Doktor gestattet, so schau' ich in ein paar Tagen wieder einmal nach.

HALMSCHLÖGER Gewiß. Ich werde Auftrag geben, daß man Sie zu jeder Zeit ...

WEIHGAST Oh, ich wünsche nicht, daß Sie meinetwegen eine Ausnahme machen.

HALMSCHLÖGER Paschanda!

WÄRTERIN *reicht Weihgast den Überzieher.*

WEIHAGST Also nochmals Adieu und gute Besserung und nicht kleinmütig sein. *Gegen den Ausgang mit Halmschlöger.*

FLORIAN *kommt hinter dem Vorhang hervor* Habe die Ehre, Herr Doktor, habe die Ehre!

HALMSCHLÖGER Na hören Sie, Sie schlafen noch immer nicht!

WEIHGAST Was ist das für ein Mensch? Er hat mich in einer so sonderbaren Weise fixiert ...

HALMSCHLÖGER Ein armer Teufel von Schauspieler.

WEIHGAST So, so.

HALMSCHLÖGER Hat keine Ahnung, daß er in spätestens acht Tagen unter der Erde liegen wird.

WEIHGAST So, so.

Blicke Weihgasts und Florians begegnen einander.

HALMSCHLÖGER Drum halt' ich auch jede Strenge für überflüssig. Regeln für Sterbende – das hat doch keinen rechten Sinn.

WEIHGAST Sehr richtig. – Es hat mich wirklich gefreut, bei dieser Gelegenheit Ihre nähere Bekanntschaft zu machen und Sie sozusagen einmal bei der Arbeit zu belauschen. Es war mir überhaupt in vieler Beziehung interessant.

HALMSCHLÖGER Nun, wenn ich fragen darf, war es wirklich etwas so Wichtiges, was Ihnen Ihr Freund mitzuteilen hatte?

WEIHGAST Keine Idee. Wir haben in längst vergangener Zeit miteinander verkehrt, er wollte mich noch einmal sehen ... das war alles. Ich glaube übrigens, daß ihn mein Kommen sehr beruhigt hat. *Im Gehen.*

WÄRTERIN Küss' die Hand.

WEIHGAST Ach so. *Gibt ihr ein Trinkgeld.*

Halmschlöger, Weihgast ab, hinter ihnen auch die Wärterin.

FLORIAN *rasch zu Rademacher hin* Na also, was war denn? Der Mensch muß eine kolossale Selbstbeherrschung haben. Ich versteh' mich doch auf Physiognomien – aber ich hab' ihm nichts angemerkt. Wie hat er's denn aufgenommen?

RADEMACHER *ohne auf ihn zu hören* Wie armselig sind doch die Leute, die auch morgen noch leben müssen.

FLORIAN Herr Rademacher – also was ist denn? Wie steht's mit dem Schlüssel zum Schreibtisch?

RADEMACHER *erwachend* Schreibtisch –? – Machen S', was Sie wollen. Verbrennen meinetwegen!

FLORIAN Und die Schätze? Die Meisterwerke?

RADEMACHER Meisterwerke! – Und wenn schon ... Nachwelt gibt's auch nur für die Lebendigen. *Wie seherisch* Jetzt ist er unten. Jetzt geht er durch die Allee – durchs Tor – jetzt ist er auf der Straße – die Laternen brennen – die Wagen rollen – Leute kommen von oben ... und unten ... *er ist langsam aufgestanden.*

FLORIAN Herr Rademacher! *Er betrachtet ihn genau.*

RADEMACHER Was hab' ich mit ihm zu schaffen? Was geht mich sein Glück, was gehn mich seine Sorgen an? Was haben wir zwei miteinander zu reden gehabt? He! was? ... *Er faßt Flo-*

rian bei der Hand Was hat unsereiner mit den Leuten zu schaffen, die morgen noch auf der Welt sein werden?

FLORIAN *in Angst* Was wollen Sie denn von mir? – Frau Paschanda!

WÄRTERIN *kommt mit dem Licht.*

RADEMACHER *läßt die Hand Florians los* Löschen Sie's aus, Frau Paschanda – ich brauch' keins mehr . . . *Er sinkt auf den Sessel.*

FLORIAN *am Vorhang; hält sich mit beiden Händen daran; zur Wärterin* Aber jetzt – nicht wahr?

Vorhang

IV. LITERATUR

Lustspiel in einem Akt

MARGARETE
KLEMENS
GILBERT

Anständig, aber gar nicht reich möbliertes Zimmer, in dem Margarete wohnt. Ein kleiner Kamin. Ein Tisch, ein kleiner Schreibtisch, Sessel, ein Schrank, zwei Fenster im Hintergrund, Türe rechts und links.

Erste Szene

In einem Fauteuil am Kamin lehnt KLEMENS *in sehr elegantem dunkelgrauem Sakkoanzug. Er raucht eine Zigarette und liest Zeitung.* MARGARETE *steht am Fenster, dann geht sie hin und her, endlich hinter Klemens, spielt mit ihren Händen in seinem Haar. Sie scheint etwas unruhig.*

KLEMENS *weiter lesend, faßt ihre Hand und küßt sie* Horner ist seiner Sache sicher – vielmehr meiner Sache; Waterloo fünf zu eins, Barometer zwanzig zu eins, Busserl sieben zu eins, Attila sechzehn zu eins.

MARGARETE Sechzehn zu eins!

KLEMENS Lord Byron anderthalb zu eins – das sind wir, mein Schatz!

MARGARETE Ich weiß.

KLEMENS Dabei haben wir noch sechs Wochen bis zum Rennen.

MARGARETE Offenbar hält er es für tote Gewißheit.

KLEMENS Nein, wie sie schon alle diese Ausdrücke kennt! Bravo!

MARGARETE Diese Ausdrücke habe ich früher gekannt als dich. Ist es übrigens ausgemacht, daß du den Lord selbst reitest?

KLEMENS Wie kannst du denn fragen! – Damenpreis! Wen sollt' ich denn reiten lassen? Und wenn der Horner nicht wüßt', daß ich ihn reit', stünd' er nicht anderthalb zu eins – darauf kannst du dich verlassen.

MARGARETE Das glaub' ich. – Du bist so schön, wenn du zu Pferd sitzt, einfach zum Totschießen! Nie werd' ich vergessen, wie du in München, grad am Tag, an dem ich dich kennen gelernt ...

KLEMENS Erinner' mich nicht daran. Da hab' ich Pech gehabt. Nie hätt' der Windisch das Rennen gewonnen, wenn er beim Start nicht zehn Längen profitiert hätt'. Aber diesmal – na! – Und am Tag drauf reisen wir ab.

MARGARETE Abend.

KLEMENS Ja. – Warum?

MARGARETE Weil wir vormittag heiraten, nehm' ich an.

KLEMENS Ja, ja mein Schatz.

MARGARETE Ich bin sehr glücklich. *Umarmung* Und wohin werden wir reisen?

KLEMENS Ich denke, wir sind doch einig? – Aufs Gut.

MARGARETE Ja, später. Aber gehen wir nicht zuerst ein bißchen an die Riviera?

KLEMENS Das wird vom Damenpreis abhängen; wenn ich ihn gewinn' ...

MARGARETE Tote Gewißheit.

KLEMENS Im übrigen, im April ist die Riviera absolut nicht mehr elegant.

MARGARETE Ach deswegen!

KLEMENS Aber Kind, natürlich deswegen. Du hast noch aus früherer Zeit so gewisse Vorstellungen von Eleganz, so ... du entschuldigst schon – so ein bißl aus die Witzblätter.

MARGARETE Kle, ich bitte dich –

KLEMENS Na also, wir werden schon sehen. *Liest weiter* Badegast fünfzehn zu eins –
MARGARETE Badegast? – Der geht ja gar nicht mit.
KLEMENS Woher weißt du denn das?
MARGARETE Der Szigrati hat's mir selber gesagt.
KLEMENS Wieso denn? Wo denn?
MARGARETE Na, heut früh in der Freudenau, während du mit dem Milner geredet hast.
KLEMENS Der Szigrati ist mir auch nicht die richtige G'sellschaft für dich.
MARGARETE Eifersüchtig?
KLEMENS Aber nein! ... Im übrigen, ich werde dich von jetzt an ganz einfach als meine Braut vorstellen.
MARGARETE *küßt ihn.*
KLEMENS Also, was hat er dir gesagt, der Szigrati?
MARGARETE Daß er den Badegast im Damenpreis gar nicht mitschickt.
KLEMENS Na, dem Szigrati darfst du nicht alles glauben, er verbreitet jetzt das Gerücht, daß der Badegast nicht mitgeht, damit die Odds länger werden.
MARGARETE Geh, das ist ja wie eine Spekulation.
KLEMENS Ja, glaubst du, unter uns gibt's keine Spekulanten? Für manche ist das Ganze nur ein Geschäft. Glaubst du, so ein Mensch wie der Szigrati hat das geringste Interesse für den Sport? Er könnt' ebensogut auf die Börs' gehen. Im übrigen, für 'n Badegast könnt' man ihm ruhig hundert gegen eins legen.
MARGARETE So? Ich hab' heut früh gefunden, er sieht wunderbar aus.
KLEMENS Den Badegast hat sie auch g'sehn!
MARGARETE Freilich! Hat ihn nicht der Butters heut früh hinterm Busserl herumgaloppiert?
KLEMENS Aber der Butters reit't ja nicht für den Szigrati. Das ist ein Stallbursch gewesen. – Übrigens kann der Badegast aussehen, wie er will, egal – er ist ein Blender. Na, Margaret', bei deinem Talent wirst du die wahren Größen bald von den falschen unterscheiden lernen. Es ist ja wirklich unglaublich, mit welcher Geschwindigkeit du dich in alle diese Dinge sozusagen eingearbeitet hast. Es übertrifft meine kühnsten Erwartungen.
MARGARETE *ärgerlich* Warum übertrifft's denn deine Erwartun-

gen? Du weißt ganz gut, daß mir alle diese Dinge gar nicht so neu sind. – Im Haus von meinen Eltern haben sehr elegante Leute verkehrt – der Graf Libowski und so verschiedene, – und auch bei meinem Mann . . .

KLEMENS Na ja, selbstverständlich. Im Prinzip hab' ich auch gar nichts gegen die Baumwollindustrie.

MARGARETE Was hat das mit meinen persönlichen Anschauungen zu tun, daß mein Mann eine Baumwollspinnerei gehabt hat? Ich hab' mich immer auf meine eigene Weise weitergebildet. Im übrigen reden wir nicht mehr von dieser Zeit, die liegt fern, Gott sei Dank!

KLEMENS Aber es gibt eine andere, die näher liegt.

MARGARETE Gewiß. Warum?

KLEMENS Na, ich mein' nur, in deiner Münchener Gesellschaft kannst du doch nicht viel von sportlichen Dingen gehört haben, soweit ich das beurteilen kann.

MARGARETE Möchtest du nicht bald aufhören, mir die Gesellschaft zum Vorwurf zu machen, in der du mich kennen gelernt hast.

KLEMENS Vorwurf? – Davon kann gar keine Rede sein! Es ist und bleibt mir nur unbegreiflich, wie du zu den Leuten gekommen bist.

MARGARETE Du redst gerade, als wenn es eine Verbrecherbande gewesen wär'!

KLEMENS Kind, ich geb' dir mein Wort: Einige haben absolut ausgesehn wie Straßenräuber. Es ist mir ganz unbegreiflich, wie du's mit deinem ausgeprägten Sinn . . . Na, ich will ja gar nichts andres sagen als für – Reinlichkeit und gute Parfüms unter diesen Menschen hast aushalten, mit ihnen an einem Tisch sitzen können.

MARGARETE *lächelnd* Hast du's nicht auch getan?

KLEMEHS Neben ihnen – nicht mit ihnen. Ja – und um deinetwillen, ausschließlich um deinetwillen, wie du sehr wohl weißt. Übrigens will ich gar nicht leugnen, daß einige bei näherer Bekanntschaft gewonnen haben; es waren ganz interessante Leut' darunter. Du darfst auch nicht glauben, mein Schatz, daß ich mich über alle Menschen, die schlecht angezogen sind, erhaben fühle. – Daran liegt's ja auch nicht. In ihrem ganzen Benehmen, in ihrem Wesen ist irgendwas, das einen nervös macht.

MARGARETE Das läßt sich doch nicht so schlechthin behaupten.

KLEMENS Na, sei nur nicht beleidigt, Schatz. Ich hab's ja schon gesagt: es sind sehr interessante Leute drunter. Aber wie sich eine Dame unter ihnen auf die Dauer wohlfühlen kann, das werde ich nie und nimmer begreifen.

MARGARETE Du vergißt eben eins, mein lieber Klemens, daß ich in gewissem Sinn auch zu ihnen gehöre oder wenigstens gehört hab'.

KLEMENS Na, ich bitt' dich recht schön!

MARGARETE Es waren Künstler und Künstlerinnen.

KLEMENS Na, jetzt sind wir glücklich wieder bei dem Thema.

MARGARETE Ja, und das ist eben meine ewige Kränkung, daß du da nicht mitkannst.

KLEMENS »Nicht mitkannst« – das hab' ich sehr gern! Ich kann schon ganz gut mit – du weißt, was mich an deiner Schreiberei geniert hat, und du weißt, daß es etwas ganz Persönliches ist.

MARGARETE Nun, es gibt Frauen, die in meiner damaligen Situation Schlimmeres getan hätten, als Gedichte zu schreiben.

KLEMENS Aber solche! solche! *Er nimmt ein kleines Buch vom Kaminsims* Darum handelt es sich. Ich kann dir versichern, sooft ich's daliegen seh', sooft ich nur dran denke, schäm' ich mich, daß es von dir ist.

MARGARETE Dafür fehlt dir das Verständnis ... Na, sei nicht bös' – wenn du das hättest, wärst du eben vollkommen und das soll wahrscheinlich nicht sein. – Aber was geniert dich denn dran? Du weißt doch, daß ich nichts von alledem erlebt habe.

KLEMENS Ich hoffe.

MARGARETE Daß es Phantasien sind.

KLEMENS Da muß ich halt fragen: wie kann eine Dame so phantasieren? *Liest* »An deinem Halse häng' ich trunken und sauge mich an deinen Lippen fest...« *kopfschüttelnd* Wie kann eine Dame so was niederschreiben, – wie kann eine Dame so was drucken lassen? Jeder Mensch, der das liest, muß sich doch die Verfasserin vorstellen und den betreffenden Hals und – die betreffende Trunkenheit.

MARGARETE Wenn ich dir versichere, daß ein solcher Hals nie existiert hat.

KLEMENS Ich kann mir's auch nicht vorstellen. Das ist ja mein Glück – und deins, Margarete. Aber wie bist du zu solchen Phantasien gekommen? Auf deinen ersten Mann können sich doch alle diese glühenden Liebesgedichte nicht beziehen – der hat dich ja überhaupt nicht verstanden, wie du immer sagst.

MARGARETE Natürlich nicht! Deswegen hab' ich mich ja von ihm scheiden lassen. Du kennst ja die Geschichte. Neben einem Menschen, der für nichts Sinn hat als für Essen und Trinken und Baumwolle, habe ich nicht existieren können.

KLEMENS Ja, ja. Aber das ist jetzt drei Jahre her, und die Gedichte hast du doch später geschrieben.

MARGARETE Nun ja. – Bedenke doch die Lage, in der ich mich befand –

KLEMENS Wieso? Du hast doch keine Entbehrungen zu leiden gehabt? In dieser Hinsicht hat sich ja dein Mann, das muß man ihm lassen, sehr anständig benommen. Du warst nicht darauf angewiesen, dir Geld zu verdienen. Und wenn sie dir schon für ein Gedicht hundert Gulden geben – mehr zahlen sie doch gewiß nicht – du warst doch nicht gezwungen, so ein Buch zu schreiben.

MARGARETE Liebster Kle, ich meinte »Lage« auch nicht in materiellem Sinn; ich meinte meinen Seelenzustand. Hast du denn eine Ahnung . . . Als du mich kennen lerntest, war es ja schon viel besser, da hatt' ich mich in mancherlei gefunden, aber anfangs! – Ich war ja so ratlos, so zerfahren . . . Alles mögliche hab' ich versucht, gemalt hab' ich – sogar eine englische Lektion hab' ich gegeben in der Pension, wo ich gewohnt hab'. Denk' dir nur, mit zweiundzwanzig Jahren dastehen als geschiedene Frau, niemanden haben –

KLEMENS Warum bist du nicht ruhig in Wien geblieben?

MARGARETE Weil ich mit meiner Familie auseinander war. Es hat mich ja niemand verstanden. Na, diese Leute! Glaubst du, irgendwer von meiner Familie hat begriffen, daß man auch noch was anderes vom Leben will als einen Mann und schöne Kleider und eine soziale Position? O Gott! Wenn ich ein Kind gehabt hätt', wär' vielleicht alles anders gekommen – möglich, vielleicht auch nicht. Ich bin ja sehr kompliziert. Im übrigen, darfst du dich beklagen? War es nicht endlich das beste, was ich überhaupt tun konnte, nach München zu gehen? Hätt' ich dich sonst kennen gelernt?

KLEMENS Nun ja, aber du bist doch nicht mit der Absicht hingefahren.

MARGARETE Ich wollte frei werden – ich meine: innerlich frei. Ich habe sehen wollen, ob ich aus eigner Kraft weiterkommen kann. Und du wirst gestehen: Es hat ganz den Anschein gehabt. Ich war auf dem besten Weg, berühmt zu werden.

KLEMENS .... ?

MARGARETE Aber du warst mir eben lieber als der Ruhm.

KLEMENS *gutmütig* Und sicherer.

MARGARETE Daran hab' ich noch nie gedacht. Ich habe dich vom ersten Moment an geliebt, das war es. Denn einen wie dich hab' ich mir immer geträumt. Ich hab's immer gewußt, glücklich machen kann mich nur einer wie du. Rass', – das ist kein leerer Wahn. Was ist alles andere dagegen! Siehst du, drum glaub' ich auch immer –

KLEMENS Was denn?

MARGARETE Ich meine zuweilen, daß auch in mir adeliges Blut fließt.

KLEMENS Wieso denn?

MARGARETE Nun ja, es wär' doch möglich.

KLEMENS Das versteh' ich nicht.

MARGARETE Ich habe dir ja gesagt, daß im Haus meiner Eltern Aristokraten verkehrt haben ...

KLEMENS Na, und wenn schon –

MARGARETE Wer weiß –?

KLEMENS Margret, geh –! wie kann man so was nur reden!

MARGARETE Vor dir darf man halt nicht sagen, was man sich denkt. Das fehlt dir, – sonst wärst du eben vollkommen *Sie schmeichelt sich an ihn heran* Ich habe dich ja so unglaublich gern. Gleich am ersten Abend, wie du ins Kaffeehaus gekommen bist, mit dem Wangenheim – gleich hab' ich's gewußt: der ist es! Wahrhaftig, du bist unter die Leute getreten wie aus einer andern Welt.

KLEMENS Hoff' ich. Und sehr dazugehörig hast du, Gott sei Dank, auch nicht ausgesehen. Nein, wenn ich mich an diese Gesellschaft erinner' – an die Russin zum Beispiel, die ausgeschaut hat wie ein Student mit ihren kurzgeschnittenen Haaren – nur daß sie kein Kappel getragen hat.

MARGARETE Das ist eine sehr begabte Malerin, die Baranzewitsch.

KLEMENS Ich weiß. Du hast sie mir ja in der Pinakothek gezeigt; da ist sie auf der Leiter gestanden und hat kopiert. – Und dann der Kerl mit dem polnischen Namen –

MARGARETE *beginnt* Zrkd ...

KLEMENS Bemüh' dich nicht, hast es ja jetzt nimmer notwendig.

Der hat einmal was vorgelesen im Kaffeehaus, wie ich dabei war, ohne sich im geringsten zu genieren.

MARGARETE Das ist ein sehr großes Talent, du kannst es mir glauben.

KLEMENS Aber natürlich! Talentiert sind sie ja alle im Kaffeehaus. – Na, und dann dieser Bengel, dieser unerträgliche –

MARGARETE Wer?

KLEMENS Du weißt schon, wen ich mein'. Der immer die taktlosen Bemerkungen über die Aristokratie gemacht hat.

MARGARETE Gilbert, sicher meinst du Gilbert.

KLEMENS Ja. Ich will gewiß nicht alle meine Standesgenossen verteidigen, Lumpen gibt's überall, sogar unter den Dichtern, hab' ich mir sagen lassen – aber es ist doch manierlos von einem Menschen, wenn einer von uns dabei ist . . .

MARGARETE Das war so seine Art.

KLEMENS Ich hab' mich damals zusammennehmen müssen, um nicht grob zu werden.

MARGARETE Es war ein interessanter Mensch bei alledem – ja. Und dann kam noch dazu, daß er sehr eifersüchtig auf dich war.

KLEMENS Das hab' ich auch zu bemerken geglaubt. *Pause.*

MARGARETE Ach Gott, es waren alle auf dich eifersüchtig. Natürlich . . . Du warst so anders. Und dann, es haben mir alle den Hof gemacht, grade weil ich gegen alle ganz gleich war. Das mußt du doch bemerkt haben – nicht? Warum lachst du denn?

KLEMENS Komisch! Wenn mir das einer prophezeit hätte, daß ich einen Stammgast aus dem »Café Maximilian« heiraten werde! Am besten gefallen haben mir eigentlich die zwei jungen Maler, sie waren wirklich wie aus einem Theaterstück. Weißt du, die sich so ähnlich gesehen und alles gemeinschaftlich gehabt haben, – mir scheint, auch die Russin auf der Leiter.

MARGARETE Um solche Sachen habe ich mich nie gekümmert.

KLEMENS Die zwei müssen übrigens Juden gewesen sein, nicht?

MARGARETE Warum denn?

KLEMENS Na, weil sie immer so Witze gemacht haben – und dann die Aussprache . . .

MARGARETE Antisemitische Bemerkungen kannst du dir schenken.

KLEMENS Aber Kind, sei doch nicht so empfindlich. Ich weiß ja, daß du nur Halbblut bist. Und ich hab' wirklich nichts gegen die Juden. Ich hab' einmal sogar einen Lehrer gehabt, der mich in Griechisch vorbereitet hat, vor der Matura, das war ein Jud', meiner Seel'. Und ein ausgezeichneter Mensch. Man kommt ja mit allerlei Leuten zusammen ... Ich bedaure auch nicht, deine Gesellschaft in München kennen gelernt zu haben; das gehört alles zur Lebenserfahrung. – Aber schau', ich muß dir doch vorgekommen sein wie ein Retter aus der Not.

MARGARETE Ja, das ist schon wahr. Kle, Kle! *Umarmung.*
KLEMENS Was lachst denn?
MARGARETE Mir fällt was ein.
KLEMENS Na?
MARGARETE »An deinem Halse häng' ich trunken ...«
KLEMENS *unmutig* Bitt' dich, mußt du einen immer wieder aus der Illusion reißen!
MARGARETE Sag', Kle: Du wärst also wirklich nicht stolz, wenn deine Geliebte, deine Frau eine große und berühmte Dichterin wäre?
KLEMENS Ich hab' dir schon gesagt: meinetwegen halt mich für borniert in der Hinsicht, aber ich versichere dich, wenn du heut wieder anfingst, Gedichte zu schreiben, oder sie gar drucken ließest, in denen du meinethalben mich anschwärmst und der Welt von unserm Liebesglück erzähltest – Nichts wär's mit dem Heiraten, auf und davon ging ich dir!
MARGARETE Und das sagt ein Mensch, der ein Dutzend stadtbekannte Verhältnisse gehabt hat!
KLEMENS Mein Schatz, stadtbekannt hin, stadtbekannt her – ich hab's niemandem erzählt, ich hab's nicht drucken lassen, wenn mir eine trunken am Hals gehängt ist, und ein jeder hat sich's um einen Gulden fünfzig kaufen können! Darauf kommt's an! Ich weiß ja, daß es Leute gibt, die davon leben; aber ich find' es im höchsten Grad unfein. Ich sag' dir, mir kommt's ärger vor, als wenn sich eine im Trikot als griechische Statue beim Ronacher hinausstellt. So eine griechische Statue sagt doch nicht Mau! Aber was so ein Dichter alles ausplauscht, das geht über den Spaß!
MARGARETE *unruhig* Liebster, du vergißt nur, daß der Dichter nicht immer die Wahrheit sagt.
KLEMENS Na, und wenn er aufschneidt, ist's vielleicht schöner?
MARGARETE Das nennt man dann nicht »aufschneiden«, das heißt »stilisieren«.

KLEMENS Was ist denn das schon wieder für ein Wort!

MARGARETE Oder wir erzählen Dinge, die wir gar nicht erlebt, die wir geträumt, die wir einfach erfunden haben.

KLEMENS Ich bitt' dich, liebe Margret, sag' doch nicht immer »wir«. Du gehörst ja Gott sei Dank nimmer dazu.

MARGARETE Wer weiß!

KLEMENS Was heißt das?

MARGARETE *zärtlich* Klemens, ich muß es dir sagen!

KLEMENS Nun, was gibt's denn?

MARGARETE Ich gehör' dazu! Ich hab' das Dichten nicht aufgegeben.

KLEMENS Inwiefern?

MARGARETE Das ist doch sehr einfach: ich schreib' eben noch immer – oder ich habe wenigstens was geschrieben. Ja, so etwas ist stärker, als andere Menschen begreifen können. Ich glaub', ich wäre zu Grund gegangen, wenn ich nicht geschrieben hätte.

KLEMENS Also was hast du denn schon wieder geschrieben?

MARGARETE Einen Roman. Ich hatte zuviel auf dem Herzen. Ich wäre daran erstickt. Bis heut hab' ich dir's verschwiegen; endlich muß es doch heraus. Künigel ist entzückt davon.

KLEMENS Wer ist Künigel?

MARGARETE Mein Verleger.

KLEMENS Es hat ihn also schon wer gelesen?

MARGARETE Ja. Und noch viele werden ihn lesen. Klemens, du wirst stolz sein – glaube mir!

KLEMENS Du irrst dich, liebes Kind. Ich finde das von dir... Was kommen denn eigentlich für Sachen drin vor?

MARGARETE Das läßt sich nicht so leichthin sagen. Der Roman enthält sozusagen das meiste, was über das meiste zu sagen ist.

KLEMENS Alle Achtung!

MARGARETE Und darum kann ich dir auch versprechen, daß ich von nun an keine Feder mehr anrühre. Es ist nicht mehr notwendig.

KLEMENS Hast du mich lieb, Margarete, oder nicht?

MARGARETE Wie kannst du fragen? Dich, nur dich! Soviel ich auch beobachtet, soviel ich auch gesehen habe – erlebt hab' ich nichts. Ich habe auf dich gewartet.

KLEMENS Also bring ihn herein, deinen Roman.

MARGARETE Ja, wieso? wie meinst du das?

KLEMENS Daß du ihn hast schreiben müssen – gut; aber lesen soll ihn wenigstens keiner. Bring ihn her, wir wollen ihn ins Feuer werfen.

MARGARETE Kle!

KLEMENS Das verlang' ich von dir – das darf ich verlangen!

MARGARETE Ja, das ist nicht möglich! Das ist –

KLEMENS Weshalb? Wenn ich es wünsche, wenn ich erkläre, daß ich davon alles weitere abhängig mache... Du verstehst mich... wird es vielleicht doch möglich sein!

MARGARETE Aber Klemens, der Roman ist ja schon gedruckt.

KLEMENS Wie? gedruckt?

MARGARETE Ja! In wenigen Tagen wird er überall zu haben sein.

KLEMENS Margarete – und alles das, ohne daß du mir vorher ein Wort...

MARGARETE Klemens, ich hab' nicht anders können. Wenn er erst da ist, wirst du mir verzeihen! Mehr als das: – Du wirst stolz sein!

KLEMENS Liebes Kind, das geht übern Spaß!

MARGARETE Klemens.

KLEMENS Adieu, Margarete.

MARGARETE Klemens, was heißt das – du gehst?

KLEMENS Wie du siehst.

MARGARETE Wann kommst du wieder?

KLEMENS Das kann ich in diesem Augenblick noch nicht sagen. Adieu.

MARGARETE Klemens! *Will ihn halten.*

KLEMENS Ich bitte. *Ab.*

MARGARETE *allein* Klemens! Was bedeutet das? Er verläßt mich? Was soll ich denn tun? – Klemens! – Alles soll zu Ende sein? Nein, es ist ja nicht möglich! Klemens! – Ich muß ihm nach! *Sie sucht nach ihrem Hut – Klingel* Ah! er kommt zurück! Er hat mir nur Angst machen wollen. – Oh, mein Klemens! *Zur Türe.*

GILBERT *tritt ein. Zu dem Stubenmädchen, das die Tür geöffnet hat* Ich sagte Ihnen ja, daß die gnädige Frau zu Hause ist. – Guten Tag, Margarete.

MARGARETE *betreten* Sie sind es?

GILBERT Ich bin es – ich, Amandus Gilbert.

MARGARETE Ich bin ja so erstaunt...

GILBERT Das seh' ich. Aber es liegt kein Grund vor. Ich befinde mich hier nur auf der Durchreise; ich fahre nach Italien. Und eigentlich komme ich nur zu dir, um dir in Erinnerung alter

Kameradschaft mein neuestes Werk zu bringen. *Überreicht ihr das Buch. Da sie es nicht gleich nimmt, legt er es auf den Tisch.*
MARGARETE Sie sind sehr liebenswürdig, ich danke Ihnen.
GILBERT Bitte. Du hast ein gewisses Anrecht auf dieses Buch. – Also hier wohnst du.
MARGARETE Jawohl. Aber . . .
GILBERT Übergangsstadium, ich weiß. Für ein möbliertes Zimmer sieht es leidlich genug aus. Allerdings, diese Familienporträts an den Wänden würden mich wahnsinnig machen.
MARGARETE Meine Hauswirtin ist die Witwe eines Generals.
GILBERT Du brauchst dich nicht zu entschuldigen.
MARGARETE Entschuldigen? Fällt mir wahrhaftig nicht ein.
GILBERT Es ist sonderbar, jetzt daran zu denken . . .
MARGARETE Woran denken Sie?
GILBERT Warum soll ich's nicht sagen? An das kleine Zimmer in der Steinsdorfer Straße, mit dem Balkon auf die Isar. Erinnerst du dich, Margarete?
MARGARETE Wollen wir nicht lieber beim »Sie« bleiben?
GILBERT Wie du willst . . . wie Sie wollen, Margarete. *Pause. Plötzlich* Sie haben sich jämmerlich benommen, Margarete.
MARGARETE Was?!
GILBERT Oder wünschen Sie, daß ich in Umschreibungen rede? Ich finde leider kein anderes Wort. – Und es war so überflüssig, Margarete. Mit der Ehrlichkeit wär' es ebensogut gegangen. Es war gar nicht notwendig, München bei Nacht und Nebel zu verlassen.
MARGARETE Es war weder Nacht noch Nebel. Ich bin um acht Uhr dreißig früh bei hellem Sonnenschein mit dem Expreß abgereist.
GILBERT Immerhin, man hätte sich vorher Lebewohl sagen können, nicht wahr? *Setzt sich.*
MARGARETE Der Baron kann jeden Augenblick kommen.
GILBERT Was tut das? Sie haben ihm gewiß nicht gesagt, daß Sie einst in meinen Armen gelegen sind und mich angebetet haben. Ich bin eben ein guter Bekannter aus München. Und ein guter Bekannter darf Sie wohl besuchen?
MARGARETE Jeder andere, Sie nicht!
GILBERT Weshalb? Sie mißverstehen mich noch immer. Ich komme wirklich nur als guter Bekannter. Alles andere ist vorbei, längst vorbei . . . Na, Sie werden ja sehen. *Deutet auf sein Buch.*

MARGARETE Was ist denn das?

GILBERT Mein neuester Roman.

MARGARETE Sie schreiben Romane?

GILBERT Allerdings.

MARGARETE Seit wann können Sie denn das?

GILBERT Wie meinen Sie?

MARGARETE Ach Gott, ich erinnere mich, daß Ihr eigentliches Gebiet die kleine Skizze, die Beobachtung alltäglicher Vorkommnisse ...

GILBERT *aufgeregt* Mein Gebiet? ... Mein Gebiet ist die Welt! Ich schreibe, was mir beliebt! Ich lasse mich nicht umgrenzen. Ich weiß nicht, was mich abhalten sollte, einen Roman zu schreiben!

MARGARETE Nun, die Ansicht der maßgebenden Kritik war ja doch ...

GILBERT Wer ist maßgebend?

MARGARETE Ich erinnere mich zum Beispiel an ein Feuilleton von Neumann in der Allgemeinen ...

GILBERT *wütend* Neumann ist ein Kretin! Ich habe ihn geohrfeigt!

MARGARETE Sie haben ihn ...?

GILBERT Innerlich hab' ich ihn geohrfeigt! Du warst damals ebenso empört wie ich. Wir waren vollkommen einig, daß Neumann ein Kretin sei. »Wie darf dieses Nichts wagen ...« das waren deine Worte, »dir Grenzen abzustecken! Wie darf er es wagen, dein nächstes Buch sozusagen im Mutterleib zu erwürgen?« Du hast es gesagt! Und heute berufst du dich auf diesen Literaturhausierer!

MARGARETE Ich bitte, schreien Sie doch nicht. Meine Hauswirtin ...

GILBERT Es ist nicht mein Amt, mich um Generalswitwen zu kümmern, wenn meine Nerven vibrieren.

MARGARETE Ja, was hab' ich denn gesagt? Ich kann Ihre Empfindlichkeit wahrhaftig nicht begreifen.

GILBERT Empfindlich? Du nennst mich empfindlich? Du? Ein Weib, das die schwersten Schüttelfröste bekam, wenn der kleinste Schmock im letzten Käseblatt ein böses Wort auszusprechen wagte?

MARGARETE Ich erinnere mich nicht, daß über mich je ein böses Wort erschienen wäre!

GILBERT So? – Übrigens magst du recht haben. Gegen hübsche Weiber ist man immer galant.

MARGARETE Galant? Aus Galanterie hat man meine Gedichte gelobt? Und dein eigenes Urteil...?

GILBERT Meines? Ich brauche nichts davon zurückzunehmen; ich erlaube mir nur zu bemerken, daß du deine paar hübschen Gedichte in unserer Zeit geschrieben hast.

MARGARETE Und so rechnest du sie wohl dir zum Verdienst an?

GILBERT Hättest du sie geschrieben, wenn ich nicht gewesen wäre? Sind sie nicht an mich?

MARGARETE Nein!

GILBERT Wie? Nicht an mich? Es ist ungeheuerlich!

MARGARETE Nein, sie sind nicht an dich!

GILBERT Ich stehe starr! Soll ich dich an die Situationen erinnern, in welchen deine schönsten Verse entstanden sind?

MARGARETE Sie waren an ein Ideal gerichtet...

GILBERT *deutet auf sich.*

MARGARETE ... dessen zufälliger Vertreter auf Erden du warst.

GILBERT Ha! kostbar! Woher hast du das? Weißt du, wie der Franzose in einem solchen Falle sagt? »C'est de la littérature!«

MARGARETE *ihm nachäffend* Ce n'est pas de la littérature! Das ist wahr, vollkommen wahr! Oder glaubst du im Ernst, daß ich dich mit dem schlanken Jüngling gemeint? Daß ich deine Locken besungen habe? – Du bist schon damals dick gewesen – und das waren doch niemals Locken! *Sie fährt ihm in die Haare.*

GILBERT *ergreift bei dieser Gelegenheit ihre Hand und küßt sie.*

MARGARETE *weicher* Was fällt dir ein!

GILBERT Damals hast du sie dafür gehalten. Oder hast sie wenigstens so genannt. Nun ja, was tut man nicht alles für den Vers, für den Wohlklang! Hab' ich dich nicht einmal in einem Sonett »mein kluges Mädchen« genannt? Dabei warst du weder... Aber nein, ich will nicht ungerecht sein – klug bist du ja gewesen, beschämend klug, widerwärtig klug! Das ist dir gelungen! Im übrigen: wundern muß man sich nicht; du warst ja immer ein Snob. Ach Gott! Jetzt hast du ja deinen Willen. Du hast ihn eingefangen, deinen adeligen Jüngling mit den wohlgepflegten Händen und dem ungepflegten Gehirn, den vortrefflichen Reiter, Fechter, Schützen, Tennisspieler, Herzensbrecher – die Marlitt hätt' ihn nicht ekliger erfinden können. Ja, was willst du denn mehr? Ob dir das auf die Dauer genügen wird, dir, die einmal Höheres gekannt hat, das ist freilich eine andere Frage. Ich kann dir nur sagen: für mich bist du eine Herabgekommene der Liebe.

MARGARETE Das ist dir auf der Eisenbahn eingefallen.
GILBERT Soeben ist es mir eingefallen, in diesem Augenblick!
MARGARETE So schreib's dir auf, es ist ein gutes Wort.
GILBERT Ich hab' noch eins für dich: Früher warst du Weib, jetzt bist du Weibchen. Ja, das bist du! Was hat dich denn zu einem Menschen von dieser Sorte hingelockt? Nichts als der Trieb, der ganz gemeine Trieb!
MARGARETE Ich bitte dich, du hast Ursache –!
GILBERT Liebes Kind, ich hatte doch jederzeit auch eine Seele bei der Hand.
MARGARETE Zuweilen ausschließlich –
GILBERT Versuche jetzt nicht, unser Verhältnis herabzuziehen – es wird dir nicht gelingen. Es bleibt das Herrlichste, was du erlebt hast.
MARGARETE Ach Gott, wenn ich denke, daß ich dieses Gewäsch ein Jahr lang ertragen habe.
GILBERT Ertragen? Du hast dich daran berauscht! Sei nicht undankbar – ich bin es auch nicht. Wie erbärmlich du dich am Ende auch benommen hast, mir kann es die Erinnerung nicht vergällen. Ich will noch mehr sagen: auch das hat dazu gehört.
MARGARETE Was du nicht sagst!
GILBERT Nämlich – diese Erklärung bin ich dir noch schuldig; höre! Gerade zu der Zeit, als du begannst, dich von mir abzuwenden, als du das Heimweh nach dem Stall bekamst – la nostalgie de l'écurie – gerade damals war ich soeben mit dir innerlich fertig geworden.
MARGARETE Nicht möglich!
GILBERT Es ist charakteristisch, daß du davon nicht das geringste bemerkt hast. – Fertig war ich mit dir, ja! Ich hab' dich einfach nicht mehr gebraucht. Was du mir geben konntest, hattest du mir gegeben – dein Amt war erfüllt. Du wußtest in den Tiefen deiner Seele – du wußtest unbewußt ...
MARGARETE Ich bitt' dich, sprüh' nicht so!
GILBERT *unbeirrt* Daß deine Zeit um war. Unser Verhältnis hat seinen Zweck erfüllt: ich bereue es nicht, dich geliebt zu haben.
MARAGARETE Aber ich!
GILBERT Vortrefflich! In dieser kleinen Bemerkung spricht sich für den Kenner nicht weniger aus, als der tiefe Wesensunterschied zwischen dem Künstler und dem Dilettanten. Für dich,

Margarete, ist unser Verhältnis heute nicht mehr als die Erinnerung an ein paar tolle Nächte, an ein paar tiefgründige Gespräche in den Alleen des englischen Gartens, ich habe es zum Kunstwerk gemacht.

MARGARETE Ich auch.

GILBERT Wieso? wie meinst du das?

MARGARETE Was du triffst, bei Gott! das treff' ich auch! Auch ich habe einen Roman geschrieben, in den unsre einstigen Beziehungen hineinspielen, auch ich habe unsere einstige Liebe – oder was wir so nannten – der Ewigkeit aufbewahrt.

GILBERT Von der Ewigkeit würd' ich an deiner Stelle doch nicht reden, bevor die zweite Auflage erschienen ist.

MARGARETE Nun, es hat doch was anderes zu bedeuten, wenn ich einen Roman schreibe, als wenn du es tust.

GILBERT Das dürfte stimmen.

MARGARETE Denn du bist ein freier Mann, du brauchst dir die Stunden nicht zu stehlen, in denen du Künstler sein darfst, und du setzt nicht deine Zukunft aufs Spiel.

GILBERT Und du?

MARGARETE Ich hab' es getan! Vor einer halben Stunde hat mich Klemens verlassen, weil ich ihm gestand, daß ich einen Roman geschrieben habe.

GILBERT Verlassen? Auf immer?

MARGARETE Ich weiß nicht. Auch das ist möglich. Er ist im Zorn fortgegangen. Er ist unberechenbar. Was er über mich beschließen wird, kann ich nicht voraussehen.

GILBERT So! Also er verbietet dir zu schreiben! Er duldet nicht, daß seine Geliebte gewissermaßen von ihrem Gehirn Gebrauch macht! Ah, vortrefflich! Das ist die Blüte der Nation! So – ja! Und du, du schämst dich nicht, in den Armen eines solchen Idioten dasselbe zu empfinden, was du einst ...

MARGARETE Ich verbiete dir, so über ihn zu reden! Du verstehst ihn ja nicht!

GILBERT Ha!

MARGARETE Du weißt ja nicht, warum er dagegen ist, daß ich dichte! Nur aus Liebe! Er fühlt es, daß ich da in einer Welt lebe, die für ihn verschlossen ist, er schämt sich für mich, daß ich das Innerste meiner Seele vor Unberufenen ausbreite, er will mich für sich allein, ganz allein haben; und darum ist er fortgestürzt ... nein, nicht gestürzt, denn Klemens gehört nicht zu den Männern, welche fortstürzen ...

GILBERT Gut beobachtet. Aber fort ist er doch. Über das Tempo wollen wir nicht diskutieren. Und er ist fort, weil er nicht duldet, daß du deinem Schaffensdrang nachgibst.

MARGARETE Ja, wenn er auch das noch verstünde! Aber das gibt's offenbar nicht. Ich könnte ja die beste, die treueste, die edelste Frau von der Welt sein, wenn es nur den richtigen Mann auf der Welt gäbe!

GILBERT Jedenfalls drückst du damit aus, daß auch er nicht der Rechte ist.

MARGARETE Das hab' ich nicht gesagt!

GILBERT So begreife doch, daß er dich einfach knechtet, zugrunde richtet, dein ureigenes Ich aus Egoismus zu ruinieren sucht. Denke doch an die Margarete, die du einmal warst! Denke an die Freiheit, in der du dich entwickeln durftest, da du mich liebtest! Denke an die erlesenen Menschen, mit denen du damals verkehrtest, denke an die Jünger, die sich um mich versammelten und die auch die deinen waren. Sehnst du dich nicht manchmal zurück? Denkst du nicht an dein kleines Zimmer mit dem Balkon – unten rauschte die Isar – *er hat ihre Hände gefaßt und drängt sich an sie.*

MARGARETE O Gott!

GILBERT Es kann wieder so werden; es braucht ja nicht die Isar zu sein. – Ich will dir einen Vorschlag machen, Margarete. Sag' ihm, wenn er wiederkommen sollte, daß du in München noch einiges Dringende zu besorgen hättest, und verbringe diese Zeit mit mir. Margarete, du bist ja so schön! Wir wollen wieder glücklich sein wie einst, Margarete! Erinnerst du dich? *Ganz nahe* »An deinem Halse häng' ich trunken...«

MARGARETE *rasch von ihm weg* Fort! fort! Nein, nein! Fort sag' ich! Ich liebe dich ja nicht mehr!

GILBERT O! Hm... So? Na, da bitt' ich also um Entschuldigung. *Pause* Adieu, Margarete. Adieu.

MARGARETE Adieu.

GILBERT Adieu. *Sich noch einmal wendend* Willst du mir nicht wenigstens zum Abschied deinen Roman geben, wie ich dir den meinen gegeben habe?

MARGARETE Er ist noch nicht erschienen. Erst in der nächsten Woche wird er zu haben sein.

GILBERT Wenn ich fragen darf: was ist es denn eigentlich für eine Art von Roman?

MARGARETE Der Roman meines Lebens. Selbstverständlich so verhüllt, daß ich nicht zu erkennen bin.
GILBERT So? Wie hast du denn das gemacht?
MARGARETE Sehr einfach. Die Heldin ist vor allem keine Dichterin, sondern eine Malerin –
GILBERT Das ist sehr schlau.
MARGARETE Ihr erster Mann ist kein Baumwollfabrikant, sondern ein großer Spekulant – auch betrügt sie ihn nicht mit einem Tenor...
GILBERT Haha!
MARGARETE Warum lachst du denn?
GILBERT Du hast ihn also mit einem Tenor betrogen? Das hab' ich gar nicht gewußt.
MARGARETE Wer sagt denn das?
GILBERT Du hast es mir soeben mitgeteilt.
MARGARETE Wieso denn? – Ich sage: die Heldin meines Buches betrügt ihren Mann mit einem Bariton.
GILBERT Baß wäre großartiger – Mezzosopran pikanter.
MARGARETE Dann geht sie nicht nach München, sondern nach Dresden, und dort hat sie ein Verhältnis mit einem Bildhauer.
GILBERT Das bin also ich... verschleiert?
MARGARETE Sehr verschleiert. Der Bildhauer ist nämlich jung, schön und ein Genie. Trotzdem verläßt sie ihn.
GILBERT Wegen...?
MARGARETE Rate!
GILBERT Vermutlich wegen eines Jockeis?
MARGARETE Schaf!
GILBERT Wegen eines Grafen? – Wegen eines Fürsten?
MARGARETE Nein, es ist ein Erzherzog!
GILBERT *sich verbeugend* Du hast wirklich keine Kosten gescheut.
MARGARETE Ja, ein Erzherzog, der um ihretwillen den Hof verläßt, sie heiratet und mit ihr nach den Kanarischen Inseln auswandert.
GILBERT Kanarische Inseln – sind sehr fein! Und dann –?
MARGARETE Mit der Landung in...
GILBERT Kanarien –
MARGARETE – schließt der Roman.
GILBERT So. Ich bin sehr gespannt, – besonders auf die Verschleierung.
MARGARETE Du selbst würdest mich nicht erkennen, wenn –
GILBERT Nun, wenn –?

MARGARETE Wenn nicht im drittletzten Kapitel unser ganzer Briefwechsel enthalten wäre!

GILBERT Was?!

MARGARETE Ja – alle Briefe, die du mir und die ich dir geschrieben habe, sind in den Roman aufgenommen.

GILBERT Ja, entschuldige – woher hattest du denn die deinen an mich? Die hab' doch ich!

MARGARETE Ja, ich hatte sie mir doch früher immer aufgesetzt.

GILBERT Aufgesetzt!?

MARGARETE Ja.

GILBERT Aufgesetzt – diese Briefe an mich, die wie in zitternder Eile hingeworfen schienen. »Noch ein Wort, Geliebter, eh' ich schlafen gehe, mir fallen die Augen zu...« und dann, wenn dir die Augen zugefallen waren, hast du ihn ins Reine geschrieben?!

MARGARETE Nun, beklagst du dich vielleicht darüber?

GILBERT Ich hätt' es ahnen können. Ich muß ja noch froh sein, daß sie nicht einem Briefsteller für Liebende entnommen waren. Oh, wie bricht alles zusammen! Die ganze Vergangenheit ein Trümmerhaufen!... Sie hat ihre Briefe aufgesetzt.

MARGARETE So sei doch froh. Wer weiß, ob meine Briefe an dich nicht das einzige sind, was von dir übrigbleiben wird.

GILBERT Und nebstbei ist das eine äußerst fatale Geschichte.

MARGARETE Warum denn?

GILBERT *auf sein Buch deutend* Da drin sind sie nämlich auch.

MARGARETE Was?! Wo?

GILBERT In meinem Roman.

MARGARETE Was ist da drin?

GILBERT Unsere Briefe – deine und meine.

MARGARETE Woher hast du denn die deinen gehabt? Die hab' doch ich! – Ah, siehst du, du hast sie auch aufgesetzt!

GILBERT O nein, ich hab' sie nur abgeschrieben, bevor ich sie an dich absandte. Sie sollten nicht verloren gehen. Es sind sogar einige drin, die du gar nicht bekommen hast, die viel zu schön für dich waren, die du gar nicht verstanden hättest.

MARGARETE Ja, um Gottes willen, wenn es so ist... *in Gilberts Buch blätternd* Ja, es ist so! Ja, das ist doch ganz dasselbe, als wenn wir der Welt erzählten, daß wir zwei... Um Himmels willen... *aufgeregt blätternd* Ist am Ende auch der Brief aufgenommen, den du mir am Morgen nach der ersten Nacht...

GILBERT Natürlich, der war doch glänzend.

MARGARETE Aber das ist ja entsetzlich! Es wird ein europäischer Skandal! Und Klemens, um Gottes willen! Ich fange an zu wünschen, daß er nicht mehr zurückkommt! Ich bin ja verloren! Und du mit mir! Wo immer du sein magst, er wird dich zu finden wissen, er wird dich niederschießen wie einen tollen Hund!

GILBERT *steckt sein Buch ein* Abgeschmackter Vergleich.

MARGARETE Wie konntest du nur auf diese irrsinnige Idee kommen! Briefe einer Frau, die du angeblich geliebt hast ... Man sieht doch gleich, daß du kein Gentleman bist!

GILBERT Das find' ich aber köstlich! Hast du nicht dasselbe getan?

MARGARETE Ich bin eine Frau.

GILBERT Jetzt berufst du dich darauf!

MARGARETE Es ist wahr, ich habe dir nichts vorzuwerfen. Wir sind einander würdig. Ja, Klemens hat recht. Ärger als die Weiber beim Ronacher sind wir, die sich in Trikots hinausstellen. Unsere geheimsten Seligkeiten, unsere Schmerzen, alles stellen wir aus! Pfui! pfui! mich ekelt ja vor mir! Wir zwei gehören zusammen. Klemens hätte recht, wenn er mich davonjagt. *Plötzlich* Komm, Amandus!

GILBERT Was willst du denn?

MARGARETE Ich nehme deinen Vorschlag an ...

GILBERT Was für einen Vorschlag?

MARGARETE Ich fliehe mit dir! *Sie sucht nach Hut und Mantel.*

GILBERT Was fällt dir ein? Was tust du denn?

MARGARETE *sehr erregt, steckt sich den Hut fest* Es kann wieder so werden wie einst, du hast es gesagt: es braucht nicht die Isar zu sein – nun, ich bin bereit!

GILBERT Das ist ja vollkommen verrückt! Fliehen – was heißt denn das? Sagtest du nicht selbst, er wird mich überall zu finden wissen? Wenn du bei mir bist, findet er dich auch. Es wäre viel klüger, wenn jeder für sich allein ...

MARGARETE Elender, jetzt willst du mich im Stich lassen?! Und vor wenigen Minuten bist du vor mir auf den Knien gelegen? Schämst du dich nicht?

GILBERT Weshalb? Ich bin ein kranker, nervöser Mensch ... ich bin Stimmungen unterworfen ...

MARGARETE *am Fenster, schreit.*

GILBERT Was hast du denn? Was wird die Generalswitwe von mir denken?

MARGARETE Er ist's, er kommt!
GILBERT Nun ...
MARGARETE Was, du willst gehen?
GILBERT Ich hatte nie die Absicht, dem Herrn Baron einen Besuch zu machen.
MARGARETE Er trifft dich auf der Treppe. Das wäre noch ärger. Bleibe! ich werde nicht allein das Opfer sein!
GILBERT So sei doch nicht verrückt. Warum zitterst du denn so? Er kann doch nicht beide Romane gelesen haben. Komm doch zu dir! Leg' den Hut ab! Fort mit dem Mantel! *Ist ihr behilflich* Wenn er dich in dieser Verfassung sieht, muß er ja ahnen...
MARGARETE Das ist mir egal – lieber gleich, als später. Ich ertrag' es nicht, das Entsetzliche abzuwarten, ich sag' ihm sofort alles.
GILBERT Alles?!
MARGARETE Ja, solang du noch da bist. Wenn ich ihm jetzt ehrlich alles eingestehe, wird er mir vielleicht verzeihen!
GILBERT Und ich – und ich?! Ich habe doch wohl noch was Gescheiteres auf der Welt zu tun, als mich von einem eifersüchtigen Baron niederschießen zu lassen wie einen tollen Hund! *Klingel.*
MARGARETE Er ist's! er ist's!
GILBERT Du wirst nichts reden!
MARGARETE Ich werde reden!
GILBERT So?! Nun, gib acht! So werde ich meine Haut wenigstens teuer verkaufen.
MARGARETE Was willst du tun?
GILBERT Ich werde ihm Wahrheiten ins Gesicht schleudern, wie sie noch nie ein Baron gehört hat.
KLEMENS *tritt ein; etwas befremdet, sehr kühl und höflich* Oh, Herr Gilbert, wenn ich nicht irre?
GILBERT Jawohl, Herr Baron. Auf einer Reise nach dem Süden begriffen, konnte ich mir nicht versagen, der gnädigen Frau meine Aufwartung zu machen.
KLEMENS Ach so. *Pause* Ich scheine eine Unterhaltung unterbrochen zu haben, was mir sehr leid täte. Ich bitte, sich nicht stören zu lassen.
GILBERT Wovon sprachen wir doch eben, gnädige Frau?
KLEMENS Vielleicht kann ich Ihrer Erinnerung zu Hilfe kommen? In München haben Sie wenigstens immer von Ihren Büchern gesprochen ...

GILBERT Ah, sehr gut. Ich habe tatsächlich von meinem neuen Roman ...

KLEMENS Bitte, fahren Sie fort. Man kann jetzt auch mit mir über Literatur reden. Nicht wahr, Margarete? – Ist es ein naturalistischer Roman? ein symbolischer? erlebt? stilisiert?

GILBERT Ach Gott, in gewissem Sinn schreiben wir ja alle nur Selbsterlebtes.

KLEMENS Ah, das ist aber interessant.

GILBERT Selbst wenn einer einen Nero schreibt, so ist es dazu unumgänglich notwendig, daß er Rom innerlich angezündet hat ...

KLEMENS Natürlich.

GILBERT Woher soll man schließlich Inspirationen nehmen als aus sich selbst? Woher Modelle als aus dem Leben ringsum?

MARGARETE *immer unruhiger.*

KLEMENS Es ist nur schade, daß die Modelle selbst so selten darum gefragt werden. Ich muß schon sagen, wenn ich eine Frau wäre, ich tät' mich bedanken, daß man den Leuten erzählt ... *scharf* In anständiger Gesellschaft nennt man das, eine Frau kompromittieren!

GILBERT Ich weiß nicht, ob ich mich zur anständigen Gesellschaft rechnen darf, aber ich nenne das, eine Frau adeln.

KLEMENS Oh!

GILBERT Das Wesentliche ist nur, ob's einer trifft! Denn was liegt in höherm Sinn daran, daß man von einer Frau weiß, ob sie in diesem oder jenem Bett glücklich gewesen ist.

KLEMENS Herr Gilbert, ich mache Sie darauf aufmerksam, daß Sie vor einer Dame reden!

GILBERT Ich rede vor einer Kameradin, Herr Baron, die meine Ansicht über diese Dinge teilen dürfte.

KLEMENS Oh!

MARGARETE *plötzlich* Klemens! *Zu seinen Füßen* Klemens!

KLEMENS *betreten* Aber ... aber Margarete! ...

MARGARETE Verzeihung, Klemens!

KLEMENS Aber Margarete. *Zu Gilbert* Es ist mir in hohem Grade peinlich, Herr Gilbert ... So steh doch auf, Margarete! Steh auf – es ist ja schon alles gut!

MARGARETE *blickt zu ihm auf.*

KLEMENS Ja. – Steh auf.

MARGARETE *steht auf.*

KLEMENS Es ist alles gut, es ist schon in Ordnung. Na ja, wenn ich dir sag'. Du brauchst nur noch ein Wort an Künigel hin zu telephonieren. Ich hab' schon alles mit ihm ausgemacht. Wir lassen ihn einstampfen. Ist's dir recht?

GILBERT Wen lassen die Herrschaften einstampfen, wenn ich fragen darf? Am Ende den Roman der gnädigen Frau?

KLEMENS Ach, Sie wissen schon? Jedenfalls scheint es, Herr Gilbert, daß es mit der Kameradschaft nicht so weit her ist.

GILBERT Ja. Es bleibt mir wirklich nichts anderes übrig, als um Entschuldigung zu bitten. Ich bin wahrhaftig beschämt.

KLEMENS Ich bedaure sehr, daß Sie einer Szene beiwohnen mußten, Herr Gilbert, die ich beinah schon eine häusliche nennen möchte.

GILBERT Oh! – Ich will auch nicht weiter lästig fallen. Gnädige Frau – Herr Baron – Darf ich mir nun erlauben, als äußeres Zeichen, daß jedes Mißverständnis zwischen uns geschwunden, als schwachen Beweis meiner Sympathie, Ihnen, Herr Baron, meinen Roman zu überreichen?

KLEMENS Sie sind sehr liebenswürdig, Herr Gilbert. Ich muß zwar sagen – deutsche Romane sind nicht mein Faible. Na, das ist halt der letzte, den ich lesen werde – oder der vorletzte –

MARGARETE, GILBERT Der vorletzte?

KLEMENS Ja.

MARGARETE Und welcher soll denn der letzte sein . . . ?

KLEMENS Deiner, mein Kind. *Zieht ein Exemplar aus der Tasche* Ein Exemplar hab' ich mir nämlich von Künigel ausgebeten, um es dir mitzubringen – oder vielmehr – uns beiden.

MARGARETE, GILBERT *tauschen ratlos Blicke.*

MARGARETE Wie gut du bist! . . . *Den Roman in der Hand* Ja . . . er ist's . . .

KLEMENS Wir wollen ihn zusammen lesen.

MARGARETE Nein – Klemens . . . nein, ich nehme soviel Güte nicht an – da – *sie wirft das Buch in den Kamin* Ich will von all dem nichts mehr wissen.

GILBERT *hoch erfreut* Aber gnädige Frau!

KLEMENS *zum Kamin* Margarete, was tust du denn –?

MARGARETE *vor dem Kamin, Klemens in ihren Armen umfangend* Glaubst du jetzt, daß ich Dich liebe –

GILBERT *sehr vergnügt* Es scheint, ich bin hier vollkommen überflüssig . . . Gnädige Frau, Herr Baron – *für sich* Daß mir der Schluß entgehen mußte! *Ab.*

Vorhang

NACHWORT
UND BIBLIOGRAPHISCHES VERZEICHNIS
MIT URAUFFÜHRUNGSDATEN

Die achtbändige Taschenbuchausgabe enthält alle dramatischen Werke, die zu Lebzeiten Arthur Schnitzlers als Einzelausgaben, in Teilsammlungen, Almanachen, Zeitschriften und in den früheren Gesamtausgaben erschienen waren, sowie den 1955 im Band »Meisterdramen« aus dem Nachlaß veröffentlichten Einakter »Anatols Größenwahn«.

Die Anordnung ist chronologisch, wobei allerdings auf die gleichen Schwierigkeiten hingewiesen werden muß, die bereits im Nachwort zu den »Erzählenden Schriften« angedeutet wurden. Die Arbeit an den einzelnen Dramen erstreckte sich meist über Jahre, oft sogar über Jahrzehnte. So wurde – um nur einige Beispiele anzuführen – die Tragikomödie »Das weite Land« (1909) im Jahre 1901 begonnen; aus einem 1900 entworfenen Stück, das zunächst den Arbeitstitel »Junggeselle«, dann den Titel »Egoisten« führte, entwickelten sich im Laufe der Arbeit zwei voneinander völlig unabhängige Dramen, nämlich das Schauspiel »Der einsame Weg« (1903) und die Komödie »Professor Bernhardi« (1912); ein im Jahre 1898 unter dem Arbeitstitel »Der Shawl« notierter Stoff bildete die Grundlage sowohl des Renaissance-Schauspiels »Der Schleier der Beatrice« (1899), wie auch der im Alt-Wiener Milieu spielenden Pantomime »Der Schleier der Pierrette« (1910); die Dramatische Historie »Der junge Medardus« (1909) entstand aus einem 1901 unter dem Arbeitstitel »Doppelselbstmord« notierten Stoff; die Arbeit an der Komödie »Fink und Fliederbusch« dauerte von 1901 bis 1916, während die »Komödie der Verführung« auf Grund einer früheren novellistischen Fassung 1908 begonnen und 1923 beendet wurde. Auch in anderen Fällen entwickelten sich übrigens dramatische Werke aus zunächst als Erzählungen konzipierten Stoffen, so zum Beispiel der Einakter »Die Gefährtin« (1898) aus der bereits 1894 veröffentlichten Novelle »Der Witwer« (siehe »Das erzählerische Werk«, Band 1, Seite 229), das Schauspiel »Der Ruf des Lebens« (1905) aus einer Novellen-Idee »Die Vatermörderin«; die »Komödie der Verführung« (1923) aus einem mehr als fünfundzwanzig Jahre früher notierten Novellen-Entwurf »Verführung«; und die Dramatische Dichtung »Der Gang zum Weiher« (1921) aus einer Novelle »Der weise Vater« (1907). Nur wenige Werke entstanden in kürzeren Zeiträumen. Als Beispiele seien vor allem einige der »Anatol«-Szenen genannt: »Die Frage an das Schicksal« (26. bis 30. August 1889), »Denksteine« (24. bis 26. Juni 1890), »Abschiedssouper« (21. bis 23. November 1891), ferner der Dialog »Halbzwei« (2. bis 17. Januar 1894) und die Dialogreihe »Reigen« (23. November 1896 bis 24. Februar 1897).

Wie im Falle des »Erzählerischen Werks« bedeuten also die im nachfolgenden bibliographischen Verzeichnis den einzelnen Titeln beigefügten Jahreszahlen meist nicht eigentlich Entstehungsjahre, sondern jeweils den Zeitpunkt, zu dem die Arbeit an dem betreffenden Werk abgeschlossen wurde. Bei in den früheren Gesamtausgaben enthaltenen Werken wurden die dort verwendeten, also noch vom Dichter selbst autorisierten, Jahreszahlen übernommen, wobei sich nur in einem Falle auf Grund von Aufzeichnungen, die sich im Nachlaß vorfanden, eine Korrektur als notwendig erwies: die Arbeit am »Anatol« erstreckte sich auf die Jahre 1888 bis 1891 und nicht, wie in den früheren Gesamtausgaben angegeben, 1889 bis 1890. Auf Grund solcher Aufzeichnungen konnte meist auch die Datierung von nicht in die früheren Gesamtausgaben aufgenommenen Werken vorgenommen werden. In zwei Fällen – dem Singspiel »Der tapfere Kassian« und der Pantomime »Der Schleier der Pierrette« – fanden sich keinerlei Angaben, die eine Datierung ermöglicht hätten. Diese beiden Werke wurden in das folgende Verzeichnis auf Grund der Daten ihrer Erstdrucke eingereiht.

Im Nachlaß befinden sich noch zahlreiche dramatische Arbeiten. Teils handelt es sich um Jugendwerke, teils um unvollendete Stücke aus späteren Jahren, teils um eine umfangreiche Sammlung von Niederschriften dramatischer Stoffe, Situationen und Figuren. Diese Arbeiten wurden größtenteils in den Band »Entworfenes und Verworfenes«, hrsg. von Reinhard Urbach (S. Fischer Verlag, Frankfurt a. Main, 1977) aufgenommen.

Das folgende Verzeichnis gibt Auskunft über Erstdrucke, erste Buchausgaben, sowie Uraufführungsdaten und stützt sich weitgehend, auf den »Schnitzler-Kommentar zu den erzählenden

Schriften und dramatischen Werken« von Reinhard Urbach (Winkler Verlag, München 1974).

Die folgenden Abkürzungen wurden verwendet: E – Erstdruck, B – Erste Buchausgabe, SFV – S. Fischer Verlag, Berlin, U – Uraufführung.

15. Mai 1862: Arthur Schnitzler in Wien geboren:

ALKANDI'S LIED (1889). E: An der schönen blauen Donau, V. Jahrgang, Heft 17/18, 1890. B: Gesammelte Werke. Die dramatischen Werke, Bd. II, S. Fischer Verlag, Frankfurt a. Main, 1962. U: nicht aufgeführt.

ANATOL (1888–1891). E und B: Verlag des Bibliographischen Bureaus, Berlin, 1893. U: Wien, Deutsches Volkstheater; Berlin, Lessingtheater; 3. Dezember 1910 (unter Weglassung von Denksteine und Agonie).

Die folgenden Angaben betreffen die einzelnen Szenen des ANATOL-Zyklus:

DIE FRAGE AN DAS SCHICKSAL (1889). E: Moderne Dichtung, I. Jahrgang, 5. Heft, 1. Mai 1890. B: im Anatol-Zyklus (siehe oben). U: Privataufführung im Salon eines Berliner Rechtsanwalts, 1891 oder 1892; erste öffentliche Aufführung Leipzig, Carola-Theater, 26. Januar 1896 (8. Matinee der literarischen Gesellschaft Leipzig).

WEIHNACHTSEINKÄUFE (1891). E: Frankfurter Zeitung, 24. Dezember 1891. B: im Anatol-Zyklus (siehe oben). U: Wien, Sofien-Säle, 13. Januar 1898.

EPISODE (1888). E: An der schönen blauen Donau, IV. Jahrgang, 18. Heft, 1889. B: im Anatol-Zyklus (siehe oben). U: Leipzig, Ibsen-Theater, 26. Juni 1898.

DENKSTEINE (1890). E: Moderne Rundschau, III. Jahrgang, 4. Heft, 15. Mai 1891. B: im Anatol-Zyklus (siehe oben). U: Wien, Volksbildungshaus Wiener Urania, 10. Januar 1916 (Im Rahmen eines »Monologe und Szenen« betitelten Wohltätigkeitsabends zugunsten der Kriegsfürsorge.

ABSCHIEDSSOUPER (1891). E und B: im Anatol-Zyklus (siehe oben). U: Bad Ischl, Stadttheater, 14. Juli 1893.

AGONIE (1890). E und B: im Anatol-Zyklus (siehe oben). U: nicht aufgeführt.

ANATOLS HOCHZEITSMORGEN (1888). E: Moderne Dichtung, II. Jahrgang, 1. Heft, 1. Juli 1890. B: im Anatol-Zyklus (siehe oben). U: Berlin, Langenbeck-Haus, 13. Oktober 1901 (Literarischer Abend der gesellig-wissenschaftlichen Vereinigung »Herold«).

ANATOLS GRÖSSENWAHN (1891). Nachlaß. E und B: Meisterdramen, S. Fischer Verlag, Frankfurt am Main, 1955. U: Wien, Deutsches Volkstheater, 29. März 1932.

DAS MÄRCHEN (1891). E: »Als Manuscript gedruckt« 1891. B: Verlag E. Pierson, Dresden, 1894. U: Wien, Deutsches Volkstheater, 1. Dezember 1893.

DIE ÜBERSPANNTE PERSON (1894). E: Simplizissimus, I. Jahrgang, Nr. 3 (18. April 1896). B: Kaffeehaus; Literarische Spezialitäten und amouröse Gusto-Stückln aus Wien. Herausgegeben von Ludwig Plakolb, Verlag R. Piper & Co., München 1959. U: Wien, Deutsches Volkstheater, 29. März 1932.

HALBZWEI (1894). E: Die Gesellschaft, XIII. Jahrgang, 4. Heft, April 1897. B: Gesammelte Werke. Die Dramatischen Werke, Bd. I, S. Fischer Verlag, Frankfurt a. Main, 1962. U: Wien, Deutsches Volkstheater, 29. März 1932.

LIEBELEI (1894). E und B: SFV, 1896. U: Wien, Burgtheater, 9. Oktober 1895 (zusammen mit »Rechte der Seele«, Schauspiel in einem Akt von Giuseppe Giacosa).

FREIWILD (1896). E und B: SFV, 1898. U: Berlin, Deutsches Theater, 3. November 1896.

REIGEN (1896–1897). E: Privatdruck (»Als unverkäufliches Manuscript gedruckt«), 1900. B: Wiener Verlag, Wien und Leipzig, 1903. U: (nur der vierte, fünfte und sechste Dialog) München, Kaim-Saal, 25. Juni 1903 (Akademisch-Dramatischer Verein); (der ganze Zyklus) Berlin, Kleines Schauspielhaus, 23. Dezember 1920.

DAS VERMÄCHTNIS (1898). E und B: SFV, 1899. U: Berlin, Deutsches Theater, 8. Oktober 1898.

PARACELSUS (1898). E: Cosmopolis, XII. Jahrgang, Nr. 35, November 1898. B: SFV, 1899 (zusammen mit Die Gefährtin und Der grüne Kakadu). U: Wien, Burgtheater, 1. März 1899 (zusammen mit Die Gefährtin und Der grüne Kakadu).

DIE GEFÄHRTIN (1898). E und B: SFV, 1899 (zusammen mit Paracelsus und Der grüne Kakadu). U: Wien, Burgtheater, 1. März 1899 (zusammen mit Paracelsus und Der grüne Kakadu).

DER GRÜNE KAKADU (1898). E: Neue Deutsche Rundschau, X. Jahrgang, 3. Heft, März 1899. B: SFV, 1899 (zusammen mit Paracelsus und Die Gefährtin). U: Wien, Burgtheater, 1. März 1899 (zusammen mit Paracelsus und Die Gefährtin).

DER SCHLEIER DER BEATRICE (1899). E und B: SFV, 1901. U: Breslau, Lobe-Theater, 1. Dezember 1900.

SYLVESTERNACHT (1900). E: Jugend, Heft 8, 1901. B: Gesammelte Werke. Die Dramatischen Werke, Bd. I, S. Fischer Verlag, Frankfurt a. Main, 1962. U: Wien, Theater in der Josefstadt, 31. Dezember 1926.

LEBENDIGE STUNDEN (1900–1901). (Inhalt: Lebendige Stunden, Die Frau mit dem Dolche, Die letzten Masken, Literatur.) E: (nur der Einakter Lebendige Stunden) Neue Deutsche Rundschau, XII. Jahrgang, 12. Heft, Dezember 1901; E und B: (der ganze Zyklus) SFV, 1902. U: Berlin, Deutsches Theater, 4. Januar 1902.

DER EINSAME WEG (1903). E und B: SFV, 1904. U: Berlin, Deutsches Theater, 13. Februar 1904.

MARIONETTEN (1901–1904). E und B (der ganze Zyklus): SFV, 1906. U: siehe die folgenden Angaben die einzelnen Einakter des Zyklus betreffend.

DER PUPPENSPIELER. E: Neue Freie Presse, Wien, 31. Mai 1903. B: im Zyklus Marionetten (siehe oben). U: Berlin, Deutsches Theater, 12. September 1903.

DER TAPFERE CASSIAN. E: Die Neue Rundschau, XV. Jahrgang, 2. Heft, Februar 1904. B: im Zyklus Marionetten (siehe oben). U: Berlin, Kleines Theater, 22. November 1904.

ZUM GROSSEN WURSTEL. E: Die Zeit, Wien, 23. April 1905. B: im Zyklus Marionetten (siehe oben). U: Wien, Lustspieltheater, 16. März 1906 (U der ungedruckten ursprünglichen Fassung unter dem Titel Marionetten: Berlin, Buntes Theater, Wolzogen's Überbrettl, 8. März 1901).

ZWISCHENSPIEL (1905). E und B: SFV, 1906. U: Wien, Burgtheater, 12. Oktober 1905.

DER RUF DES LEBENS (1905). E und B: SFV, 1906. U: Berlin, Lessingtheater, 24. Februar 1906.

KOMTESSE MIZZI ODER DER FAMILIENTAG (1907). E: Neue Freie Presse, Wien, 19. April 1908. B: SFV, 1909. U: Wien, Deutsches Volkstheater, 5. Januar 1909.

DIE VERWANDLUNGEN DES PIERROT (1908). E: Die Zeit, Wien, 19. April 1908. B: Gesammelte Werke. Die Dramatischen Werke, Bd. I, S. Fischer Verlag, Frankfurt a. Main, 1962. U: nicht aufgeführt.

DER TAPFERE KASSIAN (Singspiel) (1909). Musik von Oscar Straus; E: Verlag L. Doblinger & Bernhard Herzmansky, Leipzig 1909. B: Gesammelte Werke. Die Dramatischen Werke, Bd. II, S. Fischer Verlag, Frankfurt a. Main, 1962. U: Leipzig, Neues Stadttheater, 30. Oktober 1909.

DER JUNGE MEDARDUS (1909). E und B: SFV, 1910. U: Wien, Burgtheater, 24. November 1910.

DAS WEITE LAND (1910). E und B: SFV, 1911. U: Berlin, Lessingtheater; Breslau, Lobe-Theater; München, Residenztheater; Hamburg, Deutsches Schauspielhaus; Prag, Deutsches Landestheater; Leipzig, Altes Stadttheater; Hannover, Schauburg; Bochum, Stadttheater; Wien, Burgtheater; 14. Oktober 1911.

DER SCHLEIER DER PIERRETTE (1910). Musik von Ernst von Dohnányi; E. Verlag L. Doblinger & Bernhard Herzmansky, Leipzig, 1910. B: Wien, Verlag Frisch & Co., 1922. U: Dresden, Königliches Opernhaus, 22. Januar 1910.

PROFESSOR BERNHARDI (1912). E und B: SFV, 1912. U: Berlin, Kleines Theater, 28. November 1912.

KOMÖDIE DER WORTE (1914). (Inhalt: Stunde des Erkennens, Große Szene, Das Bacchusfest.) E und B: SFV, 1915. U: Wien, Burgtheater; Darmstadt, Hoftheater; Frankfurt am Main, Neues Theater; 12. Oktober 1915.

FINK UND FLIEDERBUSCH (1916). E und B: SFV, 1917. U: Wien, Deutsches Volkstheater, 14. November 1917.

DIE SCHWESTER ODER CASANOVA IN SPA (1917). E: Deutsche Rundschau, XI. Jahrgang, 1. Heft, Oktober 1919. B: SFV, 1919. U: Wien, Burgtheater, 26. März 1920.

DER GANG ZUM WEIHER (1921). E und B: SFV, 1926. U: Wien, Burgtheater, 14. Februar 1931.

KOMÖDIE DER VERFÜHRUNG (1923). E und B: SFV, 1924. U: Wien, Burgtheater, 11. Oktober 1924.

IM SPIEL DER SOMMERLÜFTE (1928). E und B: SFV, 1930. U: Wien, Deutsches Volkstheater, 21. Dezember 1929.

21. Oktober 1931: Arthur Schnitzler in Wien gestorben.

ARTHUR SCHNITZLER

Das erzählerische Werk

Die Frau des Weisen
und andere Erzählungen
Band 1960 / Band 1

Leutnant Gustl
und andere Erzählungen
Band 1961 / Band 2

Doktor Gräsler, Badearzt
und andere Erzählungen
Band 1962 / Band 3

Der Weg ins Freie
Roman Band 1963 / Band 4

Casanovas Heimfahrt
und andere Erzählungen
Band 1964 / Band 5

Traumnovelle
und andere Erzählungen
Band 1965 / Band 6

Therese
Chronik eines Frauenlebens
Band 1966 / Band 7

Das dramatische Werk

Liebelei
und andere Dramen
Band 1967 / Band 1

Reigen
und andere Dramen
Band 1968 / Band 2

Der grüne Kakadu
und andere Dramen
Band 1969 / Band 3

Der einsame Weg
und andere Dramen
Band 1970 / Band 4

Komtesse Mizzi
und andere Dramen
Band 1971 / Band 5

Professor Bernhardi
und andere Dramen
Band 1972 / Band 6

Fink und Fliederbusch
und andere Dramen
Band 1973 / Band 7

Komödie der Verführung
und andere Dramen
Band 1974 / Band 8

Fischer Taschenbücher